DEHONGLI'R GWYRTHIAU

MYFYRDODAU AR WYRTHIAU IESU GRIST

GAN
ELFED AP NEFYDD ROBERTS

CYHOEDDIADAU'R GAIR

ⓗ Cyhoeddiadau'r Gair 2011

Testun gwreiddiol: Elfed ap Nefydd Roberts

Dymuna'r cyhoeddwyr gydnabod cymorth
Adran Olygyddol ac Adran Grantiau Cyngor Llyfrau Cymru.

Golygydd Testun: John Pritchard
Golygydd Cyffredinol: Aled Davies

ISBN 978 1 85994 657 2
Argraffwyd yng Nghymru.

Cedwir pob hawl.
Ni chaniateir copïo unrhyw ran o'r deunydd hwn
mewn unrhyw ffordd oni cheir caniatâd y cyhoeddwyr.

**Cyhoeddwyd gan
Cyhoeddiadau'r Gair, Cyngor Ysgolion Sul Cymru,
Ael y Bryn, Chwilog, Pwllheli, Gwynedd LL53 6SH.
www.ysgolsul.com**

CYNNWYS

Rhagair 7

Cyflwyniad i'r Gwyrthiau 8

Y Dyn ag Ysbryd Aflan ynddo, ac Iacháu Llawer 17
Marc 1: 21–34

Iacháu Dyn wedi ei Barlysu 24
Marc 2: 1–13 (Mathew 9: 1–8; Luc 5: 17–26)

Gostegu Storm 30
Marc 4: 35–41 (Mathew 8: 23–37; Luc 8: 22–25)

Iacháu'r Dyn oedd ym meddiant Cythreuliaid 36
Marc 5: 1–20 (Mathew 8: 28–34; Luc 8: 26–39)

Iacháu Dyn Mud a Byddar 43
Marc 7: 31–37

Iacháu Bachgen ag Ysbryd Aflan ynddo 49
Marc 9: 14–29 (Mathew 17: 14–20; Luc 9: 37–43a)

Iacháu Bartimeus Ddall 56
Marc 10: 46–52 (Mathew 20: 29–34; Luc 18: 35–43)

Melltithio'r Ffigysbren 63
Marc 11: 11–14, 20 (Mathew 21: 17–20)

Y Ddalfa Fawr o Bysgod 69
Luc 5: 1–11 (Cymh. Ioan 21: 1–14)

Glanhau Dyn Gwahanglwyfus 76
Luc 5: 12–16 (Mathew 8: 1–4; Marc 1: 40–45)

Y Dyn â'r Llaw Ddiffrwyth   **82**
Luc 6: 6–11 (Mathew 12: 9–14; Marc 3: 1–6)

Iacháu Gwas y Canwriad   **88**
Luc 7: 1–10 (Mathew 8: 5–13; Ioan 4: 43–54)

Cyfodi Mab y Weddw yn Nain   **94**
Luc 7: 11–17

Merch Jairus   **100**
Luc 8: 40–42a, 49–56 (Mathew 9: 18–19, 23–26;
Marc 5: 21–24, 35–43)

Y Wraig a Gyffyrddodd â Mantell Iesu   **106**
Luc 8: 42b–48 (Mathew 9: 18–26; Marc 5: 21–43)

Glanhau Deg o Wahangleifion   **112**
Luc 17: 11–19

Y Briodas yng Nghana   **118**
Ioan 2: 1–11

Iacháu wrth y Pwll   **125**
Ioan 5: 1–18

Porthi'r Pum Mil   **131**
Ioan 6: 1–15 (Mathew 14: 13–21; Marc 6: 30–44;
Luc 9: 10–17)

Cerdded ar y Dŵr   **137**
Mathew 14: 22–27 (Marc 6: 45–52; Ioan 6: 16–21)

Iacháu Dyn Dall o'i Enedigaeth   **143**
Ioan 9: 1–12

Atgyfodi Lasarus   **149**
Ioan 11: 38–44

Llyfryddiaeth   **156**

RHAGAIR

Y mae'n dda deall fod nifer o eglwysi ar hyd a lled y wlad wedi defnyddio, ac *yn* defnyddio'r ddwy gyfrol flaenorol, *Dehongli'r Damhegion* a *Dehongli'r Bregeth ar y Mynydd,* mewn seiadau, grwpiau trafod, dosbarthiadau Beiblaidd a gwasanaethau'r Sul. Bu gwybod hynny'n ysbardun i fynd ati i lunio'r drydedd gyfrol hon ar y Gwyrthiau. Fel y cyfrolau o'i blaen, bwriedir iddi fod yn adnodd i arweinwyr ac athrawon sy'n ymdrechu i gynnal grwpiau o'r fath yn eu heglwysi neu gartrefi.

Dysgeidiaeth Iesu oedd dan sylw yn y ddwy gyfrol gyntaf, ond mae a wnelo'r gyfrol hon â pherson a gwaith Iesu, gan fod y gwyrthiau, fel y croniclir hwy yn yr efengylau, yn ffurfio rhan annatod o'i weinidogaeth. Ond wrth i ni geisio dehongli'r gwyrthiau, cawn ein hwynebu gan nifer o gwestiynau dyrys. Beth yw gwyrth? A yw'r hanesion am wyrthiau'r Arglwydd Iesu'n llythrennol wir? A ellir cysoni'r gred mewn gwyrthiau ag agwedd wyddonol, seciwlar, ein hoes? Yr agwedd a fabwysiadwyd am ganrifoedd oedd bod gwyrthiau'n profi dwyfoldeb Crist. Drwy'r Canol Oesoedd, a hyd at ddechrau'r bedwaredd ganrif ar bymtheg, yr oedd credu yn y gwyrthiol yn rhan o fframwaith meddwl pobl. Erbyn heddiw, gyda'r pwyslais ar reswm ac ar drefn natur, y duedd yw gwrthod yn llwyr bob syniad am wyrth. 'Nid yw gwyrthiau'n digwydd,' meddai Matthew Arnold yng nghanol y bedwaredd ganrif ar bymtheg. Ond nid dilysrwydd hanesyddol y gwyrthiau yw'r cwestiwn pwysicaf, ond beth yw eu hystyr a'u neges?

Nid oedd Iesu'n cyflawni gwyrthiau er mwyn dangos ei allu nac er mwyn tynnu sylw ato'i hun. Er hynny, mae pob un o wyrthiau Iesu'n dangos rhywbeth am ei berson a'i waith – ei dosturi at gleifion, ei awdurdod dros ysbrydion aflan, ei allu i gyfannu bywydau drylliedig, ei goncwest dros angau a'r bedd, a'i reolaeth dros natur a grym y moroedd a'r stormydd.

Felly, wrth fynd i'r afael â'r gwyrthiau, rhaid wrth reswm a synnwyr cyffredin ar y naill law, a ffydd a dirnadaeth ysbrydol ar y llaw arall. Rhaid ceisio penderfynu a yw gwyrth i'w derbyn fel hanes, ond yn bwysicach na hynny rhaid canfod beth yw ei hystyr ysbrydol. Ni allaf ond gobeithio y bydd yr astudiaethau hyn yn gymorth i unigolion a grwpiau fynd i'r afael â'r cwestiynau hyn.

Dylwn fod wedi cwblhau'r gyfrol hon dros flwyddyn yn ôl, ond oherwydd amgylchiadau teuluol bu'n amhosibl dod â'r cyfan i ben cyn hyn. Y mae fy nyled yn fawr i Aled Davies, Cyfarwyddwr Cyhoeddiadau'r Gair, am ei gefnogaeth a'i hir amynedd wrth ddisgwyl i'r gwaith ddod i'w ddwylo. Gobeithio na fydd ef na'r darllenwyr yn teimlo i'r disgwyl fod yn ofer.

Elfed ap Nefydd Roberts

CYFLWYNIAD I'R GWYRTHIAU

Beth yw gwyrth? A yw'r hanesion a geir yn yr efengylau am wyrthiau'r Arglwydd Iesu yn gredadwy? A oes raid i Gristion gredu yn y gwyrthiau? A oes modd cysoni cred yn y gwyrthiau â gwyddoniaeth fodern? Cafodd y cwestiynau hyn, ac eraill tebyg iddynt, eu trin a'u trafod dros y blynyddoedd. I rai, yr hanesion Beiblaidd am wyrthiau yw'r rhwystr pennaf rhag derbyn y Ffydd Gristnogol. Tybir fod cred mewn gwyrthiau yn perthyn i oes a fu ac yn gwbl amhosibl i bobl gall a goleuedig. I eraill, mae astudiaethau diweddar yn dangos bod i'r gwyrthiau ystyr ac arwyddocâd arbennig ac na ellir eu hysgubo o'r neilltu na'u hanwybyddu.

Gwyrthiau yn y Testament Newydd

Y mae'n gwbl amlwg fod y dystiolaeth am wyrthiau Iesu Grist yn rhan annatod o'r efengylau. O gofio mai Efengyl Marc yw'r hynaf o'r pedair efengyl, mae'n arwyddocaol fod 209 o'r 661 adnod a geir ynddi, sef traean yr efengyl hon, yn adrodd hanesion am wyrthiau. Darlunnir Iesu fel un a gyflawnai weithredoedd gwyrthiol er iachâd i bobl oedd yn dioddef afiechydon corfforol a meddyliol, ac fel un a ddangosai reolaeth dros elfennau natur. Gelwir y digwyddiadau hyn yn 'wyrthiau' neu 'arwyddion' neu 'weithredoedd nerthol'.

O'r dechrau cyntaf, cyflwynid Iesu Grist fel un oedd yn iacháu'r cleifion. Yr ateb a roddodd Iesu i negesyddion Ioan Fedyddiwr, a ddaeth i ofyn ai ef oedd y Meseia hir ddisgwyliedig, oedd *"Y mae'r deillion yn cael eu golwg yn ôl, y cloffion yn cerdded, y gwahangleifion yn cael eu glanhau a'r byddariaid yn clywed, y meirw yn codi, y tlodion yn cael clywed y newydd da"* (Math. 11:5). O geisio dileu'r gwyrthiau, mae'r stori am Iesu'n fratiog, digyswllt a diystyr.

Dylid sylwi hefyd ar gymeriad storïau'r gwyrthiau. Ar wahân i un neu ddwy, gweithredoedd o drugaredd a thosturi i bobl sydd yng ngafael afiechydon ac anabledd ydynt. Nid yw Iesu'n eu cyflawni fel gorchestion i dynnu sylw ato'i hun. Yn y diffeithwch, cafodd ei demtio i ennill dilynwyr trwy gyflawni gwyrthiau – troi cerrig yn fara, a hyd yn oed troi yn *stuntman* a'i daflu ei hun oddi ar dŵr y deml. Ond gwrthododd y ffordd honno o ennill dilynwyr. Yr un pryd, yr oedd bob amser yn barod i gyflawni gwyrth iachâd i unrhyw rai anghenus y byddai'n eu cyfarfod. Fel rheol, byddai'n annog y sawl a iachawyd i beidio ag yngan gair am y peth wrth neb. Nid Crist sy'n ymorchestu mewn cyflawni gwyrthiau yw Crist yr efengylau, ac nid Crist sy'n defnyddio gwyrthiau i ennill poblogrwydd ac i dynnu pobl ato'i hun ydyw.

Er hynny, y mae'n Grist rhyfeddol ei allu a'i ddawn i iacháu a chynorthwyo pobl yng nghanol stormydd a threialon bywyd. Yn dilyn nifer o'i wyrthiau, cyfeirir at syndod a rhyfeddod y bobl, gyda rhai'n gofyn 'Pwy yw hwn?' Oherwydd hynny, ac oherwydd y nifer fawr o wyrthiau a briodolir i Iesu yn yr efengylau, ffolineb fyddai unrhyw ymgais i bortreadu Iesu ac i ddisgrifio'i weinidogaeth heb roi ystyriaeth ddifrifol i'r dystiolaeth am ei wyrthiau. Byddai hynny'n anffyddlon i'r Testament Newydd ac yn gwneud cam â neges yr Efengyl. Y mae'r hyn a ddywed y gwyrthiau am Iesu Grist ac am natur ei weinidogaeth yn rhan o neges yr Efengyl.

Nid 'a ddigwyddodd y gwyrthiau yn union fel y disgrifir hwy yn yr efengylau?' neu 'a yw gwyrthiau fel y cyfryw yn bosibl?' yw'r cwestiynau pwysicaf i'r Cristion mewn unrhyw oes. Ond yn hytrach, 'beth oedd pwrpas awduron yr efengylau wrth eu croniclo?' Nid ysgrifennu bywgraffiad manwl o fywyd a gwaith Iesu oedd eu bwriad, ond ennill pobl i gredu ynddo fel arglwydd a gwaredwr. O'r herwydd, yr oedd i'r gwyrthiau ddiben addysgol gan fod pob un ohonynt yn dangos rhyw agwedd ar ei gymeriad a'i weinidogaeth. Neges y gwyrthiau iacháu oedd bod Iesu'n tosturio wrth gleifion a phobl anabl, a neges rhai o'r gwyrthiau eraill oedd bod gan Iesu oruchafiaeth dros ysbrydion aflan a phwerau dieflig. Neges y gwyrthiau am Iesu'n glanhau gwahangleifion oedd ei fod yn chwalu pob gwahanfur rhwng y claf a'r iach ac yn gwneud hynny trwy estyn ei law i gyffwrdd â phobl a ystyrid yn aflan a than felltith Duw. Neges y gwyrthiau o agor llygaid y deillion – Bartimeus a'r dyn dall o'i enedigaeth – oedd bod gan Iesu nid yn unig allu i adfer golwg y deillion, ond mai ef sy'n agor llygaid pawb sy'n credu ynddo gan eu galluogi i weld Duw ar waith yn eu bywydau. Amcan gwyrth Porthi'r Pum Mil yw dangos mai Iesu yw bara'r bywyd, fel y mae troi dŵr yn win yn y briodas yng Nghana yn dangos fod gwin newydd yr Efengyl yn rhagori ar hen win Iddewiaeth. Pwrpas y gwyrthiau natur – gostegu'r storm, cerdded ar y dŵr, a'r ddalfa fawr o bysgod – yw dangos awdurdod Iesu dros fyd natur a'r cread. Ac amcan yr hanesion am Iesu'n atgyfodi'r meirw – merch Jairus, mab y weddw yn Nain, a Lasarus – yw dangos fod Iesu'n arglwydd bywyd a marwolaeth, a'i fod yn cyfodi'r sawl sy'n credu ynddo o afael pechod, ofn, dioddefaint ac angau. Yr un pwrpas a ddylai fod i drafod gwyrthiau heddiw ag oedd i'w croniclo yn yr efengylau'n wreiddiol, sef canfod yr hyn a ddysgant am berson a gwaith yr Arglwydd Iesu.

Profion ac Arwyddion

Dros y canrifoedd, ystyrid y gwyrthiau'n brofion o ddwyfoldeb Iesu Grist ac yn gymorth i gredu ynddo fel Meseia. I awduron yr efengylau, roedd y gwyrthiau'n arwyddion clir o'i natur ddwyfol. Dyna'r dystiolaeth a dderbyniodd yr awduron hyn am Iesu oddi wrth yr apostolion, ac yr oedd i'r gwyrthiau le pwysig yn y pregethu apostolaidd cynnar. Meddai Pedr yn ei bregeth ar ddydd y Pentecost: *"Bobl Israel, clywch hyn: sôn yr wyf am Iesu o Nasareth, gŵr y mae ei benodi gan Dduw wedi ei amlygu i chwi trwy wyrthiau a rhyfeddodau ac arwyddion a gyflawnodd Duw trwyddo ef yn eich mysg chwi, fel y gwyddoch chwi eich hunain ... Felly gwybydded holl dŷ Israel yn sicr fod Duw wedi gwneud yn Arglwydd ac yn Feseia, yr Iesu hwn a groeshoeliasoch chwi"* (Actau 2: 22 a 36).

Yn natganlad Pedr, ceir tri gair a ddefnyddir yn y Beibl i ddynodi gwyrthiau. Yn yr Hen Destament, ac yn Efengyl Ioan, gwneir defnydd helaeth o'r gair 'arwydd'. Mae'r gair yn awgrymu digwyddiad sy'n cyfeirio ymlaen at rywbeth mwy sydd eto i ddod. Er enghraifft, cyfeirir at y plâu yn yr Aifft (Exodus 7: 3), fel arwyddion o wyrth fwy sydd i ddod, sef achub y genedl oddi wrth ormes yr Eiffitiaid. Yn Efengyl Ioan, y gair 'arwydd' (*semeion* yn y gwreiddiol) a ddefnyddir i ddisgrifio pob un o wyrthiau Iesu. Ac y mae'r arwyddion hynny'n cyfeirio at agweddau ar ei berson a'i waith – bara'r bywyd, y dŵr bywiol, yr atgyfodiad a'r bywyd, bywyd newydd a goleuni'r byd – ond hefyd at yr hyn sydd eto i ddod, sef y groes a'r atgyfodiad.

Gair arall a ddefnyddir gan Pedr yw 'rhyfeddodau'. Ni cheir y gair hwn yn aml yn yr efengylau gan ei fod yn derm poblogaidd ymysg y paganiaid. Ond defnyddir ef unwaith gan Ioan (4: 48). Dywed Iesu wrth y swyddog yng Nghana Galilea a ddaeth i ofyn i Iesu iacháu ei fab: *"Heb ichwi weld arwyddion a rhyfeddodau, ni chredwch chwi byth."* Y mae Pedr yn mabwysiadu'r gair, ac wrth ei gyplysu â 'gwyrthiau' ac 'arwyddion' mae'n tanlinellu a chadarnhau ei dystiolaeth i allu dwyfol yr Arglwydd Iesu.

Dau air arall a ddefnyddir yn yr efengylau yw *dunamis,* sef 'gweithred nerthol', ac *ergon,* sef gair paganaidd am 'wyrth'. Defnyddir y ddau air, mewn ystyr gwahanol i'w cysylltiadau paganaidd, i ddynodi nerth dwyfol. Duw yw ffynhonnell y grym gwyrthiol sy'n agor llygaid y deillion, yn glanhau gwahangleifion, yn peri i'r cloff rodio ac yn rheoli pwerau natur. Y mae gwyrthiau Iesu felly'n tystio i'w berthynas agos â Duw. Gweithredoedd y Tad yw gweithredoedd nerthol Iesu. *"Onid wyt yn credu fy mod i yn y Tad, a'r Tad ynof fi?... Y Tad sy'n aros ynof fi sydd yn gwneud ei weithredoedd ei hun"* (Ioan 14: 10). Dengys y geiriau hyn fod awduron yr efengylau'n dehongli'r gwyrthiau yn unol â'r syniad Beiblaidd am Dduw a'i weithgaredd. Yng ngwyrthiau Iesu, Duw sydd ar waith yn ymestyn ei deyrnasiad yn y byd.

Yn sail i bob gwyrth arall yn y Beibl, mae dau ddigwyddiad gwyrthiol, sylfaenol. Mae'r naill yn yr Hen Destament a'r llall yn y Testament Newydd, sef yr Exodus a bywyd a gwaith Iesu Grist. Maent yn sylfaenol i'r hen gyfamod a'r cyfamod newydd sydd rhwng Duw a'i bobl. Rhagflaenir y naill fel y llall gan wyrthiau llai – y plâu yn yr Aifft cyn yr Exodus, a gwyrthiau Iesu cyn ei aberth a'i atgyfodiad. Roedd y plâu yn rhybudd i Pharo fod gwyrth fwy i ddod. Mae gwyrthiau Iesu'n arwyddion fod y fuddugoliaeth derfynol dros bechod ac angau a phwerau'r tywyllwch ar fin cael ei hennill.

Yn dilyn y gwyrthiau 'sylfaenol' hyn, mae pobl Dduw, trwy eu haddoliad a'u gwyliau cysegredig, yn eu cofio a'u cyhoeddi ac yn dathlu eu hystyr a'u harwyddocâd. Wrth gofio a dathlu'r waredigaeth o'r Aifft, mae'r Iddewon yn credu eu bod yn ail-fyw'r digwyddiad, a bod Duw heddiw ar waith yn eu plith, yn arwain ac yn achub ei bobl. Yn yr un modd, mae Cristnogion, trwy air a sacrament, yn cofio ac yn dathlu bywyd, aberth ac atgyfodiad Iesu Grist, fel bo'r digwyddiadau hanesyddol yn troi'n brofiad yn y presennol ac yn dwyn budd a bendith i'r addolwyr.

Deall y Gwyrthiau Heddiw

Dros y blynyddoedd, cryfhau yn hytrach na gwanhau a wnaeth y gred ym mhwysigrwydd y gwyrthiau i brofi dwyfoldeb Iesu Grist. Trwy gyfnod y Tadau Eglwysig cynnar, trwy'r Canol Oesoedd a'r Diwygiad Protestannaidd, a hyd at hanner cyntaf y bedwarodd ganrif ar bymtheg, parhaodd y gred yn nilysrwydd gwyrthiau ac yn eu gwerth fel profion o wirionedd y Ffydd. Hyd yn oed yng nghanol yr Oes Oleuedig yn y ddeunawfed ganrif, yr oedd meddylwyr mor fedrus ac amrywiol â Pascal, Locke, Butler a Paley yn dal i bwyso ar y gwyrthiau fel cadarnhad o ddwyfoldeb Iesu Grist ac o wirionedd yr Efengyl.

Dechreuodd y rhod droi yn ystod y bedwaredd ganrif ar bymtheg, ac aeth nifer o ysgolheigion i amau seiliau hanesyddol y gwyrthiau, a'r rheini'n ysgolheigion ac esbonwyr Beiblaidd. O'r Almaen y daeth yr ymosodiadau trymaf. Chwedlau yw'r holl hanesion am wyrthiau yn ôl D.F. Strauss, a gyhoeddodd gyfrol ar fywyd Iesu gyda'r holl elfennau goruwchnaturiol wedi eu hepgor ohoni. Yn ôl Adolph Harnack, ychwanegiadau diweddarach oedd y gwyrthiau i geisio cadarnhau'r gred yn nwyfoldeb Iesu Grist, ac nid oedd lle iddynt mewn oes wyddonol. Yr oedd dwy nodwedd i safbwynt y diwinyddion rhyddfrydol hyn. Yn gyntaf, amharodrwydd i gredu fod y gwyrthiau'n ddigwyddiadau hanesyddol. Ac yn ail, hyd yn oed pe baent yn ddigwyddiadau hanesyddol, nid oeddent yn hanfodol i'r gred yn Iesu Grist nac i wirionedd yr Efengyl. I'r bobl hyn, gweithredoedd o dosturi dynol, a dim mwy na hynny, oedd y gwyrthiau. O ran y dehongliad rhyddfrydol o berson a gwaith Crist, nid oedd i'r gwyrthiau unrhyw arwyddocâd.

Erbyn hanner cyntaf yr ugeinfed ganrif ymddangosodd to newydd o ddiwinyddion Beiblaidd, yn cynnwys Vincent Taylor, T.W. Manson, William Manson, Alan Richardson, H.E.W. Turner, C.H. Dodd ac eraill. Er i'r ysgolheigion hyn bwysleisio pwysigrwydd rheswm a beirniadaeth Feiblaidd wrth benderfynu dilysrwydd hanesyddol gwyrthiau unigol, rhoesant fwy o bwyslais ar genadwri ac arwyddocâd diwinyddol y gwyrthiau. Rhoddwyd amlygrwydd unwaith eto i'r gwyrthiau fel 'arwyddion' o weinidogaeth feseianaidd Iesu. Gwelwyd nad oedd Iesu'n hawlio teitlau meseianaidd iddo'i hun yn uniongyrchol, ond bod modd canfod arwyddion o'i rôl feseianaidd trwy ddeall neges ac arwyddocâd anuniongyrchol ei ddysgeidiaeth a'i wyrthiau. Yn Iesu, gwelir Duw ar waith, yn bresennol ym mysg ei bobl i ddwyn iachâd, adferiad, maddeuant a bywyd newydd i bawb sy'n ymddiried ynddo.

Beth ddylai ein hagwedd ni fod at y gwyrthiau heddiw? Gellir nodi'r gwahanol safbwyntiau a goleddir gan rai Cristnogion. Yn gyntaf, *safbwynt y llythrenolwr.* Iddo ef y mae'r Beibl yn air anffaeledig Duw. Ni ddylid amau'r un iod na'r un gair ohono. Gan fod y gwyrthiau yn y Beibl, y mae eu hanes yn wir bob gair. Yn ôl y llythrenolwr, rhaid cadw crefydd a gwyddoniaeth yn gwbl ar wahân. Ond ni ellir bod mor ddibris â hynny o reswm ac o gwestiynau beirniadol y gwyddonydd a'r athronydd. Gan mai rhodd Duw yw rheswm yn ogystal â ffydd, rhaid defnyddio'r rhodd honno i geisio cyrraedd at y gwirionedd ym mhob maes, gan gynnwys deall a dehongli'r gwyrthiau.

Yn ail, *safbwynt yr anffyddiwr.* Ar y pegwn arall i'r llythrenolwr sy'n derbyn y gwyrthiau'n ddigwestiwn, ceir yr anffyddiwr sy'n eu gwrthod yn llwyr. Y mae ei safbwynt ef yn seiliedig ar egwyddorion gwyddonol, ac nid ar y Beibl nac ar gred yn Nuw. Mae'r anffyddiwr yn credu bod popeth yn ddarostyngedig i ddeddfau natur, ac nad oes felly le i wyrthiau nac i ddigwyddiadau anghyffredin sy'n ymyrryd â threfn a symudiadau'r cread. Ceir rhai Cristnogion sy'n gwrthod y gwyrthiau gan ddadlau nad yw ffydd a chred yn Iesu Grist yn dibynnu ar gredu yn y gwyrthiau fel digwyddiadau hanesyddol.

Yn drydydd, *y llwybr canol.* Yn groes i'r anffyddiwr, nid all pobl y llwybr canol dderbyn bod Duw'n gaeth i'r deddfau natur a greodd ef ei hun. Y mae'n Dduw byw, sy'n fwy na'i gread, ond sydd wedi gweld yn dda i'w ddatguddio'i hun yn y cread ac yn hanes ei bobl ac mewn modd arbennig yn Iesu Grist. Credai awduron yr efengylau – Mathew, Marc, Luc ac Ioan – fod Duw wedi anfon Iesu i'r byd yn Waredwr, yn Feseia ac yn Arglwydd. Nid oeddent yn credu bod Iesu'n Fab Duw ac yn Waredwr *oherwydd* ei fod yn cyflawni gwyrthiau, ond yr oeddent eisoes wedi eu hargyhoeddi mai ef oedd y Meseia a bod gwyrthiau a'r gweithredoedd nerthol, felly, yn dilyn. Nid profion o'i natur ddwyfol ydynt, ond rhan o'r dystiolaeth amdano – ffenestri i weld drwyddynt ystyr ei berson a'i waith a'i berthynas unigryw â Duw.

Yr hyn sy'n bwysig wrth ddehongli'r gwyrthiau yw canfod yr hyn a ddywedant wrthym am gymeriad a gwaith Iesu. Mae deall eu neges yn bwysicach na derbyn neu wrthod eu dilysrwydd hanesyddol. Ar y naill law, mae rheswm yn peri inni gwestiynu dilysrwydd rhai gwyrthiau, megis cerdded ar y dŵr, gostegu'r storm, melltithio'r ffigysbren, troi'r dŵr yn win, y ddalfa fawr o bysgod, ac o bosib yr hanesion am Iesu'n atgyfodi'r meirw. Ond ar y llaw arall, mae derbyn fod Iesu'n Fab Duw a bod Duw'n gweithredu drwyddo, yn golygu nad oedd yn gaeth i ddeddfau natur a bod ei wyrthiau'n dilyn o'i swyddogaeth ddwyfol fel Arglwydd a Meseia. Y mae i wyrth, fel i ddameg, ddwy ystyr: yr ystyr sydd ar y wyneb fel stori neu ddisgrifiad o ddigwyddiad, a'r ystyr sydd dan y wyneb, sef yr ystyr a'r neges ysbrydol. Chwilio am yr ail ystyr hon sydd bwysicaf wrth geisio dehongli'r gwyrthiau.

Y Dyn ag Ysbryd Aflan ynddo, ac Iacháu Llawer

'Daethant i Gapernaum, ac yna, ar y Saboth, aeth ef i mewn i'r synagog a dechrau dysgu. Yr oedd y bobl yn synnu at yr hyn yr oedd yn ei ddysgu, oherwydd yr oedd yn eu dysgu fel un ag awdurdod ganddo, ac nid fel yr ysgrifenyddion. Yn eu synagog yr oedd dyn ag ysbryd aflan ynddo. Gwaeddodd hwnnw, gan ddweud, "Beth sydd a fynni di â ni, Iesu o Nasareth? A wyt ti wedi dod i'n difetha ni? Mi wn pwy wyt ti – Sanct Duw." Ceryddodd Iesu ef â'r geiriau: "Taw, a dos allan ohono." A chan ei ysgytian a rhoi bloedd uchel, aeth yr ysbryd aflan allan ohono. Syfrdanwyd pawb, nes troi a holi ei gilydd, "Beth yw hyn? Dyma ddysgeidiaeth newydd ac iddi awdurdod! Y mae hwn yn gorchymyn hyd yn oed yr ysbrydion aflan, a hwythau'n ufuddhau iddo." Ac aeth y sôn amdano ar led ar unwaith trwy holl gymdogaeth Galilea.

'Ac yna, wedi dod allan o'r synagog, daethant i dŷ Simon ac Andreas gydag Iago ac Ioan. Ac yr oedd mam-yng-nghyfraith Simon yn gorwedd yn wael dan dwymyn. Dywedasant wrtho amdani yn ddi-oed; aeth yntau ati a gafael yn ei llaw a'i chodi. Gadawodd y dwymyn hi, a dechreuodd hithau weini arnynt. Gyda'r nos, a'r haul wedi machlud, yr oeddent yn dwyn ato yr holl gleifion a'r rhai oedd wedi eu meddiannu gan gythreuliaid. Ac yr oedd yr holl dref wedi ymgynnull wrth y drws. Iachaodd ef lawer oedd yn glaf dan amrywiol afiechydon, a bwriodd allan lawer o gythreuliaid, ac ni adawai i'r cythreuliaid ddweud gair, oherwydd eu bod yn ei adnabod.'

Marc 1: 21–34

Yn ôl yr efengylau, pedair tref fawr Iesu oedd Bethlehem, man ei eni; Nasareth, ei gartref am yn agos i ddeng mlynedd ar hugain; Capernaum, canolfan ei weinidogaeth yng Ngalilea; a Jerwsalem, prif ganolfan Jwdea, lle cafodd Iesu ei groeshoelio. Bu Capernaum yn ganolfan i'w weithgareddau am oddeutu blwyddyn. Meddai Efengyl Mathew, 'A chan adael Nasareth aeth i fyw i Gapernaum, tref ar lan y môr yng nghyffiniau Sabulon a Nafftali' (Mathew 4: 13). Ar ôl ei fedydd, ei demtiad yn yr anialwch, a galw'r pedwar pysgotwr, Simon, Andreas, Iago ac Ioan, dywed Marc fod Iesu wedi symud i Gapernaum. Yno yr oedd cartref Simon ac Andreas, ac mae'n bosibl bod Iago ac Ioan wedi cartrefu yno hefyd er mai brodorion o Fethsaida oeddent.

Yng Nghapernaum y gwelir Iesu'n dechrau ymdaflu o ddifrif i'w waith. Mae'n mynd i'r synagog, ac yn dysgu'r bobl yno gyda'r fath awdurdod nes peri i'r gynulleidfa ryfeddu. Yr un awdurdod a barodd i'r pedwar disgybl adael y cyfan a'i ddilyn. Yna, mae'n iacháu dyn ag ysbryd aflan ynddo, gan wneud hynny trwy orchymyn yn unig, nes i'r bobl ryfeddu fwy fyth a gofyn, *"Beth yw hyn? Dyma ddysgeidiaeth newydd ag iddi awdurdod"* (Marc 1: 27). O'r synagog, mae'n mynd i dŷ Simon Pedr, ac yno mae'n iacháu mam-yng-nghyfraith Simon mewn modd rhyfeddol a diymdrech. Oherwydd bod y sôn amdano wedi ymledu trwy'r gymdogaeth, mae llawer iawn o gleifion a glywodd am ei wyrthiau a'i awdurdod yn ymgasglu wrth y drws: *'Iachaodd ef lawer oedd yn glaf dan amrywiol afiechydon, a bwriodd allan lawer o gythreuliaid'* (adn. 34).

Gan mai oddi wrth Pedr yn bennaf y cafodd Marc y deunydd ar gyfer llunio'i efengyl, diau mai argraffiadau Pedr o'r hyn a wnaeth Iesu ar y dydd cyntaf tyngedfennol hwnnw yng Nghapernaum a geir yn y bennod hon: pregethu yn y synagog gydag awdurdod anghyffredin; iacháu dyn a feddiannwyd gan ysbryd aflan; iacháu mam-yng-nghyfraith Simon Pedr; ac iacháu llawer iawn a ddaeth ynghyd wrth y drws. O'r cychwyn cyntaf, mae Marc yn awyddus i gyfeirio'i ddarllenwyr at brif nodweddion gweinidogaeth Iesu Grist, ac un o'r amlycaf ohonynt yw'r awdurdod a'r gallu i iacháu.

Dysgu ac Iacháu gydag Awdurdod

Ac yntau'n Iddew, arferai Iesu fynychu'r synagog ar y Saboth. Darganfuwyd yng Nghapernaum olion synagog ar safle hynafol, o bosibl y synagog sy'n lleoliad i'r digwyddiad hwn. Gan mai peth cyffredin oedd i leygwyr ac ymwelwyr annerch cynulleidfa, mae'n fwy na thebyg i Iesu dderbyn gwahoddiad i bregethu. Parodd rhywbeth yn ei gylch i bobl sylweddoli fod gan hwn awdurdod anghyffredin. Nid yw Marc yn manylu ar gynnwys dysgeidiaeth Iesu. O gymharu â'r efengylau eraill, ychydig o'i ddysgeidiaeth a groniclir yn Efengyl Marc. Awgrymir mai'r rheswm am hynny yw bod ei ddarllenwyr eisoes yn gyfarwydd â'i ddysgeidiaeth mewn dogfen arall a oedd ym meddiant yr eglwys yn Rhufain. Er hynny, pwysleisir rhyfeddod yr hyn a ddysgai Iesu: *'Yr oedd y bobl yn synnu at yr hyn yr oedd yn ei ddysgu, oherwydd yr oedd yn eu dysgu fel un ag awdurdod ganddo, ac nid fel yr ysgrifenyddion'* (adn. 22). Yr awgrym yw mai ei ffordd o ddysgu a enillai sylw'r gwrandawyr, ynghyd â'i sicrwydd a'r ymdeimlad dwfn o ysbrydolrwydd a nodweddai ei eiriau. Yn wahanol i'r ysgrifenyddion, nid ailadrodd ystrydebau a rheolau crefyddol a wnâi; nid geiriau gwag, diystyr ac amherthnasol a glywid ganddo, ond geiriau oedd yn dwysbigo a goleuo a chysuro. Clywai'r bobl oedd yn gwrando arno acen awdurdod yn ei ddysgeidiaeth.

Dro ar ôl tro yn ei efengyl, mae Marc yn cyfeirio at Iesu fel 'athro', yn pwysleisio'i awdurdod a'r modd y mae'n onnyn ymdeimlad o ryfeddod, ofn ac addoliad ymhlith ei wrandawyr (e.e. 1: 27; 2: 12; 4: 41; 5: 15, 20, 33, 36, 42; 6: 50, 51; 9: 6, 15 a 52). Nid Iesu oedd unig athro crefyddol ei ddydd, na'r unig un oedd yn hawlio y gallai gyflawni gwyrthiau. Ond mae Marc am argraffu arnom fod gan Iesu – yn wahanol i'r athrawon eraill hynny – *charisma* neu awdurdod hollol unigryw. Mae ei eiriau a'i weithredoedd yn peri i bobl deimlo bod Duw ei hun ar waith ynddo.

Daw awdurdod dwyfol Iesu i'r amlwg yma mewn dwy ffordd; trwy ei *ddysgeidiaeth* a'i weithred o *fwrw allan ysbryd aflan*. Y paradocs yw bod Marc yn cyflwyno'r wyrth fel 'dysgeidiaeth Iesu'. Wedi gweld y wyrth *'syfrdanwyd pawb, nes troi a holi ei gilydd, "Beth yw hyn? Dyma ddysgeidiaeth newydd ag iddi awdurdod!"* (adn. 27). Mae'r weithred o fwrw allan ysbryd aflan fel petai'n cadarnhau dilysrwydd ei ddysgeidiaeth, ac yn dangos hefyd fod i ddysgeidiaeth Iesu rym ymarferol yn ogystal â rhagoriaeth addysgol ac athrawiaethol. Y mae'n air llafar ac yn air gweithredol ar yr un pryd. Trwy gynnwys hanes y wyrth hon ar ddechrau gweinidogaeth gyhoeddus Iesu mae Marc am ddangos fod ysbrydion aflan, yn fwy na neb arall, yn synhwyro'r grym sydd yn ei eiriau.

Er i Iesu gyflawni'r wyrth hon ar y Saboth, mae'r syndod cyffredinol at ei allu gwyrthiol yn peri nad yw cwestiwn torri'r Saboth yn codi ym meddyliau ei wrandawyr. Mae'n debyg fod y dyn yn dioddef o ryw anhwylder meddwl. Yn nyddiau Iesu, priodolid cryn nifer o afiechydon i ddylanwad ysbrydion drwg, a lwyddai ryw ffordd neu'i gilydd i fynd i mewn i gorff a meddwl person. Heddiw byddai meddygon yn cynnig diagnosis gwahanol, megis sgitsoffrenia neu epilepsi neu gyflwr tebyg. Fel dyn ei oes, derbyniai Iesu'r gred mewn demoniaid. Ar ben hynny, ystyrid bod person oedd ym meddiant cythreuliaid yn aflan a than reolaeth Satan. Felly, gwelir yma wrthdaro rhwng gallu Duw yn Iesu Grist a grym y diafol.

Cyn i Iesu ddweud na gwneud dim, mae'r ysbryd aflan sydd yn y dyn yn gweiddi, *"Beth sydd a fynni di â ni, Iesu o Nasareth? A wyt ti wedi dod i'n difetha ni? Mi wn pwy wyt ti – Sanct Duw"* (adn. 24). Defnyddir y ffurf luosog i ddangos fod nifer o ysbrydion aflan yn siarad trwy'r dyn. Y gred gyffredin oedd bod personoliaeth dyn yn mynd i afael demoniaid oedd yn ceisio disodli'r hunan ynddo. Mae'r demoniaid yn adnabod Iesu a'r gyfrinach amdano, cyn bod y bobl yn canfod hynny. Maent yn ceisio cael y gorau ar Iesu trwy ddatgan eu bod yn ei adnabod a thrwy ddefnyddio ei enw – *'Iesu o Nasareth ... Sanct Duw'*. Yr oedd defnyddio enw person yn dangos mesur o awdurdod dros y person hwnnw. Fel pwerau 'goruwchnaturiol', mae gan yr ysbrydion drwg allu goruwchnaturiol i adnabod Iesu. Gwyddant hefyd fod y gallu ganddo i'w ddinistrio, ac maent yn ei herio i beidio ag ymyrryd â hwy. Mae'r frwydr yn glir, a'r ddwy ochr yn adnabod ei gilydd.

Y mae'r ysbryd yn adnabod Iesu ac yn ei enwi, gan gyfeirio at ei natur ddynol (*Iesu o Nasareth*), ac at ei natur ddwyfol (*Sanct Duw*, sef enw am y Meseia). Mae'n gwybod hefyd bod Iesu wedi dod *'i'n difetha ni'* (adn. 24). Ac meddai Iesu, gan wahaniaethu rhwng yr ysbryd a'r dyn ei hun: *"Taw, a dos allan ohono"* (adn. 25). Nid yw'n fodlon i'r ysbryd gyhoeddi pwy ydyw; mae am gadw'r gyfrinach hyd at yr amser cyfaddas. Wrth ddod allan o'r dyn, mae'r ysbryd yn ceisio gwneud cymaint o ddifrod â phosibl. Y mae'n dirdynnu'r dyn gan weiddi'n uchel: *'A chan ei ysgytian a rhoi bloedd uchel, aeth yr ysbryd aflan allan ohono'* (adn. 26). Brawychir y bobl gan rym awdurdod Iesu – awdurdod sy'n ysgytio ysbrydion aflan ac yn peri iddynt ei gyffesu'n Feseia. Eu cwestiwn hwythau yw, *"Beth yw hyn?"* (adn. 27). Beth yw'r fath ddysgeidiaeth bwerus sy'n tra-arglwyddiaethu dros bwerau dieflig ac yn ymlid cythreuliaid? Bu'r effaith yn ysgubol, ac aeth y sôn am Iesu ar led trwy holl gymdogaeth Galilea.

Bwriad Marc, wrth adrodd yr hanes hwn ar ddechrau gweinidogaeth Iesu, yw dangos yn eglur fod Iesu, Meseia Duw, wedi dod i ymladd brwydr yn erbyn holl bwerau drygioni ac mai ganddo ef y mae'r grym i ennill buddugoliaeth, nid yn unig dros ddemoniaid, ond dros afiechyd, twyll, anghyfiawnder, pechod ac angau. Erys y cwestiwn, 'a yw ysbrydion aflan yn bod?' Y duedd mewn oes wyddonol yw ystyried cred mewn demoniaid fel ofergoeliaeth, neu fel ffordd gyntefig o esbonio rhai afiechydon. Ond ni ellir anwybyddu'n llwyr dystiolaeth pobl sy'n hawlio iddynt gael eu rhyddhau o afael ysbrydion aflan. Ni all meddygaeth fodern ychwaith esbonio popeth sy'n digwydd o fewn y meddwl dynol, a dengys datblygiad meddygaeth seicosomatig y posibilrwydd o berthynas rhwng afiechyd corfforol ac anhwylder ysbrydol. Meddai un esboniwr (Donald English), 'Difficult though it may be for modern scientifically orientated cultures, we need to guard against the danger that the greatest achievement of the powers of evil would be to persuade us that they do not exist.'

O'r Synagog i'r Tŷ

Wedi dangos awdurdod rhyfeddol Iesu dros ysbrydion aflan, y mae Marc yn mynd ymlaen i ddangos fod ganddo'r un gallu i iacháu afiechydon corfforol arferol. Gwna Marc hynny trwy gyflwyno hanes Iesu'n symud o'r synagog i dŷ Simon ac Andreas ac yn iacháu yno fam yng-nghyfraith Simon a oedd *'yn gorwedd yn wael dan dwymyn'* (adn. 30). Dyma un o atgofion Pedr, yn ôl rhai. Pedr oedd y cyntaf o'r credinwyr i roi ei gartref at wasanaeth Iesu. Daeth y lle yn fath o ganolfan yn ogystal â lletý i Iesu yng Nghapernaum, a cheir wedyn amryw o gyfeiriadau eraill at y dref yn yr efengyl hon. O gofio mai eglwysi tai oedd yr eglwysi Cristnogol cyntaf, a chan mai yng nghartrefi ei gilydd yr oedd y Cristnogion cynnar yn cyfarfod, efallai nad yw'n ormod i alw cartref Pedr yr eglwys gyntaf. O'r cyfeiriad cynnil hwn at ei fam-yng-nghyfraith y deallwn fod Pedr yn ŵr priod, er bod Paul hefyd yn dweud wrthym fod gwraig Pedr yn mynd gydag ef ar ei deithiau cenhadol (1 Cor. 9: 5).

Mae'n bur debyg mai rhyw fath o *malaria* oedd y 'dwymyn' y dioddefai mam-yng-nghyfraith Pedr ohono – clefyd cyffredin yn nyffryn Iorddonen o'r adeg honno hyd heddiw. Dywedwyd wrth Iesu am yr ymosodiad sydyn arni. Daeth Iesu ati, a heb ddweud yr un gair, gafaelodd yn ei llaw a'i chodi, a thrwy hynny ei hiacháu. Sylwer fod Iesu, yn yr achos hwn, yn iacháu trwy gyffwrdd â'r claf. Mewn achosion eraill y mae gair yn ddigon i gyflawni'r iachâd. Nid yw Iesu'n ei gyfyngu ei hun i un dull arbennig o iacháu. Gweithred symbolaidd yw gafael yn llaw'r claf; mae'n arwyddo cyfeillgarwch a chysur, ond hefyd awdurdod Iesu. Y mae'n gafael yn ei llaw *'a'i chodi'* (adn. 31) – nid ei chodi ar ei heistedd yn unig, ond yn ei chodi o afael ei hafiechyd a'i gwendid i fywyd iach. Ac y mae'n ei chodi hefyd i barhau ei gwasanaeth: *'dechreuodd hithau weini arnynt'* (adn. 31). 'Saved to Serve' yw arwyddair un o deuluoedd bonedd yr Alban, yn ôl William Barclay. Adferodd Iesu hon i gylch y gwasanaeth a ddryswyd gan ymosodiad y dwymyn arni, sef gofalu am ei thŷ a'i theulu, ac am gymdeithas Iesu a'i ddisgyblion. Y mae gwasanaeth ffyddlon i Dduw ac i'r deyrnas yn un o themâu amlwg Efengyl Marc.

Iacháu Llawer

A'r haul wedi machlud a'r Saboth yn dirwyn i ben, mae rhyddid bellach i bobl ddod â'u cleifion at Iesu. Cawn grynodeb gan Marc o weinidogaeth iacháu Iesu, yn cynnwys iacháu corfforol yn ogystal â bwrw allan gythreuliaid. Mae ei ddisgrifiad yn ei gwneud yn eglur i ni bod llawer iawn o gleifion yn dod ynghyd, a hynny'n dangos bod y sôn am Iesu a'i allu i iacháu yn ymledu trwy'r gymdogaeth. Y mae'r ddawn ganddo i ddelio ag *'amrywiol afiechydon'* – nid oes unrhyw afiechyd y tu hwnt i allu Iesu i'w wella. Ar yr un pryd, mae'n siarsio'r cythreuliaid i beidio â dweud gair amdano, *'oherwydd eu bod yn ei adnabod'* (adn. 34). Gan ei fod am osgoi cyhoeddusrwydd, nid yw Iesu eisiau i gyfrinach ei berson a'i waith meseianaidd fynd ar led. Felly, ym mhennod gyntaf ei efengyl mae Marc yn ein gwahodd i edrych ar ddechreuadau gweinidogaeth Iesu, ac yn arbennig ar dair agwedd ar y weinidogaeth honno – ei ddysgeidiaeth nerthol, ei awdurdod rhyfeddol dros yr ysbrydion aflan, a'i allu gwyrthiol i iacháu pob math o afiechydon.

Cwestiynau i'w trafod:

1. Beth a ddywed yr adran hon am natur awdurdod Iesu?

2. A oes lle i gredu heddiw ym modolaeth ysbrydion aflan?

3. Y mae darlun Marc o'r frwydr rhwng Iesu a'r ysbrydion aflan yn cyfeirio at frwydr fwy rhwng teyrnas Dduw a phwerau drygioni. A yw syniad o'r fath yn ystyrlon heddiw?

Iacháu Dyn wedi ei Barlysu

'Pan ddychwelodd i Gapernaum ymhen rhai dyddiau, aeth y newydd ar led ei fod gartref. Daeth cynifer ynghyd fel nad oedd mwyach le i neb hyd yn oed wrth y drws. Ac yr oedd yn llefaru'r gair wrthynt. Daethant â dyn wedi ei barlysu ato, a phedwar yn ei gario. A chan eu bod yn methu dod â'r claf ato oherwydd y dyrfa, agorasant do'r tŷ lle'r oedd, ac wedi iddynt dorri trwodd dyma hwy'n gollwng i lawr y fatras yr oedd y claf yn gorwedd arni. Pan welodd Iesu eu ffydd hwy dywedodd wrth y claf, "Fy mab, maddeuwyd dy bechodau." Ac yr oedd rhai o'r ysgrifenyddion yn eistedd yno ac yn meddwl ynddynt eu hunain, "Pam y mae hwn yn siarad fel hyn? Y mae'n cablu. Pwy ond Duw yn unig a all faddau pechodau?" Deallodd Iesu ar unwaith yn ei ysbryd eu bod yn meddwl felly ynddynt eu hunain, ac meddai wrthynt, "Pam yr ydych yn meddwl pethau fel hyn ynoch eich hunain? Prun sydd hawsaf, ai dweud wrth y claf, 'Maddeuwyd dy bechodau', ai ynteu dweud, 'Cod, a chymer dy fatras a cherdda'? Ond er mwyn i chwi wybod fod gan Fab y Dyn awdurdod i faddau pechodau ar y ddaear" – meddai wrth y claf, "Dyma fi'n dweud wrthyt, cod, a chymer dy fatras a dos adref." A chododd y dyn, cymryd ei fatras ar ei union a mynd allan yn eu gŵydd hwy oll, nes bod pawb yn synnu ac yn gogoneddu Duw gan ddweud, "Ni welsom erioed y fath beth."'

Marc 2: 1–12 (Math. 9: 1–8; Luc 5: 17–26).

Y stori hon am iacháu dyn wedi ei barlysu yw'r gyntaf mewn cyfres o bump sy'n disgrifio dadleuon rhwng Iesu a'r ysgrifenyddion a'r Phariseaid (2: 1–3: 6). Amcan Marc wrth osod y pum stori gyda'i gilydd yw dangos y modd y daw awdurdod Iesu i wrthdrawiad ag awdurdod yr arweinwyr crefyddol Iddewig – gwrthdrawiad a fyddai'n dwysáu ac yn arwain maes o law at groeshoelio Iesu. Mae Marc yn cyfeirio at y dynged honno ddwywaith yn yr adran hon (2: 20 a 3: 6). Asgwrn y gynnen yn y stori hon yw honiad Iesu fod ganddo'r hawl i faddau pechod, neu'n hytrach i gyhoeddi maddeuant ar ran Duw. Lleolir y ddadl o fewn gwyrth iacháu, a pharodd hynny i rai esbonwyr honni bod Marc yn defnyddio'r wyrth yn fwriadol i gadarnhau awdurdod dwyfol Iesu, nid yn unig i iacháu cleifion ond hefyd i gyhoeddi maddeuant. Y mae'n bosibl fod hynny'n wir, yn enwedig o gofio bod y gwrthdrawiad yn adlewyrchu'r dadlau cyson a geid yng nghyfnod yr Eglwys Fore rhwng y Cristnogion a'r Iddewon ar fater awdurdod a statws Iesu. Mae'r stori, fel yr adroddir hi gan Marc, yn dangos bod gan Iesu'r gallu a'r awdurdod i goncro pechod a'r parlys, i faddau ac i iacháu.

Dychwelyd i Gapernaum

Yn dilyn ei genhadaeth bregethu yn synagogau Galilea, mae Iesu'n dychwelyd i Gapernaum, ac *'aeth y newydd ar led ei fod gartref'* (adn. 1). Yng Nghapernaum yr oedd ei gartref dros dro, yng nghartref Simon Pedr ac Andreas, lle tcimlai'n gwbl gartrefol. Nid oedd hynny'n wir am bobman. Fel ninnau, roedd Iesu'n sensitif i awyrgylch, ac mewn rhai lleoedd teimlai awyrgylch cynnes a charedig. Mewn mannau eraill profodd wrthwynebiad a gelyniaeth. Pan ymwelodd â Nasareth, bro ei febyd, ei brofiad oedd bod y lle'n berwi o eiddigedd a'r derbyniad iddo yn y synagog yn oeraidd. Meddai'r hanes, *'Ac ni allai wneud unrhyw wyrth yno. Rhyfeddodd at eu hanghrediniaeth'* (Marc 6: 5). Methodd Iesu â gweithredu'n nerthol yn ei gartref ei hun am fod yr awyrgylch yn anffafriol. Ond roedd pethau'n wahanol iawn yng Nghapernaum, lle cafodd dderbyniad croesawgar, gyda thyrfa fawr yn ymgasglu yn y tŷ, yn eiddgar i'w weld a'i glywed, ac ysbryd disgwylgar yn llenwi'r lle. Dywed Marc ei fod *'yn llefaru'r gair wrthynt'* (Marc 2: 2) – term a ddefnyddid yn yr Eglwys Fore i ddynodi cyhoeddi'r Efengyl.

Wrth i Iesu bregethu, cludwyd ato gan bedwar cyfaill ddyn oedd wedi ei barlysu, ond oherwydd maint y dyrfa ni allent fynd trwy'r drws at Iesu. Ond nid oedd ildio i fod, ac er mawr syndod gwelwyd hwy'n dringo i do'r tŷ, ac yn gwneud hollt yn y to a gollwng y claf i lawr i'r ystafell at draed Iesu. Mae'n siŵr bod Iesu'n gwenu wrth weld digrifwch y sefyllfa, a'i fod yn edmygu ymlyniad y pedwar wrth eu cyfaill claf, yn ogystal â'u ffydd ynddo yntau.

Amodau Gwyrth

O'r disgrifiad gafaelgar a rydd Marc o'r sefyllfa, gwelwn yr elfennau sy'n creu awyrgylch ffafriol i Iesu allu cyflawni gwyrth. Yn gyntaf, *ymrwymiad cyfeillion i'w gilydd.* Pe na byddai gan y claf hwn gyfeillion caredig a dyfeisgar a oedd yn benderfynol o'i ddwyn at Iesu, ni fyddai'r wyrth wedi digwydd. Pa le bynnag y mae pobl yn ymrwymo i'w gilydd mewn cariad a chyfeillgarwch, y mae Iesu'n ei chael yn hawdd gweithio yn eu mysg. Nid yw gwyrthiau'n bosibl mewn awyrgylch o chwerwder a drwgdeimlad ac eiddigedd. Yn ei lyfr *Taken on Trust*, dywed Terry Waite mai dim ond wedi iddo gael ei ryddhau ar ôl pum mlynedd yn wystl yn Beirut y sylweddolodd fod cynifer o ffrindiau wedi bod yn gweddïo drosto. Y mae'n disgrifio'r holl bethau rhyfeddol a ddigwyddodd iddo dros y cyfnod hwnnw fel *'miracles wrought through friendship'*. Trwy gyfeillgarwch, cefnogaeth anwyliaid a ffrindiau, a chymdeithas ei eglwys y mae Iesu'n cyffwrdd â'n bywydau ni ac yn cyflawni ei wyrthiau yn ein mysg.

Yn ail, *ymroddiad i waith.* Digwyddodd y wyrth hon yng Nghapernaum am fod cwmni o gyfeillion wedi ymroi o ddifrif i gario'u cyfaill claf i ben to a'i ollwng i lawr at Iesu. Nid peth bach i'r pedwar cyfaill oedd cludo hwn ar fatras o un tŷ i'r llall. Roedd dyn wedi ei barlysu yn drwm i'w godi a'i gario. Ac nid dim o beth oedd di-doi'r to a gollwng y claf i lawr â rhaffau. Ond y mae gwir ffydd yn mynegi ei hun mewn gwaith ac ymdrech. Gweithredu trwy gyfryngau dynol a wna Duw bob amser. Flynyddoedd yn ôl, dywedodd Martin Luther King, 'Nid wyf yn barod i dderbyn fod yr un sefyllfa mor ddigalon ac anobeithiol fel na ellir gwneud dim. Mae neges y Beibl yn glir: 'Paratowch ffordd yr Arglwydd ... agorwch y ffosydd a chloddiwch y pydewau, ac fe ddaw'r glawogydd; braenarwch y tir a heuwch yr had, ac fe ddaw cynhaeaf.' Rhaid i ninnau greu amodau priodol os ydym am weld Duw'n gweithio'n rymus yn ein plith – ymroi i waith a bod yn barod i fentro. Mae hon yn egwyddor amlwg yn y Beibl. Dywed Paul wrth aelodau eglwys Corinth eu bod hwy ac yntau yn gyd-weithwyr â Duw: *'Myfi a blannodd, Apolos a ddyfrhaodd, ond Duw oedd yn rhoi'r tyfiant'* (1 Cor. 3: 6). Y mae Duw'n rhoi'r tyfiant am fod ei weision eisoes wedi plannu a dyfrhau. Mae'r fendith yn dilyn y fenter; mae'r wyrth yn dilyn y gwaith.

Yn drydydd, *ymddiriedaeth yn Iesu.* Wrth ollwng eu cyfaill drwy'r to, roedd ei gyfeillion yn mynegi eu hymddiriedaeth lwyr yn Iesu a'i allu i iacháu: *'Pan welodd Iesu eu ffydd hwy ...'* (Marc 2: 5). Y mae ymddiriedaeth o'r fath yn creu awyrgylch ffafriol i Iesu fedru gweithio.

Ymddiriedaeth yn Nuw ac yng nghariad a gallu'r Arglwydd Iesu yw hanfod ffydd. Gall ffydd olygu cred, sef ymateb y meddwl i Dduw. Gall olygu ufudd-dod, sef ymateb yr ewyllys i ofynion Duw. Ond ystyr creiddiol y gair yw ymddiriedaeth, sef cyflwyno ein hunain a'n hanghenion a'n gofidiau i ofal Duw. Pan yw credu'n anodd; pan na wyddom beth i'w wneud, gallwn bob amser bwyso ar Dduw ac ymddiried ynddo. Ymddiried eu cyfaill i ofal Iesu a wnaeth y cyfeillion yn y stori hon. Yng ngeiriau'r Salmydd, *'Ymddiried yn yr Arglwydd a gwna ddaioni ... a rhydd iti ddeisyfiad dy galon. Rho dy ffyrdd i'r Arglwydd; ymddiried ynddo, ac fe weithreda'* (Salm 37: 3-5).

Pwysleisir droeon yn Efengyl Marc fod iacháu yn rhagdybio ffydd. Yn yr achos hwn y mae Iesu'n edmygu ffydd y claf a'i ffrindiau. Roedd rhaid i'r dyn ei hun feddu ar ffydd, ond y mae'n amlwg fod ffydd eraill ar ei ran yr un mor bwysig. Gwyddom oll mor fawr yw ein dyled i rieni, athrawon, arweinwyr o fewn ein heglwysi, a phobl dda eraill a fu'n ein cynnal drwy eu ffydd a'u gweddïau. Doedd dim i'w wneud yn achos y claf hwn ond ei ymddiried i ofal yr Arglwydd Iesu

Maddeuant Pechodau

Pan welodd Iesu ffydd y dynion hyn, ei ymateb oedd rhoi sicrwydd maddeuant pechodau i'r claf: *'Fy mab, maddeuwyd dy bechodau'* (Marc 2: 5). Dyna gam cyntaf ei iachâd. Un syniad cyffredin ymhlith yr Iddewon oedd mai pechod oedd wrth wraidd afiechyd; bod afiechyd yn fath o gosb am bechodau'r gorffennol. Yr oedd Iesu'n gwrthod y gred honno. Atebodd gwestiwn y disgyblion a oedd am wybod ai pechod dyn dall ynteu bechodau ei rieni a barodd iddo gael ei eni'n ddall trwy ddweud, *"Ni phechodd hwn na'i rieni chwaith"* (Ioan 9: 3). Ond os nad oedd afiechyd yn gosb uniongyrchol am bechod, gwelai Iesu fod cysylltiad rhwng cyflwr corfforol dyn a'i gyflwr ysbrydol. Y mae seiciatreg fodern yn dangos yn eglur y gall teimladau negyddol, crgydion emosiynol, ac yn arbennig ymdeimlad dwfn o euogrwydd effeithio ar gyflwr corff. Er enghraifft, gall tad a fu'n gyfrifol am farwolaeth ei blentyn trwy yrru'n beryglus gael ei barlysu'n gorfforol gan sioc y digwyddiad a'i deimlad o euogrwydd. Trwy gymorth dadansoddiad seicolegol caiff ei helpu i dderbyn y trychineb, a dysgu byw â'r atgof o'r trawma, a chael iachâd corfforol ac emosiynol. Mewn termau crefyddol, rhaid iddo gael y sicrwydd fod Duw yn maddau iddo, a dysgu wedyn i faddau iddo'i hun. Yn ei lyfr *Modern Man in Search of a Soul,* dywed C.G. Jung mai neges ganolog yr Efengyl Gristnogol yw'r addewid o faddeuant pechodau, a hynny oherwydd effaith ddifaol yr ymdeimlad o euogrwydd ar gorff, meddwl ac ysbryd. Y mae profi'r maddeuant sy'n dileu euogrwydd yn gam pwysig yn y broses o iacháu.

Cabledd

I'r awdurdodau Iddewig, yr oedd datganiad Iesu'n gabledd gan mai Duw yn unig sydd â'r hawl i faddau pechodau. Trwy honni medru gwneud yr hyn na allai neb ond Duw ei hun ei wneud, mae Iesu'n euog o gabledd ac o sarhau Duw. Wrth wneud hynny, mae'n mynd y tu hwnt i awdurdod proffwyd, a hyd yn oed awdurdod y Meseia. Oherwydd, yn ôl yr Iddewon, nid oedd gan y Meseia hyd yn oed hawl i faddau pechodau.

Daw Iesu'n ymwybodol fod yr ysgrifenyddion yn cwyno ymhlith ei gilydd. Mae Marc yn hanner awgrymu mai trwy ryw weledigaeth y tu hwnt i'r naturiol y mae Iesu'n deall eu meddyliau. Ond does dim angen doniau goruwchnaturiol i ddeall y mân siarad a'r gwgu a geid yn eu plith: *"Pam yr ydych yn meddwl pethau fel hyn ynoch eich hunain?"* (Marc 2: 8). Gan y gwyddai Iesu fod yr ysgrifenyddion yn credu mai cosb am bechod oedd y parlys, heriodd hwy i ateb cwestiwn mwy anodd: *'Prun sydd hawsaf, ai dweud wrth y claf, "Maddeuwyd dy bechodau", ai ynteu dweud, "Cod, a chymer dy fatras a cherdda"?'* (Marc 2: 9). Gwyddai'r ysgrifenyddion mai'r peth hawsaf yn y byd fyddai dweud y geiriau, 'maddeuwyd dy bechodau', gan na ellid profi na gwrthbrofi effeithiolrwydd y geiriau. Ond pe digwyddai i Iesu fedru iacháu'r claf hwn yn eu gŵydd hwy i gyd, byddai hynny'n dangos yn eglur ei allu i ddelio ag achos y parlys, sef ei bechod. Yna, yn rhinwedd ei swydd fel 'Mab y Dyn', sef cennad Duw, y mae Iesu'n cyhoeddi, *"Er mwyn i chwi wybod fod gan Fab y Dyn awdurdod i faddau pechodau ar y ddaear"* – meddai wrth y claf, *"Dyma fi'n dweud wrthyt, cod a chymer dy fatras a dos adref"* (adn. 10–11).

Daw'r geiriau hyn â ni at graidd y stori a phrif bwrpas y wyrth, sef dangos fod gan Iesu'r awdurdod a'r gallu i iacháu'n gorfforol ac ysbrydol. Wrth gyflawni'r iacháu, mae'n profi y tu hwnt i bob amheuaeth fod ganddo hefyd awdurdod i faddau pechodau. Cododd y claf, gafaelodd yn ei fatras, a cherddodd allan yn holliach, *'nes bod pawb yn synnu ac yn gogoneddu Duw gan ddweud, "Ni welsom erioed y fath beth"'* (adn. 12).

Hwn oedd y tro cyntaf yn Efengyl Marc i Iesu ei alw'i hun yn 'Fab y Dyn'. Y mae'n rhaid ei fod wedi myfyrio llawer am y teitl cyn ei ddefnyddio. Gwyddai'n dda am gysylltiadau'r teitl ac am ei wreiddiau yn yr Hen Destament. Bellach, mae'n ddigon sicr ohono'i hun fel anfonedig Duw i'w ddefnyddio amdano'i hun.

Daw'r stori i'w therfyn gyda darlun o'r claf yn codi ar ei draed, yn *'cymryd ei fatras ar ei union a mynd allan yn eu gŵydd hwy oll'* (adn. 12). Dyma ddyn oedd wedi ei gaethiwo gan y parlys yn dod yn ddyn rhydd. Ni wyddom am ba hyd y bu'n gaeth i'w wely, ond yn awr mae'n codi ar ei draed, yn cymryd ei fatras ac yn cerdded allan yn dalsyth. Cyn hyn, roedd yn ddyn gwan ond yn awr y mae'n gryf. Yn ôl adroddiad Luc am y wyrth, mae'n cymryd ei wely *'a mynd adref gan ogoneddu Duw'* (5: 25). Cyn hyn, roedd yn ddyn tawedog ond yn awr daeth yn ogoneddwr. Drwy'r wyrth hon, mae Iesu'n dangos fod Duw yn drugarog ac yn faddeugar yn ei agwedd tuag atom, a bod yr awdurdod ganddo fel 'Mab y Dyn' i gyfryngu'r maddeuant hwnnw i bawb sy'n ymddiried ynddo.

Cwestiynau i'w trafod:

1. Beth oedd achos y gwrthdaro rhwng Iesu a'r awdurdodau Iddewig?

2. 'Pan welodd Iesu eu ffydd hwy ...' Beth a welodd Iesu yn ffydd y claf a'i gyfeillion?

3. Ym mha ystyr y mae maddeuant yn gyfrwng iachâd corfforol ac ysbrydol?

═══ Dehongli'r Gwyrthiau ═══

Gostegu Storm

'A'r diwrnod hwnnw, gyda'r nos, dywedodd wrthynt, "Awn drosodd i'r ochr draw." A gadawsant y dyrfa, a mynd ag ef yn y cwch fel yr oedd; yr oedd cychod eraill hefyd gydag ef. Cododd tymestl fawr o wynt, ac yr oedd y tonnau'n ymdaflu i'r cwch, nes ei fod erbyn hyn yn llenwi. Yr oedd ef yn starn y cwch yn cysgu ar glustog. Deffroesant ef a dweud wrtho, "Athro, a wyt ti'n hidio dim ei bod ar ben arnom?" ac fe ddeffrôdd a cheryddu'r gwynt a dweud wrth y môr, "Bydd ddistaw! Bydd dawel!" Gostegodd y gwynt a bu tawelwch mawr. A dywedodd wrthynt, "Pam y mae arnoch ofn? Sut yr ydych heb ffydd o hyd?" Daeth ofn dirfawr arnynt, ac meddent wrth ei gilydd, "Pwy ynteu yw hwn? Y mae hyn yn oed y gwynt a'r môr yn ufuddhau iddo."
Marc 4: 35–41 (Math. 8: 23–37, Luc 8: 22–25)

Mae arglwyddiaeth Duw dros ei gread yn un o themâu amlwg yr Hen Destament, ac yn arbennig felly ei awdurdod dros y moroedd. Y gred gyffredinol bryd hynny oedd bod y môr yn gartref i bwerau dinistriol, a bod ysbrydion drwg yn aflonyddu ar y dyfroedd gan achosi stormydd. Ond yr oedd gallu Duw yn drech na lluoedd y môr. Meddai'r Salmydd, *'Ti sy'n llywodraethu ymchwydd y môr; pan gyfyd ei donnau, yr wyt ti'n eu gostegu'* (Salm 89: 9). A cheir disgrifiad dramatig o Dduw'n cadw llongwyr yn ddiogel yng nghanol storm enbyd wrth i'r tonnau fygwth eu boddi: *'Yna gwaeddasant ar yr Arglwydd yn eu cyfyngder, a gwaredodd hwy o'u hadfyd; gwnaeth i'r storm dawelu, ac aeth y tonnau'n ddistaw; yr oeddent yn llawen am iddi lonyddu, ac arweiniodd hwy i'r hafan a ddymunent'* (Salm 107: 28–30). Gwelwyd grym Duw ar waith yn yr un modd pan agorodd y Môr Coch i alluogi'r Israeliaid i ddianc o afael yr Eifftiaid (Ex. 14: 21–31). A hanesyn arall sy'n gefndir i'r wyrth hon yw stori Jona, yn enwedig y disgrifiad ohono'n cysgu yng nghrombil y llong pan oedd gwynt nerthol a storm mor arw ar y môr yn bygwth dryllio'r llong. Ond wedi i'r morwyr weiddi ar yr Arglwydd, a chydio yn Jona a'i daflu i'r môr, gostegodd y storm a bu tawelwch mawr. Sylweddolodd y morwyr mai trwy nerth Duw y tawelwyd y môr, *'Ac ofnodd y gwŷr yr Arglwydd yn fawr iawn , gan offrymu aberth i'r Arglwydd a gwneud addunedau'* (Jon. 1: 16). Amcan y wyrth hon o ostegu'r storm yw dangos fod gan Iesu'r un awdurdod dros natur ag a briodolwyd i Dduw'r Creawdwr yn unig yn ôl cred yr Iddewon.

Awdurdod a Grym Iesu

Er bod rhai wedi gweld ystyr symbolaidd i'r stori, sef fod Iesu, Arglwydd y gwynt a'r tonnau, yn gallu tawelu stormydd bywyd a dwyn nerth a chysur i bobl yn eu cyfyngderau, prif ddiben y wyrth i awdur Efengyl Marc yw portreadu awdurdod a grym Iesu'n darostwng galluoedd mileinig y môr trwy ostegu storm. Ceir yr allwedd i ystyr ac arwyddocâd y wyrth yng nghwestiwn y disgyblion ar ddiwedd y stori: *'Daeth ofn dirfawr arnynt, ac meddent wrth ei gilydd, "Pwy ynteu yw hwn? Y mae hyd yn oed y gwynt a'r môr yn ufuddhau iddo"'* (Mc 4: 41). Dyma'r gyntaf mewn cyfres o bedair gwyrth sy'n dangos fod Marc yn gosod yr hanesion am Iesu, nid yn ôl eu trefn gronolegol, ond yn ôl eu themâu. Gwyrthiau eraill y gyfres honno yw iacháu'r dyn oedd ym meddiant cythreuliaid yn Gerasa, iacháu'r wraig a gyffyrddodd â mantell Iesu, a chyfodi merch Jairus. Y mae a wnelo'r ddwy gyntaf ag awdurdod Iesu dros bwerau natur ac ysbrydion aflan, a'r ddwy arall â dawn Iesu i iacháu.

Dywed yr hanes hwn fod Iesu, ar ôl diwrnod blinedig o ddysgu'r torfeydd, yn dymuno croesi gyda'i ddisgyblion i ochr bellaf Môr Galilea. Marc yn unig sy'n ychwanegu bod *'cychod eraill hefyd gydag ef'* (adn. 36). Gallai hynny olygu fod diogelwch i'w ganfod yng nghanol stormydd bywyd o fod yng nghysgod llong Iesu. Yn sydyn, cododd tymestl fawr o wynt ac yr oedd tonnau'n ymdaflu i'r cwch ac yn ei lenwi. Ond gyda'i ymddiriedaeth yn Nuw, cysgai Iesu yn starn y cwch, gan ein hatgoffa o eiriau'r Salmydd, *'Yn awr gorweddaf mewn heddwch a chysgu, oherwydd ti yn unig, Arglwydd, sy'n peri imi fyw'n ddiogel'* (Salm 4: 8). Mae'r disgyblion yn ei ddeffro'n gynhyrfus a gofyn, *'"Athro, a wyt ti'n hidio dim ei bod ar ben arnom?"'* (Marc 4: 38), sydd eto'n ein hatgoffa o ymateb y Salmydd, *'Deffro! Paid â'n gwrthod am byth. Pam yr wyt yn cuddio dy wyneb ac yn anghofio'n hadfyd a'n gorthrwm?'* (Salm 44: 23–24). Profiad cyffredin yw i bobl deimlo yng nghanol profiadau garw bywyd fod Duw wedi cefnu arnynt neu'n ddi-hid am eu hofnau. Ond buan y mae Iesu'n ymateb. Mae'n ceryddu'r gwynt ac yn gorchymyn i'r môr, '"Bydd ddistaw! Bydd dawel!"' – geiriau sy'n awgrymu ei fod yn bwrw allan y pwerau dinistriol a gynrychiolir gan y storm. A gostegodd y gwynt, 'a bu tawelwch mawr' (Marc 4: 39).

Yn y distawrwydd, a'r argyfwng drosodd, mae Iesu'n ceryddu'r disgyblion am eu hofn a'u diffyg ffydd: '"Sut yr ydych heb ffydd o hyd?"' (adn. 40). Hynny yw, mae eu harswyd yn dangos fod ganddynt gryn ffordd i fynd cyn adnabod Iesu'n iawn a deall ei wir natur. Ond yr oedd eu profiad brawychus o'r storm, a'u rhyddhad o weld Iesu'n gostegu'r gwynt ac yn llonyddu'r môr, yn ddigon i'w hargyhoeddi o'i allu dwyfol. Yna cododd ofn gwahanol arnynt. Nid ofn difodiant yn nannedd y storm, ond arswyd sanctaidd o sylweddoli eu bod ym mhresenoldeb rhywun â chanddo'r un gallu â Duw'r Creawdwr i reoli pwerau natur. Mynegir eu harswyd yn eu cwestiwn, '"Pwy ynteu yw hwn?"' (adn. 41)

Neges y Wyrth

Gan fod y stori hon yn llawn o ddelweddau symbolaidd, y mae llawer wedi gofyn a yw Marc tybed yn disgrifio digwyddiad hanesyddol neu'n cynnig i ni ddarlun dychmygol o allu Iesu i ostegu stormydd bywyd. Dywedir fod stormydd enbyd yn gyffredin iawn ar Fôr Galilea, a'r rheini'n codi'n sydyn ac yn gostegu'r un mor gyflym. Fe all mai cyd-ddigwyddiad oedd i'r storm dawelu yn union wedi i Iesu lefaru'r geiriau, '"Bydd ddistaw! Bydd dawel!"' Ond nid yw hynny'n tynnu dim oddi wrth genadwri ganolog y wyrth, sef fod Iesu'n Arglwydd y gwynt a'r tonnau, nac ychwaith oddi wrth arwyddocâd oesol y digwyddiad hwn, sef fod Iesu'n noddfa ac yn nerth i bobl yn eu hargyfyngau, wrth iddo dawelu stormydd bywyd a lladd eu hofnau.

Fodd bynnag, y mae manylion y stori, ac yn enwedig eiriau hallt y disgyblion, 'Athro, a wyt ti'n hidio dim ei bod ar ben arnom?' (adn. 38), yn awgrymu fod y stori'n seiliedig ar ddigwyddiad llythrennol. Awgrym rhai esbonwyr yw bod Marc wedi defnyddio'r digwyddiad i galonogi'r Cristnogion cynnar yn wyneb erledigaeth. Tua'r adeg y lluniwyd yr efengyl hon, yr oedd yr Eglwys yn wynebu ar gyfnod o erledigaeth greulon, yn gyntaf o du'r Iddewon, ac yn ddiweddarach o du'r awdurdodau Rhufeinig. Iddynt hwy, neges y wyrth oedd bod Iesu gyda hwy yn y storm, yn estyn iddynt ei gysur a'i dangnefedd ei hun.

Ond beth bynnag oedd bwriad Marc ei hun, mae'n hawdd dychmygu'r credinwyr cynnar, wrth iddynt fyfyrio ar yr hanes hwn, yn derbyn cysur a chymorth i wynebu ofnau a helyntion eu pererindod Gristnogol. Yn yr un modd y mae'n gwbl briodol i ninnau weld yn y wyrth hon addewid o bresenoldeb a thangnefedd yr Arglwydd Iesu yng nghanol stormydd bywyd.

Y gwir am fywyd, fel am natur, yw bod stormydd yn dod heibio i bawb ohonom yn ein tro. Daw stormydd damweiniau – y digwyddiadau erchyll hynny na ellir eu rhag-weld na'u hosgoi: damweiniau ar y ffyrdd, yn yr awyr, neu yn y gweithle. Daw stormydd afiechyd a phrofedigaeth a thrasiedïau, weithiau'n sydyn ac yn annisgwyl, weithiau wedi misoedd lawer o wylio anwyliaid yn dioddef cyn cael eu cymryd oddi wrthym. Gan fod stormydd yn gyffredin mewn bywyd, y cwestiwn mawr yw pwy sydd gennym i droi ato yn nydd y ddrycin? Peth enbyd fyddai cael ein hunain yng nghanol storm heb neb i droi ato a neb i ymddiried ynddo. Mae neges y wyrth hon yn berthnasol i ni am fod Iesu Grist yn Arglwydd ar bob storm. Y mae ef wrth law bob amser i'n cynnal a'n gwroli. Er i'r disgyblion feddwl nad yw Iesu'n hidio eu bod hwy mewn perygl o foddi, yr oedd ef wrth y llyw ac yn tawelu'r storm.

Ffydd ac Ofn

Wedi i Iesu ostegu'r gwynt a thawelu'r storm gofynnodd i'w ddisgyblion, *'Pam y mae arnoch ofn? Sut yr ydych heb ffydd o hyd?'* (adn. 40). Yn eu hofn a'u diffyg ffydd yr oedd y disgyblion wedi gofyn cwestiwn i Iesu mewn geiriau caled, hacrllug bron. *'Athro, a wyt ti'n hidio dim ei bod ar ben arnom?'* (adn. 38). Pan yw ffydd yn gwanio, mae ofn yn cydio yn y galon. Ac yn y sefyllfa hon gwelir diffyg ffydd y disgyblion yn arwain at amheuon ynglŷn â'u perthynas â Iesu, a'r amheuon yn troi'n ofn. Ond y mae Iesu yn eu herio i olrhain eu hofn i'w wraidd, er mwyn iddynt ganfod ei achos, sef gwendid eu ffydd. Yn y Beibl, nid 'anffyddiaeth' neu 'anghrediniaeth' yw'r gwrthwyneb i ffydd, ond 'ofn'. Hanfod ffydd yw ymddiriedaeth, a chanlyniad bod heb neb na dim i ymddiried ynddo yw ofn.

Ofn yw gwraidd y rhan helaethaf o broblemau ein byd a phroblemau unigolion. Mae cenhedloedd yn ofni ei gilydd, a thu cefn i'r ofn y mae diffyg ymddiriedaeth yn ei gilydd sy'n arwain at dyndra, anghydfod a rhyfel. Ac y mae ofnau o bob math yn creu tensiwn ac anhapusrwydd ym mywydau unigolion: ofn methiant, ofn afiechyd, ofn unigrwydd, ofn marwolaeth, yn ogystal â'r ofn dall, direswm hwnnw – na fedrwn ei ddeall na'i ddiffinio — sy'n achos pryder ac annifyrrwch dwfn.

Yr unig beth i'w ofni ym mywyd a phrofiad y Cristion yw'r pechod, yr esgeulustod ysbrydol a'r diffyg ymddiriedaeth a all ddod rhyngom a Duw a'n hysgaru oddi wrtho. Wrth dawelu'r storm, dywed Iesu mai Duw biau'r môr a'r gwynt, ac yn bwysicach fyth mai ei blant ef ydynt. Gwêl y disgyblion rym ac awdurdod Iesu'n trechu pwerau dinistriol y môr, ac y mae'r tawelwch mawr sy'n dilyn yn llonyddu nid yn unig y môr ond eu calonnau ofnus hwythau. *'Gostegodd y gwynt, a bu tawelwch mawr'* (adn. 39) – nid tawelwch ar wyneb y dyfroedd yn unig, ond y tawelwch dwfn sy'n llenwi ac yn llonni bywyd y sawl sy'n ei ymddiried ei hun yn llwyr i ofal yr Arglwydd Iesu.

Pwy ynteu yw hwn?

Yn dilyn y ddau gwestiwn a ofynnwyd eisoes yn y stori, sef cwestiwn y disgyblion, *'Athro, a wyt ti'n hidio dim ei bod ar ben arnom?'* (adn. 38), a chwestiwn Iesu, *'Pam y mae arnoch ofn? Sut yr ydych heb ffydd o hyd?'* (adn. 40), daw'r hanes i ben gyda chwestiwn arall o enau'r disgyblion, ond cwestiwn nad oes disgwyl ateb iddo gan fod yr ateb bellach yn gwbl amlwg: *'Pwy ynteu yw hwn?'* (adn. 41). Gadewir y disgyblion i ystyried pwy o ddifrif yw hwn sydd â'r fath rym dwyfol yn ei feddiant; ond mae'r ateb yn glir i ddarllenwyr yr efengyl. Duw a wnaeth y moroedd, a Duw sydd yn eu rheoli, ac oddi wrth Dduw y daw'r awdurdod sy'n galluogi Iesu i ostegu'r storm. I Farc, diben y stori yw bod methiant y disgyblion i ddeall ac i gredu yn Iesu a'i weithredoedd nerthol yn troi'n awr yn ofn sanctaidd wrth iddynt sylweddoli bod ganddo awdurdod dros stormydd, gwyntoedd a moroedd. *'Daeth ofn dirfawr arnynt'* (adn. 41) – geiriau a ddefnyddir sawl gwaith yn yr efengyl hon i fynegi'r profiad o ryfeddod ac arswyd sanctaidd o weld grym Duw ar waith yn Iesu Grist (e.e. 5: 36; 6: 50; 10: 32; 16: 8), a geiriau sy'n adlais o ofn y morwyr yn hanes Jona (Jon. 1: 16).

Fel yn hanes y disgyblion hyn, daw cwestiynau i ninnau bob tro y bydd stormydd bywyd yn ein blino: 'Pam digwyddodd hyn i mi?' 'Pam fod Duw'n caniatáu'r fath drychinebau?' 'Pam nad yw Duw'n gwneud rhywbeth?' 'Pam ydyw mor dawedog?' Dyma gwestiynau dwys a dyfnion iawn a ofynnwyd dros y canrifoedd gan bobl yng nghanol drycinoedd. Ond nid ateb cwestiynau a wna Iesu, ond delio'n uniongyrchol â'r sefyllfa a thawelu'r storm. Ac nid ateb cwestiynau haniaethol, athronyddol ynghylch profiadau caled bywyd yw cymwynas fwyaf Iesu â ni, ond ein tywys i ymddiried ein hunain i ofal Duw, a thrwy hynny ganfod tangnefedd a thawelwch mewnol i'n cynnal. Pan ddaw stormydd bywyd i'n rhan, nid cael esboniad arnynt yw'r peth pwysicaf ond cael nerth i fynd drwyddynt.

Arwydd yw'r hanes o awdurdod Iesu Grist dros natur, a'i allu i dawelu'r gwyntoedd a'r môr. Ond ei neges i ni yw bod cymorth dwyfol i'w gael i wynebu treialon bywyd ac nad yw'r Arglwydd Iesu'n ddifater yn ein cylch. Ac oherwydd hynny, yng nghanol ofnau a helyntion bywyd bu stori'r wyrth hon yn gysur a chymorth i bobl erioed

Cwestiynau i'w trafod:

1. A yw neges ganolog y wyrth hon, sef bod Iesu'n Arglwydd ar natur a bod ganddo'r gallu i dawelu'r môr, yn ystyrlon i ni heddiw?

2. A ydych yn cytuno mai ofn yw canlyniad colli ffydd? Beth yw prif ofnau pobl yn ein cymdeithas gyfoes?

3. Ym mha ffordd y mae Iesu'n dwyn tangnefedd a thawelwch mewnol i bobl yng nghanol treialon bywyd?

Iacháu'r Dyn oedd ym meddiant Cythreuliaid yn Gerasa

'Daethant i'r ochr draw i'r môr i wlad y Geraseniaid. A phan ddaeth allan o'r cwch, ar unwaith daeth i'w gyfarfod o blith y beddau ddyn ag ysbryd aflan ynddo. Yr oedd hwn yn cartrefu ymhlith y beddau, ac ni allai neb mwyach ei rwymo hyd yn oed â chadwyn, oherwydd yr oedd wedi cael ei rwymo'n fynych â llyffetheiriau ac â chadwynau, ond yr oedd y cadwynau wedi eu rhwygo ganddo a'r llyffetheiriau wedi eu dryllio; ac ni fedrai neb ei ddofi. Ac yn wastad, nos a dydd, ymhlith y beddau ac ar y mynyddoedd, byddai'n gweiddi ac yn ei anafu ei hun â cherrig. A phan welodd Iesu o bell, rhedodd a syrthio ar ei liniau o'i flaen, a gwaeddodd â llais uchel, "Beth sydd a fynni di â mi, Iesu, Mab y Duw Goruchaf? Yn enw Duw, paid â'm poenydio." Oherwydd yr oedd Iesu wedi dweud wrtho, "Dos allan, ysbryd aflan, o'r dyn." A gofynnodd iddo, "Beth yw dy enw?" Meddai yntau wrtho, "Lleng yw fy enw, oherwydd y mae llawer ohonom." Ac yr oedd yn ymbil yn daer arno beidio â'u gyrru allan o'r wlad.

'Yr oedd yno ar lethr y mynydd genfaint fawr o foch yn pori. Ac ymbiliodd yr ysbrydion aflan arno, "Anfon ni i'r moch; gad i ni fynd i mewn iddynt hwy." Ac fe ganiataodd iddynt. Aeth yr ysbrydion aflan allan o'r dyn ac i mewn i'r moch; a rhuthrodd y genfaint dros y dibyn i'r môr, tua dwy fil ohonynt, a boddi yn y môr. Ffodd bugeiliaid y moch ac adrodd yr hanes yn y dref ac yn y wlad, a daeth y bobl i weld beth oedd wedi digwydd. Daethant at Iesu a gweld y dyn, hwnnw yr oedd y lleng cythreuliaid wedi bod ynddo, yn eistedd â'i ddillad amdano ac yn ei iawn bwyll; a daeth arnynt ofn. Adroddwyd wrthynt gan y rhai oedd wedi gweld beth oedd wedi digwydd i'r dyn ym meddiant cythreuliaid, a'r hanes am y moch hefyd. A dechreusant erfyn arno fynd ymaith o'u gororau. Ac wrth iddo fynd i mewn i'r cwch, yr oedd y dyn a oedd wedi bod ym meddiant y cythreuliaid yn erfyn arno am gael bod gydag ef. Ni adawodd iddo, ond meddai wrtho, "Dos adref at dy bobl dy hun a mynega iddynt gymaint y mae'r Arglwydd wedi ei wneud drosot, a'r modd y tosturiodd wrthyt." Aeth yntau ymaith a dechrau cyhoeddi yn y

Decapolis gymaint yr oedd Iesu wedi ei wneud drosto; ac yr oedd pawb yn rhyfeddu.'
Marc 5: 1–20 (Math. 8: 28–34; Luc 8: 26–39)

Mae'r Beibl yn llyfr storïau heb ei ail sy'n cynnwys amrywiaeth eang o chwedlau, anturiaethau, hanesion am unigolion, damhegion, ac yma a thraw ambell stori iasoer ac iddi elfennau o ddychryn ac arswyd. Stori iasoer yw hon am iacháu'r gŵr gorffwyll yn Gerasa. Roedd Iesu a'i ddisgyblion wedi cychwyn tua glan ddwyreiniol Môr Galilea, ond cawsant eu gyrru ymhell i'r de gan wynt cryf a glanio mewn gwlad ddieithr – yn ôl rhai llawysgrifau, 'gwlad y Gadareniaid', ond yn ôl eraill, 'gwlad y Geraseniaid'. Nid oedd trefi Gerasa na Gadara yn agos at Fôr Galilea, ond roedd 'gwlad y Geraseniaid' yn ymestyn at lan y môr â chreigiau uchel yn edrych dros y dŵr. Roedd wedi nosi erbyn i'r llong ddod i'r lan. Roedd mynwent gerllaw, sef ogofâu yn y creigiau a ddefnyddid i gladdu'r meirw: nid y lle brafiaf i fod ynddo wedi iddi dywyllu. Ond yn sydyn, i ychwanegu at arswyd y lle, rhedodd gŵr gorffwyll, *'dyn ag ysbryd aflan ynddo'* (adn. 2), o blith y beddau. Yr oedd yn gred gyffredinol yn yr hen fyd fod ysbrydion aflan yn trigo mewn coedwigoedd, mannau aflan diarffordd, a mynwentydd, a'u bod yn arbennig o fywiog yn ystod oriau'r nos. A dyma Iesu a'i ddisgyblion mewn man peryglus, ar awr beryglus, yn dod wyneb yn wyneb â dyn peryglus.

Y Gŵr Gwallgof

Rhoir disgrifiad llawn o'r dyn. Dywedir ei fod ym meddiant ysbryd aflan, sef dehongliad y cyfnod hwnnw o wallgofrwydd. Y mae'n amlwg fod y dyn yn dioddef o afiechyd meddwl difrifol. Torrai pob rhwymyn a chadwyn a ddefnyddid i geisio'l gadw dan reolaeth, ac yr oedd yn amhosibl ei ddofi. Torrai ei hun â cherrig. Ddydd a nos byddai'n gweiddi a llefain yn ei wallgofrwydd, a chadwai pobl draw oddi wrtho. Gwelodd y dyn hwn Iesu o hirbell, rhedodd ato, ac er braw mawr i'r disgyblion syrthiodd ar ei liniau o'i flaen. Gwaeddodd ar Iesu, *'Beth sydd a fynni di â mi, Iesu, Mab y Duw Goruchaf? Yn enw Duw, paid â'm poenydio'* (adn. 7). Mae'n amlwg fod yr ysbryd yn adnabod gwir natur Iesu, ac o ganlyniad yn erfyn arno i adael llonydd iddo. Yma, mae'r ysbryd yn cyfeirio ato'i hun yn yr unigol – *'Beth sydd a fynni di â mi?* – ond o fewn dim ceir y lluosog – *'oherwydd y mae llawer ohonom'* (adn. 9)

Gofynnodd Iesu i'r dyn, *'Beth yw dy enw?'* Yr ateb a gafodd oedd, *'Lleng yw fy enw, oherwydd y mae llawer ohonom'* (adn. 9). Awgryma'r gair fod nifer fawr o ysbrydion yn preswylio yn y dyn, ond hefyd eu bod yn creu cymaint o ddifrod a hafog o'i fewn ag a wna lleng o filwyr Rhufeinig, estron, ar dir Palestina. Roedd lleng Rufeinig yn cynnwys 6,000 o filwyr, ond oddeutu 2,000 o gythreuliaid oedd wedi meddiannu'r dyn (adn. 13). Gair symbolaidd yn dynodi nifer fawr iawn yw 'lleng'. Wrth ofyn i'r ysbryd aflan beth oedd ei enw roedd Iesu'n hawlio awdurdod drosto, gan fod 'enw' yn y Beibl yn gyfystyr â chymeriad neu anian person. Byddai milwyr yn gofalu na châi eu gelynion wybod eu henwau rhag iddynt gael mantais arnynt mewn rhyfel.

Dechreuodd yr ysbryd erfyn ar Iesu i beidio â'i yrru o'r wlad. Y gred y pryd hwnnw oedd mai mewn lleoedd sychion y byddai ysbrydion yn dewis preswylio os byddent yn methu â meddiannu bodau dynol. Roedd yr ysbryd hwn yn pryderu na châi le addas i aros ynddo pe bai Iesu'n ei yrru allan.

Yn ffodus yr oedd cenfaint o foch gerllaw, a manteisiodd y cythraul ar hynny i awgrymu y câi gartrefu yn y moch. Crefai pob un o'r ysbrydion am gael mynd i mewn i'r moch. Caniataodd Iesu hynny; rhuthrodd y moch, tua dwy fil ohonynt, dros y dibyn i'r môr a boddwyd hwy. Roedd y dyn wedi ceisio ei ddinistrio'i hun sawl gwaith; yn awr cyflawnwyd yr uchelgais hunanddinistriol pan ddinistriwyd yr ysbrydion a'r moch gyda'i gilydd. I rai darllenwyr, mae'r syniad o Iesu'n achosi marwolaeth miloedd o foch yn creu problem. Sut allai Iesu gyflawni gwyrth a olygai greulondeb i anifeiliaid? Ond dylid cofio mai anifeiliaid afiach oedd moch yng ngolwg yr Iddewon. Ac onid oedd achub dyn, a'i ryddhau o gaethiwed i ysbrydion aflan, yn bwysicach na thynged cenfaint o foch? Nid oes dim yn bwysicach yng ngolwg Duw nag anghenion ei blant. Esboniad arall a awgrymir yw bod sgrechfeydd y dyn gwallgof wedi dychryn y moch, a'r rheini mewn panig yn nhywyllwch y nos wedi disgyn dros y dibyn i'r môr.

Un peth sy'n gwbl amlwg yw bod y stori hon yn perthyn i ddiwylliant a meddylfryd gwahanol iawn i'n heiddo ni yn y Gorllewin heddiw. Yn gyntaf, mae'n anodd i ni dderbyn y syniad o ysbrydion aflan yn meddiannu corff dynol. Nid oes lle o fewn meddygaeth fodern i'r gred mai cythreuliaid yw achos afiechyd meddwl. Ond ar yr un pryd, ceir pwyslais o fewn meddygaeth heddiw ar y berthynas rhwng corff, meddwl ac ysbryd, ac ar yr angen i drin y person cyfan yn hytrach na gwella'i afiechyd yn unig. Yn ail, rhaid deall mai amcan yr hanes yw dangos fod gallu Iesu i iacháu yn gryfach na nerth lleng o ysbrydion aflan. Trechir yr ysbrydion aflan cryfaf a chreulonaf y sonnir amdanynt yn yr efengylau. Mae cwestiwn y cythraul i Iesu, *'Beth sydd a fynni di â mi, Iesu, Mab y Duw Goruchaf?'* (adn. 7), yn awgrymu'r tyndra rhwng gallu dwyfol Crist a gallu dieflig yr ysbrydion. Y mae tranc yr ysbrydion yn dangos yn glir fod awdurdod Iesu'n gryfach na holl lengoedd y fall. Ac yn drydydd, mae lleoliad y wyrth *'i'r ochr draw i'r môr i wlad y Geraseniaid'* (adn. 1), yn awgrymu fod Iesu wedi croesi'r llyn i Decapolis, ardal ac iddi ddeg dinas Roegaidd eu cefndir a'u diwylliant, a'i fod felly wedi gadael tiriogaeth yr Iddewon am y tro cyntaf a dod i wlad y Cenedl-ddynion. Cadarnheir hyn gan bresenoldeb y moch a ystyrid yn aflan gan Iddewon. Mae Marc am i'w ddarllenwyr ddeall fod gallu Iesu'r un mor effeithiol mewn gwlad ddieithr ag ydyw o fewn ffiniau Israel.

Ymhlith y Beddau

Pan awn y tu ôl i'r elfennau arswyd, gwelwn nad stori iasoer yn unig sydd yma, ac nid stori sy'n berthnasol yn unig i oes gyntefig a gredai mewn ysbrydion aflan fel achos afiechydon. Ceir yma ddarlun treiddgar o'r cyflwr dynol ym mhob oes, ac o allu Iesu i dreiddio trwy gymhlethdod ac anniddigrwydd y meddwl dryslyd er mwyn dwyn iddo iachâd, unoliaeth a thangnefedd. Stori symbolaidd yw hon sy'n ddrych o gyflwr y ddynoliaeth ac o gyflwr pawb ohonom ninnau. Wrth i ni syllu arno, mae'r drych yn troi'n ddarlun.

Un elfen symbolaidd yn y darlun yw'r cyfeiriad at gartref y gŵr lloerig. Mae hwn yn trigo ymhlith y beddau. Does yr un ohonom ni'n byw mewn mynwent, ond yn hytrach mewn tai modern, moethus, â phob math o gyfleusterau hwylus ar gael trwy bwyso botymau. Beth sy'n gyffredin rhyngom a dyn gorffwyll oedd yn byw yng nghanol beddau mewn oes bell yn ôl? Onid y ffaith fod cynifer o bobl ein cyfnod ninnau wedi claddu cynifer o'r gwerthoedd a'r gwirioneddau a fu mor sylfaenol i fywyd eu tadau a'u teidiau? Mae llawer wedi claddu eu *crefydd*; naill ai wedi adweithio yn erbyn eu magwraeth grefyddol neu wedi gadael i'r arfer o addoli lithro oddi ar eu rhaglen bywyd. Ac o gladdu eu crefydd, y peth nesaf sy'n edwino a marw yw *moesoldeb*. Collir pob ymwybyddiaeth o werthoedd moesol, gwrthrychol, a mynnir bod gan bawb yr hawl i benderfynu drosto'i hun beth sy'n dda a beth sy'n ddrwg. Meddai Melanie Phillips, y ddarlledwraig a'r gohebydd papur newydd: 'We are now the victims of a bleak and despairing relativism.'

A phan fydd crefydd a moesoldeb yn marw, y peth nesaf sy'n trengi yw *diwylliant*. Nid cyd-ddigwyddiad yw bod côr, eisteddfod, cwmni drama, cymdeithas lenyddol a nifer o weithgareddau diwylliannol eraill yn edwino a marw mewn ardal yn sgil cau capeli. A chanlyniad colli'r gwerthoedd a'r gweithgareddau hyn yw bod *gobaith* yn marw. Dywed Jürgen Moltmann mai un o nodweddion y dyn gorllewinol, modern – nodwedd sy'n ei wneud yn wahanol i genedlaethau blaenorol – yw ei fod wedi colli pob gobaith am y dyfodol a phob uchelgais am greu gwell byd. Dyma'r pethau a gladdwyd ym mywydau cynifer o bobl heddiw: crefydd, gwerthoedd moesol, diwylliant a gobaith. Hwyrach nad ydym mor annhebyg â hynny i'r dyn ymhlith y beddau yn Gerasa.

'Lleng yw fy Enw'

Roedd y gŵr hwn yn wallgof, ond roedd yn ddigon call i ddeall ei gyflwr. Pan ofynnodd Iesu iddo beth oedd ei enw, ei ateb oedd, *'Lleng yw fy enw, oherwydd y mae llawer ohonom'* (adn. 9). Dywedodd rywbeth gwir, nid yn unig amdano'i hun, ond am y natur ddynol yn gyffredinol. Jüng a ddywedodd fod personoliaeth pob person fel *menagerie*. Hynny yw, bod oddi mewn i bawb ohonom gymysgfa o nwydau, chwantau, dyheadau ac anghenion sy'n ymladd yn erbyn ei gilydd am oruchafiaeth drosom. Gwyddom o brofiad fod o'n mewn ddaioni, caredigrwydd, cymwynasgarwch, cyfeillgarwch a thosturi. Ond gwyddom hefyd am yr 'ysbrydion aflan' sy'n llechu o'n mewn: balchder, hunanoldeb, eiddigedd, rhagfarnau, meddyliau amhur, cymhellion cudd, tymer wyllt ac elfennau negyddol eraill. Y cwestiwn sy'n codi wedyn yw pa rai o'r tueddiadau a'r nodweddion hyn yw'r gwir 'myfi'? Fe hoffem feddwl mai'r ochr hawddgar, ddymunol, gyfeillgar i'n personoliaeth yw'r gwir 'myfi'.

Ond gwyddom yn rhy dda fel y mae'r ochr dywyll, negyddol, ddinistriol yn mynnu ei gwthio'i hun i'r amlwg.

Y rhan helaethaf o'r amser, llwyddwn i gadw'r lleng mewnol dan reolaeth. Ond weithiau, caiff yr elfennau dieflig y llaw uchaf drosom a pheri i ni ymddwyn yn gas ac yn anghyfrifol, a dwyn gwarth arnom ein hunain. Pan fydd pobl yn claddu eu crefydd, eu moesoldeb, eu diwylliant a'u delfrydau, bydd yr 'ysbrydion aflan' yn brigo i'r wyneb, nid yn unig yn eu bywydau hwy fel unigolion, ond ym mywyd cymdeithas hefyd, nes bod problemau fel fandaliaeth, torcyfraith, trais a'r camddefnydd o gyffuriau ac alcohol yn creu hafog yn ein cymunedau.

Y Gwallgof yn dod yn Gennad

Ymateb cyntaf y gŵr gorffwyll i Iesu oedd, *'Beth sydd a fynni di â mi, Iesu, Mab y Duw Goruchaf?'* (adn. 7). Y mae tinc cyfoes yn ei gwestiwn. 'Beth sydd gan grefydd i'w gynnig i ddyn yn ei ddryswch a'i wylltineb?' 'Sut all Iesu Grist newid cyflwr dyn?' O gael ei gyfle, mae Iesu'n mynd i'r afael â'r meddwl dryslyd a'r bersonoliaeth ranedig, ac yn cyfannu, adfer ac iacháu. Mae'n bwrw allan yr 'ysbrydion aflan'. Hynny yw, mae'n ffrwyno a goresgyn elfennau tywyll a dieflig y natur ddynol, ac yn meithrin a datblygu'r da a'r dymunol sydd ynom. Dyna yw ystyr iachawdwriaeth: Iesu Grist yn dod i mewn i fywyd, yn diwreiddio'r elfennau tywyll a dieflig ynom, yn meithrin y da a'r creadigol a'r cariadus, ac yn ein cyfannu a'n hadfer a'n gwneud yn bersonau newydd, cytbwys a chyfrifol.

Wedi iddo gael ei iacháu, dymuniad y gŵr oedd cael mynd gydag Iesu. Ond fe'i gorchmynnir yn hytrach i aros a chyhoeddi o amgylch y Decapolis yr hyn a wnaeth Duw drosto. Awgrymir fod y dyn a fu gynt yn wallgof yn awr yn dod yn gennad i'r cenhedloedd. Pan yw'n cychwyn ar ei walth o bregethu am Iesu ac am y newid a wnaeth Iesu yn ei fywyd, yr ymateb yw rhyfeddod.

Cwestiynau i'w trafod:
1. Beth, yn eich barn chi, yw prif neges y wyrth hon?

2. *Sut mae'r hanes hwn yn adlewyrchu cyflwr ac angen dyn ymhob oes?*

3. *Beth a ddywed y wyrth hon wrthym am ystyr iachawdwriaeth?*

Dehongli'r Gwyrthiau

Iacháu Dyn Mud a Byddar

'Dychwelodd drachefn o gyffiniau Tyrus, a daeth drwy Sidon at Fôr Galilea trwy ganol bro'r Decapolis. Dygasant ato ddyn byddar oedd prin yn gallu siarad, a cheisio ganddo roi ei law arno. Cymerodd yntau ef o'r neilltu oddi wrth y dyrfa ar ei ben ei hun; rhoes ei fysedd yn ei glustiau, poerodd, a chyffyrddodd â'i dafod; a chan edrych i fyny i'r nef ochneidiodd a dweud wrtho, "Ephphatha", hynny yw, "Agorer di". Agorwyd ei glustiau ar unwaith, a datodwyd rhwym ei dafod a dechreuodd lefaru'n eglur. A gorchmynnodd iddynt beidio â dweud wrth neb; ond po fwyaf yr oedd ef yn gorchymyn iddynt, mwyaf yn y byd yr oeddent hwy'n cyhoeddi'r peth. Yr oeddent yn synnu'n fawr dros ben, gan ddweud, "Da y gwnaeth ef bob peth; y mae'n gwneud hyd yn oed i fyddariaid glywed ac i fudion lefaru."'
Marc 7: 31–37

Hyd yma yn Efengyl Marc, disgrifiwyd Iesu'n iacháu nifer o wahanol afiechydon, ond hwn yw'r unig hanes amdano'n iacháu dyn byddar. Mae'n bur debyg fod Marc am inni ddehongli'r stori hon, a stori'r dyn dall (8: 22–26), yn symbolaidd. Fel y mae Iesu'n galluogi dau ŵr i glywed a gweld, mae'n galluogi pawb sy'n credu ynddo i 'weld' a 'chlywed' mewn ystyr ysbrydol. Roedd Iesu wedi dysgu llawer i'r tyrfaoedd a'i ddilynai (6: 34). Roedd wedi annog y bobl i wrando arno a deall ei eiriau: *'Galwodd y dyrfa ato drachefn ac meddai wrthynt, "Gwrandewch arnaf bawb, a deallwch"'* (7: 14), ond nid oedd ei ddisgyblion hyd yn oed wedi deall yr hyn a ddywedodd wrthynt, *'oblegid ... yr oedd eu meddwl wedi caledu'* (6: 52). Ond yn awr, dyma ddyn byddar yn clywed, ac o ganlyniad yn awyddus i ddweud wrth eraill yr hyn a glywodd, er bod Iesu wedi gorchymyn iddo beidio â dweud wrth neb.

Gair prin yw'r gair am 'fud a byddar' yn y Beibl Groeg. Nid yw'n ymddangos ond mewn un lle arall, sef Eseia 35: 5–6, lle mae iddo gysylltiadau meseianaidd: *'Yna fe agorir llygaid y deillion a chlustiau'r byddariaid; fe lama'r cloff fel hydd, fe gân tafod y mudan.'* Ail amcan Marc wrth groniclo'r hanes hwn yw dangos fod y broffwydoliaeth am y

Meseia wedi ei chyflawni yn nyfodiad Iesu Grist, a thanlinellir hynny eto yn yr adnod olaf, sydd eto'n adleisio geiriau Eseia: *"Da y gwnaeth ef bob peth; y mae'n gwneud hyd yn oed i fyddariaid glywed ac i fudion lefaru"* (adn. 37).

Arwyddocâd Taith Iesu

Bu esbonwyr yn pendroni llawer dros gyfeiriad taith Iesu yn yr hanes hwn. Dychwelodd o gyffiniau Tyrus yn y gogledd ac anelu at Galilea yn y de, ond gan droi'n gyntaf tua'r gogledd-ddwyrain a mynd trwy Sidon – ffordd ryfedd, a dweud y lleiaf. Roedd fel petai'n teithio o Gaerdydd i Gaerfyrddin, ond yn penderfynu mynd trwy Aberhonddu! Mae rhai wedi awgrymu nad oedd Marc yn gyfarwydd â daearyddiaeth y rhan honno o'r wlad, ac nad oedd o ganlyniad wedi deall cyfeiriad y daith. Ar y llaw arall, mae'n bosibl fod Marc yn cyfeirio at gyfnod o grwydro o le i le dros rai misoedd. Yn ei araith yn nhŷ Cornelius, dywed Pedr am weinidogaeth Iesu: *'Eneiniodd Duw ef â'r Ysbryd Glân ac â nerth. Aeth ef oddi amgylch gan wneud daioni ac iacháu pawb oedd dan ormes y diafol, am fod Duw gydag ef'* (Actau 10: 38). Beth tybed a olygai wrth fynd *'oddi amgylch gan wneud daioni'*? Gallai Marc fod yn cyfeirio at daith bell i dueddau Tyrus a Sidon. Er bod rhai'n mynnu na chroesodd Iesu ffiniau Galilea'r tro hwn, gallai fod wedi teithio i'w chonglau pellaf. Ar y llaw arall, gall 'cyffiniau' Marc olygu naill ai ffiniau Tyrus a Sidon, neu'r tiroedd a berthynai iddynt. Os felly, gallai'n hawdd fod wedi teithio y tu hwnt i derfynau Galilea.

Wedi'r gwrthdaro a fu rhyngddo a'r Phariseaid a'r ysgrifenyddion, gallem ddychmygu y teimlai Iesu awydd i gilio o Galilea a mynd dros y ffiniau i ororau cenhedlig. Gallai fod wedi chwilio am ddiogelwch a lle i orffwys er mwyn myfyrio am y sefyllfa. Gwelir oddi wrth Marc 3:8 fod clodydd Iesu wedi cyrraedd y parthau hynny: *'O Jwdea a Jerwsalem, o Idwmea a'r tu hwnt i'r Iorddonen a chylch Tyrus a Sidon, daeth tyrfa fawr ato, wedi iddynt glywed y fath bethau mawr yr oedd ef yn eu gwneud.'* Tybed ai wrth grwydro'r ardaloedd hyn y sylweddolodd Iesu gyntaf fod a wnelo'i genhadaeth â'r cenhedloedd yn ogystal â'r Iddewon? Tybed a oedd yn camu'n awr o fod yn 'Fugail Israel' i fod yn 'Oleuni'r Byd'? Mae'n bosibl hefyd mai yn ystod y daith hir hon y cafodd y disgyblion gyfle yn ei gwmni i dyfu i'w adnabod yn well a dod i sylweddoli mai ef oedd y Meseia hir ddisgwyliedig. Yn y bennod nesaf (8: 27–29), mae Pedr yn gwneud ei ddatganiad tyngedfennol, *'Ti yw'r Meseia.'* Ai am iddo fod yng nghwmni Iesu trwy'r misoedd yn nhiriogaethau Tyrus a Sidon y gwnaeth Pedr ei ddarganfyddiad ysbrydol mawr?

Wedi iddo ymweld â Sidon teithiodd Iesu tua'r de-ddwyrain, heibio i gongl ogleddol môr Galilea, nes cyrraedd terfynau'r Decapolis, bro hanner-cenhedlig i'r dwyrain o'r môr. Yn yr ardal honno, roedd deg o ddinasoedd Groegaidd eu naws, dan reolaeth llywodraethwr Rhufeinig Syria. Roedd y boblogaeth yn gymysg, yn drwm dan ddylanwad diwylliant Groeg, a chyfartaledd uchel ohonynt yn genedl-ddynion. Mae'n bosibl mai cenedl-ddyn oedd y gŵr mud a byddar. Os felly, mae arwyddocâd ychwanegol i'r wyrth, sef bod clustiau'r cenhedloedd yn cael eu hagor i adnabod a derbyn Iesu, a bod y cenedl ddynion ar y blaen yn eu tystiolaeth i'r Efengyl.

Pan oedd Iesu yn yr ardal hon o'r blaen iachaodd y dyn oedd ym meddiant cythreuliaid yng Ngerasa. Cafodd ei yrru o'r ardal y tro hwnnw, ond o ganlyniad i dystiolaeth y dyn hwnnw, cafodd groeso'r tro hwn.

Gwneud pob peth yn dda

Wedi i Iesu gyrraedd ochr ddwyreiniol môr Galilea, dygwyd ato ddyn byddar, oedd â diffyg ar ei leferydd, *'dyn byddar oedd prin yn gallu siarad'* (Marc 7: 32). Y gair Groeg a ddefnyddir i ddisgrifio'i gyflwr yw *mogilalon,* sy'n golygu'n llythrennol 'dyn â siarad yn boen ac yn llafur iddo'. Nid oedd yn gwbl fud, ond prin y gellid ei ddeall pan fyddai'n siarad. Gan mai trwy glywed y dysgwn siarad, mae hwn yn fud am ei fod yn fyddar. Dwy anfantais fawr byddardod yw methu cyfathrebu a methu cymdeithasu. Nid yw'r byddar heb lais, ond nid yw'n gallu ei fynegi ei hun mewn modd dealladwy. Y canlyniad yw iddo deimlo'n rhwystredig a dryslyd, teimlo ei fod yn niwsans i bobl eraill, a'i fod wedi ei ynysu yn ei fyd distaw, unig ei hun. Meddai Beethoven, y cerddor mawr y bu byddardod yn gymaint o rwystr iddo yn ystod ei yrfa: 'My misfortune is doubly painful for it leads to my being misunderstood. For me there can be no recreation in the society of my fellows and no mutual exchange of thought. Only just as little as the greatest needs command may I mix with society. I must live like an exile.'

Dehongli'r Gwyrthiau

Pobl eraill a ddaeth â'r gŵr hwn at Iesu: *'Dygasant ato ddyn byddar oedd prin yn gallu siarad, a cheisio ganddo roi ei law arno'* (adn. 32). Gosod llaw ar glaf oedd un o'r dulliau mwyaf cyffredin o iacháu ymysg yr Iddewon. Cymerodd Iesu'r dyn o'r neilltu, *'oddi wrth y dyrfa ar ei ben ei hun'* (adn. 33). Nid oedd am wneud sioe o'i ddawn iacháu o flaen tyrfa o bobl, ac o gymryd y claf i'r naill ochr gallai roi ei sylw'n gyfan gwbl i'w angen. Oherwydd natur ei anhwylder, y lle olaf i drin dyn byddar oedd yng nghanol tyrfa. Roedd Iesu'n ddigon o seicolegydd i ddeall fod angen preifatrwydd a sensitifrwydd i dreiddio trwy fyddardod y dyn hwn ac ennyn ei ymateb. Yna mae'n defnyddio dulliau iacháu oedd yn gyffredin ar y pryd: *'rhoes ei fysedd yn ei glustiau, poerodd a chyffyrddodd â'i dafod'* (adn. 33). Yr unig enghraifft arall yn Efengyl Marc o Iesu'n defnyddio poer yw hanes iacháu'r dyn dall ym Methsaida (8: 22–26). Mae digon o dystiolaeth dros y gred mewn effeithiolrwydd poer i wella clwyfau. Defnyddiodd Iesu arwyddion allanol o'r fath am fod y dyn hwn yn fyddar, ac na ellid ei gyrraedd â geiriau. Ond gallai'r dyn ddeall beth oedd yn digwydd o deimlo Iesu'n rhoi ei fysedd yn ei glustiau ac yn cyffwrdd ei dafod â'i boer. Mae Iesu'n cyfathrebu â dyn byddar gydag arwyddion yn hytrach na geiriau. Nid yr arwyddion sy'n cyflawni'r wyrth. Y cymal nesaf sy'n ein cyfeirio at darddiad a hanfod y wyrth: *'a chan edrych i fyny i'r nef ochneidiodd a dywed wrtho, "Ephphatha", hynny yw, "Agorer di"'* (adn. 34). Mae Iesu'n awgrymu'n gynnil mai o Dduw y daw pob iachâd. Wrth edrych tua'r nef, mae'n ymbil ar i Dduw ei ddefnyddio'n sianel i'w rym dwyfol, iachaol.

Mae llawer wedi dyfalu beth oedd arwyddocâd ochenaid Iesu. Gallai fod yn fynegiant o dosturi, o gydymdeimlad, o weddi, neu, fel sydd fwyaf tebygol, o rym dwyfol yn llifo ohono. Yna dywed Iesu, *'Ephphatha'* (adn. 34). Dyna fel y llefarwyd y gair gan Iesu yn ei iaith ei hun, Aramaeg. Mae Marc yn ychwanegu mai ystyr y gair yw 'ymagor' neu 'agorer di'. Siarad â'r dyn, nid â'i glustiau'n unig a wna Iesu. Mae eisiau iddo agor ei galon a'i enaid a'i holl fywyd i ras a chariad Duw. Un rhan o'i iachâd cyflawn – corff, meddwl ac enaid – yw agor ei glustiau a'i enau.

Iacheir y dyn ar unwaith. Agorir ei glustiau, ac yna rhyddheir ei dafod fel y gall lefaru'n eglur. Ymateb y dyrfa yw synnu'n fawr. *'Da y gwnaeth ef bob peth'* (adn. 36) – geiriau sy'n ein hatgoffa o ddyfarniad

Duw ar ei greadigaeth ei hun yn nechrau Llyfr Genesis: *'Gwelodd Duw y cwbl a wnaeth, ac yr oedd yn dda iawn'* (Gen. 1: 31). Wrth ddwyn iachâd i gleifion ac iachawdwriaeth i eneidiau, mae Iesu'n ail-greu ac ailadfer y greadigaeth. Yn y dechreuad, gwnaed popeth yn dda, ond drylliwyd a llygrwyd y byd gan bechod a gwrthryfel y ddynoliaeth. Ond daeth Iesu i ddwyn prydferthwch Duw yn ôl i fyd a wnaed yn hagr gan ddrygioni dyn.

Mae Iesu'n gorchymyn y bobl i beidio dweud wrth neb am yr hyn a ddigwyddodd. Mae hyn yn gyson â phwyslais Marc ar y 'dirgelwch meseianaidd'. Dro ar ôl tro yn yr efengyl hon, mae Iesu'n siarsio'r rhai a iacheir i beidio cyhoeddi i bawb eu bod wedi cael iachâd. Nid yw'n dymuno i'r syniad mai ef yw'r Meseia fynd ar led, rhag i bobl gamddeall ystyr hynny a'i ddilyn am y rhesymau anghywir. Ond ofer ei orchymyn: *'po fwyaf yr oedd ef yn gorchymyn iddynt, mwyaf yn y byd yr oeddont hwy'n cyhoeddi'r peth'* (adn. 36). Mae'r gair a gyfieithir 'cyhoeddi' yn golygu 'pregethu' hefyd. A'r rheswm am hynny oedd bod y bobl yn *'synnu'n fawr dros ben'* (adn. 37), yn llythrennol yn 'synnu mwy na mwy'. Neu yn ôl un cyfieithiad Saesneg, 'they were astonished beyond all measure'.

Byddardod Ysbrydol

Mae Marc yn adrodd stori iacháu'r dyn mud a byddar (a geir ganddo ef yn unig) er mwyn cyfleu arwyddocâd symbolaidd y digwyddiad. Nid bod hynny'n codi amheuon ynghylch dilysrwydd hanesyddol y wyrth. Ond fel y mae'r gŵr hwn yn llythrennol fud a byddar, y mae llawer ohonom felly'n ysbrydol.

Rhaid agor ein clustiau ninnau i *wrando*. Plannodd Duw ym mhawb ohonom y ddawn i glywed ei lais ac i wrando arno, ond mae'n rhwydd iawn colli'r ddawn honno. Dywedir tod perygl i sŵn byddarol grwpiau pop gael effaith niweidiol ar glyw pobl ifanc, ac i sŵn peiriannau gael effaith tebyg ar glyw gweithwyr mewn melinau dŵr a gweithfeydd eraill. Ceir y geiriau hyn gan Iesu fwy nag unwaith yn yr efengylau, fel arfer wedi iddo adrodd dameg: *'Yr hwn sydd ganddo glustiau, gwrandawed'* (Math. 11: 15; 13: 9, 43; Marc 4: 9, 23; 7: 16; Luc 8: 8; 14: 35). Un peth yw clywed, peth arall yw gwrando: gwrando ar lais Duw trwy ei Air, trwy addoliad ei eglwys, trwy enau pobl eraill, trwy brydferthwch y byd a thrwy ddistawrwydd gweddi. Rhaid wrth sensitifrwydd ysbrydol i wrando am y 'llef ddistaw fain'. Ac nid gwrando ar Dduw yn unig, ond gwrando ar gri'r anghenus, ar ocheneidiau'r gwan a'r tlawd, ar riddfannau'r dioddefwyr a'r rhai sydd dan faich gormes ac anghyfiawnder ymhell ac agos.

Rhaid hefyd agor ein *genau*. Fel y mae cysylltiad rhwng byddardod a mudandod, a rhwng gwrando a llefaru, mae cyswllt rhwng gwrando ar lais Duw a chyhoeddi ei air i eraill. Arwyddion o fudandod ysbrydol yw peidio gweddïo, peidio siarad am ein ffydd, ofni tystio, peidio rhoi llais i foliant ac addoliad. Mae'r gair 'mudo', sy'n golygu symud tŷ, neu symud i ardal newydd, yn tarddu o'r gair 'mud', gan mai canlyniad symud i blith pobl ddieithr yw teimlo'n fud a bod heb ddim i'w ddweud. Hawdd yw mudo'n ysbrydol, o fyd Duw a'r deyrnas, i fyd dieithr y materol a'r bydol, fel ein bod yn methu rhoi llais i'n ffydd. Comisiwn Iesu i'w ddisgyblion wrth iddo'u hanfon i'w cenhadaeth oedd iddynt gyhoeddi, *'Y mae teyrnas nefoedd wedi dod yn agos'* (Math. 10: 7). Mae llwyddiant y genhadaeth Gristnogol ym mhob cyfnod yn dibynnu ar barodrwydd Cristnogion i gyhoeddi'r newyddion da ac i rannu eu ffydd ag eraill. Rhaid i Dduw wrth ein lleisiau ni er mwyn i eraill glywed ei lais ef.

Cwestiynau i'w trafod:

1. Pa mor arwyddocaol yw'r awgrym mai cenedl-ddyn oedd y dyn mud a byddar yn yr hanes hwn?

2. Pam y defnyddiodd Iesu arwyddion allanol i gyflawni'r wyrth hon?

3. Beth yw ystyr gwrando am lais Duw heddiw?

Iacháu Bachgen ac Ysbryd Aflan ynddo

'Pan ddaethant at y disgyblion gwelsant dyrfa fawr o'u cwmpas, ac ysgrifenyddion yn dadlau â hwy. Ac unwaith y gwelodd yr holl dyrfa ef fe'u syfrdanwyd, a rhedasant ato a'i gyfarch. Gofynnodd yntau iddynt, "Am beth yr ydych yn dadlau â hwy?" Atebodd un o'r dyrfa ef, "Athro, mi ddois i â'm mab atat; y mae wedi ei feddiannu gan ysbryd mud, a pha bryd bynnag y mae hwnnw'n gafael ynddo y mae'n ei fwrw ar lawr, ac y mae yntau'n malu ewyn ac yn ysgyrnygu ei ddannedd ac yn mynd yn ddiymadferth. A dywedais wrth dy ddisgyblion am ei fwrw allan, ac ni allasant." Atebodd Iesu hwy, "O genhedlaeth ddi-ffydd, pa hyd y byddaf gyda chwi? Pa hyd y goddefaf chwi? Dewch ag ef ataf fi." A daethant â'r bachgen ato. Cyn gynted ag y gwelodd yr ysbryd ef, ysgytiodd y bachgen yn ffyrnig. Syrthiodd ar y llawr a rholio o gwmpas dan falu ewyn. Gofynnodd Iesu i'w dad, "Faint sydd er pan ddaeth hyn arno?" Dywedodd yntau, "O'i blentyndod; llawer gwaith fe'i taflodd i'r tân neu i'r dŵr, i geisio'i ladd. Os yw'n bosibl iti wneud rhywbeth, tosturia wrthym a helpa ni." Dywedodd Iesu wrtho, "Os yw'n bosibl! Y mae popeth yn bosibl i'r sawl sydd â ffydd ganddo." Ar unwaith gwaeddodd tad y plentyn, "Yr wyf yn credu; helpa fi yn fy niffyg ffydd." A phan welodd Iesu fod tyrfa'n rhedeg ynghyd, ceryddodd yr ysbryd aflan. "Ysbryd mud a byddar," meddai wrtho, "yr wyf fi yn gorchymyn iti, tyrd allan ohono a phaid â mynd i mewn iddo eto." A chan weiddi a'i ysgytian yn ffyrnig, aeth yr ysbryd allan. Aeth y bachgen fel corff, nes i lawer ddweud ei fod wedi marw. Ond gafaelodd Iesu yn ei law ef a'i godi, a safodd ar ei draed. Ac wedi iddo fynd i'r tŷ gofynnodd ei ddisgyblion iddo o'r neilltu, "Pam na allem ni ei fwrw ef allan?" Ac meddai wrthynt, "Dim ond trwy weddi y gall y math hwn fynd allan."'

Marc 9: 14–29 (Math.17: 14–20; Luc 9: 37–43a).

Mae dwy thema'n plethu i'w gilydd o fewn y stori hon – awdurdod Iesu dros ysbrydion aflan, a phwysigrwydd ffydd fel amod cyflawni gwyrth. Hon yw'r enghraifft olaf yn Efengyl Marc o Iesu'n bwrw allan gythraul. Er bod Mathew a Luc yn adrodd yr un stori, mae fersiwn Marc yn llawer mwy byw a manwl. Y mae rhai esbonwyr yn awgrymu bod Marc, wrth ysgrifennu'r hanes, wedi cyfuno dwy fersiwn o'r un digwyddiad, y naill am allu Iesu i iacháu o'i gyferbynnu â methiant y disgyblion, a'r llall am ffydd y tad o'i gyferbynnu â diffyg ffydd y disgyblion. Ceir dau ddisgrifiad o afiechyd y bachgen (adn. 18, 22), a dau ddisgrifiad o'r dyrfa'n ymgynnull (adn.14, 25). Ond dwy stori neu beidio, mae'r ddwy thema − gallu Iesu a phwysigrwydd ffydd − yn amlwg. Rhaid i'r disgyblion ddarganfod cyfrinach awdurdod Iesu dros ysbrydion aflan, a dysgu hefyd bod ffydd yn gwbl angenrheidiol, hyd yn oed os yw mor fregus â ffydd y tad.

Disgyn o'r Mynydd

O unigeddau'r mynydd a'r profiad rhyfeddol a gafodd Pedr, Iago ac Ioan o weld gogoniant dwyfol Iesu, daw Iesu a'r tri disgybl i lawr i'r gwastadedd. Dymuniad Pedr, yng ngwres y weledigaeth, oedd cael aros ar ben y mynydd, ond roedd rhaid dychwelyd i wynebu'r byd a'i dreialon. Ceir yma adlais o stori Moses yn disgyn o Fynydd Sinai, gan ddod yn ôl i ganol pobl ddi-ffydd. Efallai mai'r rheswm dros syndod y bobl o weld Iesu (adn. 15), oedd bod ei wyneb, fel yn achos Moses, yn disgleirio o ogoniant sanctaidd. Wedi iddynt ddod i lawr at y disgyblion eraill, roedd tyrfa o'u hamgylch yn dadlau ac yn ymgecru. Pwnc yr anghydfod oedd methiant y disgyblion i iacháu'r bachgen ag ynddo ysbryd aflan. Eglurodd tad y bachgen wrth Iesu fod ei fab wedi'i feddiannu gan ysbryd aflan a fyddai'n ei fwrw ar lawr ac yn peri iddo falu ewyn ac ysgyrnygu ei ddannedd. Dywedodd iddo ddod â'r bachgen at y disgyblion, ond iddynt hwy fethu â gwneud dim i'w iacháu. Eglurhad yr oes honno am gyflwr y bachgen oedd bod ysbryd aflan wedi gafael ynddo, a hwnnw'n ei wneud yn lloerig, yn fud a byddar. Yn nhermau heddiw, mae'n bur debyg y gellid awgrymu mai achos difrifol o *epilepsi* oedd hwn. Bwriadai'r tad ddod â'i fab at Iesu, ond yn absenoldeb Iesu roedd wedi troi at y disgyblion.

Pan anfonodd Iesu'r disgyblion allan fesul dau i'w taith genhadol gyntaf, rhoddodd iddynt awdurdod ar ysbrydion aflan. Meddai Marc, *'yr oeddent yn bwrw allan gythreuliaid lawer, ac yn eneinio llawer o gleifion ag olew ac yn eu hiacháu'* (6: 13). Ond yn awr, er mawr foddhad i'r ysgrifenyddion, methu fu eu hanes, a methu'n druenus. Mae'n bur debyg iddynt eu hesgusodi eu hunain trwy ddweud iddynt fethu am nad oedd Iesu gyda hwy. Ymateb Iesu oedd ceryddu pawb: y disgyblion, yr ysgrifenyddion, y dyrfa, a thad y bachgen: *'O genhedlaeth ddi-ffydd, pa hyd y byddaf gyda chwi? Pa hyd y goddefaf chwi?'* (9: 19)

Ffydd a Gweddi

Cynhyrfwyd yr ysbryd aflan wrth weld Iesu, ac aeth yn wallgof. Ysgytiodd y bachgen yn ffyrnig, a'i fwrw i lawr a pheri iddo falu ewyn a rholio ar y llawr. Marc yn unig sy'n cynnwys y manylion a geir yn adn. 21–25. Mae Iesu'n holi'r tad am y bachgen a'i hanes. Wedi i'r tad adrodd popeth oedd i'w ddweud, ychwanegodd, *'Os yw'n bosibl iti wneud rhywbeth, tosturia wrthym a helpa ni'* (adn. 22). Ceir awgrym fod y tad yn credu yng nghariad a thosturi Iesu, ond yn betrusgar ynghylch ei allu i iacháu ei fab. *'Os yw'n bosibl!'* (adn. 23) meddai Iesu, gan gymryd y geiriau o enau'r tad a'u hail-ddweud gyda mesur o gerydd yn gymysg â thosturi. Mater o ffydd yw'r cyfan, nid mater o allu. Gan fethu â dal ymhellach, mae'r tad yn gweiddi yn ei ofn a'i obaith, *'Yr wyf yn credu, helpa fi yn fy niffyg ffydd'* (adn. 24). Yr oedd ynddo rywfaint o ffydd, yn gymysg ag ofn ac amheuaeth. Yr oedd am i Iesu dderbyn yr ychydig ffydd oedd ganddo, ac am ei gynorthwyo i oresgyn ei amheuon. Ofnai y byddai ei amheuon yn ei atal rhag iacháu'r bachgen, a chrefai am gymorth i gredu'n well.

Roedd ffydd y tad yn ddigon i fodloni Iesu, a gorchmynnodd i'r ysbryd aflan ddod allan o'r bachgen. Ar air Iesu, digwyddodd gwyrth ei iachâd. Wedi llefain, a dryllio llawer ar y bachgen, daeth yr ysbryd aflan allan. Roedd yn ymddangos fel petai'r bachgen wedi marw. Ond gafaelodd Iesu yn ei law a'i godi, a safodd yntau ar ei draed.

Pan gafodd y disgyblion gyfle yn y tŷ i ofyn i Iesu, *'Pam na allem ni ci fwrw ef allan?'* (adn.28), atebodd mai dim ond trwy weddi (ac yn ôl darlleniad arall, *'ac ympryd'*), y gellid bwrw allan *'y math hwn'*, sef ysbryd neilltuol o feiddgar ac ystyfnig ac anodd ei drechu. Gwêl rhai esbonwyr anghysondeb yn y ffaith fod Iesu, ar ddechrau'r hanes, yn gofyn am ffydd, ond yn awr yn dweud fod rhaid wrth weddi er mwyn cyflawni iachâd. Ond mae'r ddau beth yn mynd law yn llaw. Ffydd ar waith yw gweddi, a heb ffydd nid yw gweddi'n effeithiol. Luther ddywedodd, 'Ffydd yw gweddi, a dim ond gweddi'. Rhaid wrth ffydd yn awdurdod a grym

Iesu i iacháu, ond rhaid hefyd wrth weddi i fod yn sianel i'r grym hwnnw weithredu. Y mae'n debygol fod y cyfeiriad at weddi ac ympryd yn adlewyrchu arfer yr Eglwys Fore yn ei gweinidogaeth i gleifion.

Gallu Iesu a Methiant y Disgyblion

Prif bwynt Marc wrth adrodd hanes y wyrth hon, fel pob gwyrth arall a geir yn ei efengyl, yw dangos gallu Iesu i iacháu. Ond yn yr achos hwn mae'n wynebu sefyllfa gwbl druenus. Mae'r ddau ddisgrifiad a geir o symptomau clefyd y bachgen (adn. 20–22, 26) yn dangos ei fod, o bob safbwynt dynol, y tu hwnt i adferiad. Roedd ei gyflwr corfforol yn ddifrifol iawn, ac yntau'n cael ei hyrddio i'r llawr nes peri iddo falu ewyn a cholli pob rheolaeth ar ei gyneddfau. Ar ben hynny, roedd ei gyflwr meddwl a'i synhwyrau'n achosi dychryn i'w deulu a'i gydnabod. Gan nad oedd unrhyw obaith am iachâd i'r bachgen, nid yw'n syndod fod y tad wedi mynd i feddwl fod drws trugaredd Duw hefyd wedi'i gau. Ond wrth i Iesu geryddu'r ysbryd aflan ac iacháu'r bachgen, dangoswyd nad oedd yr un cyflwr y tu hwnt i allu Iesu i'w waredu, a bod Iesu'n cynnig gobaith i'r diobaith a thrugaredd i'r truenusaf.

Mewn cyferbyniad llwyr, gwelwn anallu'r disgyblion i ddelio â'r sefyllfa. *'A dywedais wrth dy ddisgyblion am ei fwrw allan,'* meddai'r tad wrth Iesu, *'ac ni allasant'* (adn. 18). Sut ddisgyblion oedd y rhain? Gwyddom na chawsant fod ar y mynydd gydag Iesu, ac nad oeddent felly wedi gweld ei ogoniant dwyfol. O ganlyniad, roeddent heb gredu'n llwyr yn ei allu a'i ras. Gellir bod ymhlith canlynwyr Iesu heb fod wedi gweld ei ogoniant, a thrueni'r byd wedyn yn mynd yn drech na ni. Cwestiwn y disgyblion oedd, *'Pam na allem ni ei fwrw ef allan?'* (adn. 28). Ond yr oedd Iesu eisoes wedi eu cyhuddo hwy a'r dyrfa o fod yn *'genhedlaeth ddi-ffydd'* (adn. 19). Roedd eu diffyg ffydd yn effeithio ar bob agwedd o'u bywyd a'u gwaith.

Yn y lle cyntaf, *diffyg ffydd ynddynt eu hunain.* Pan anfonodd Iesu ei ddisgyblion allan i'w cenhadaeth gyntaf rhoddodd iddynt awdurdod dros ysbrydion aflan (Marc 6: 6–13). Wyneb yn wyneb â'r bachgen lloerig hwn, collodd y disgyblion bob hyder yn yr awdurdod a roddwyd iddynt. Neu, o bosib, roeddent wedi tybio nad oedd trueni'r bachgen yn gyfrifoldeb iddynt hwy. Un o ddiffygion yr eglwys ym mhob oes yw ei thuedd i osgoi cyflawni ei phriod waith trwy roi ei bryd ar

bethau llai pwysig: rhoi addoli, manion athrawiaethol, a strwythurau gweinyddol o flaen y gwaith o wasanaethu'r anghenus a'r gwan. Mae deisyfiad W. Pari Huws yn ei emyn yn berthnasol heddiw fel ym mhob cyfnod:
> Dysg hi i ofni byw yn esmwyth
> gan anghofio'r byd a'i loes ...

Yn ail, *diffyg ffydd yn y posibilrwydd o iachâd.* Amheuaeth andwyol oedd tybio bod y bachgen hwn y tu hwnt i bob adferiad: nad oedd iachâd yn bosibl o ystyried ei gyflwr truenus. Meddai'r diweddar William Barclay wrth drafod agwedd y disgyblion hyn, 'To approach anything in the spirit of hopelessness is to make it hopeless. To approach anything in the spirit of faith is to make it a possibility.' Ein tuedd ninnau, fel y disgyblion hyn, yw wynebu sefyllfaoedd anodd mewn ysbryd o anobaith. Does dim mwy andwyol i unrhyw gynllun dynol nag agwedd negyddol sy'n credu nad oes unrhyw obaith i'r cynllun lwyddo. Hen anghrediniaeth ddifaol yw honno sy'n gwrthod credu bod gwyrth yn bosibl a bod Duw'n gallu adfer ac iacháu.

Yn drydydd, *diffyg ffydd yng ngallu Duw ei hun.* Nid oes awgrym yn yr hanes i'r un o'r disgyblion feddwl mynd ag achos y bachgen hwn at Iesu. Roedd yn well ganddynt fethu yn eu nerth eu hunain na throi at y Meddyg Mawr ei hun. A chan eu bod yn amau'r posibilrwydd o iachâd, roedd hynny'n gyfystyr ag amau gallu Duw ei hun i iacháu'r truan. Ergyd geiriau Iesu – *'dim ond trwy weddi y gall y math hwn fynd allan'* (adn. 29) – yw mai gwendid eu bywyd ysbrydol a'u hesgeulustod o Dduw oedd yn bennaf cyfrifol am eu methiant.

Cred a diffyg cred

Fel y tad yn yr hanes hwn, mae ffydd llawer ohonom ninnau fel pendil cloc yn symud o ochr i ochr, o argyhoeddiad i amheuaeth, o sicrwydd i ansicrwydd, o gred i anghred. Medrwn uniaethu ag ef pan ddywed, *'Yr wyf yn credu; helpa fi yn fy niffyg ffydd'* (adn. 24). Ceir adegau pan yw ffydd yn gadarn, ac adegau eraill pan ddaw amheuon a chwestiynau anodd i'n bwrw i wewyr ac ansicrwydd. Ond mae ffydd yn bodoli yn y tyndra hwnnw rhwng argyhoeddiad ac amheuaeth. Nid oes y fath beth â ffydd heb amheuaeth, fel nad oes oleuni heb dywyllwch neu ddaioni heb ddrygioni.

Yn yr hanes hwn gwelwn y pethau sy'n codi amheuon ac yn tanseilio ffydd. Mae yma *ddioddefaint* – plentyn wedi'i eni'n gorfforol a meddyliol anabl, a'r cwestiwn anorfod yn codi, 'Pam?' Pam y mae Duw yn caniatáu cymaint o boen a gwewyr yn y byd? Ffactor arall yw *methiant y disgyblion*. Pam fod yr eglwys mor aml yn methu â chyfryngu trugaredd a grym yr Efengyl? Ai diffyg ffydd ac ysbrydoledd Cristnogion heddiw, fel ym mhob oes, sy'n gwneud yr eglwys mor aneffeithiol yn wyneb y boen sydd yn y byd? Wedyn, mae'r *amgylchfyd gelyniaethus* yn milwrio yn erbyn ffydd y tad. Mae'r dyrfa swnllyd, chwilfrydig, parod ei beirniadaeth, yn cyfateb i secwlariaeth a sinigiaeth ein hoes ninnau sy'n gwanhau'r ymdeimlad o Dduw ac o'r sanctaidd. Yr elfennau hyn sy'n peri i ninnau, fel tad y bachgen, ddweud, *'Helpa fi yn fy niffyg ffydd.'*

Os oes yn yr hanes ffactorau sy'n tanseilio ffydd, gwelwn hefyd fod Iesu'n barod i dderbyn a defnyddio'r ychydig ffydd sydd gan y tad. Nid yw Iesu byth yn troi neb ymaith am nad oes ganddynt ddigon o ffydd. Yn hytrach mae'n cydio yn yr ychydig ffydd sydd ganddynt ac yn ei ddefnyddio i weithredu'n rymus yn eu bywydau. Yn ei lyfr *Ac Onide*, dywed y diweddar Athro J. R. Jones, 'Os oes arnat newyn a syched am fedru credu ... y mae hwnnw megis craidd o ffydd o fewn i'th anghrediniaeth, ac fe all agor o'th flaen ddrysau gobaith.' Os gwan iawn yw ein ffydd, o roi'r ychydig ffydd sydd gennym yn nwylo Iesu fe'i gwelwn yn tyfu ac yn aeddfedu. Os bach iawn yw ein cred, o roi'r hyn sydd gennym i Iesu, gall ef ei defnyddio i'w ddibenion nerthol ei hun. Yr oedd yr ychydig ffydd oedd gan y tad yn ddigon i Iesu fedru ei defnyddio i ddwyn iechyd a bywyd newydd i'w fab. Y mae gobaith i'r truenusaf wrth i hwnnw roi'r ychydig ffydd sydd ganddo yn nwylo'r Meddyg Mawr.

Cwestiynau i'w trafod
1. Trafodwch eiriau Luther, 'Ffydd yw gweddi a dim ond gweddi.'

2. Os oedd Iesu wedi rhoi awdurdod i'w ddisgyblion iacháu a bwrw allan gythreuliaid, beth oedd achos eu methiant ar yr achlysur hwn?

3. A ydych yn cytuno fod gwir ffydd yn bodoli yn y tyndra rhwng cred ac anghred?

Iacháu Bartimeus Ddall

'Daethant i Jericho. Ac fel yr oedd yn mynd allan o Jericho gyda'i ddisgyblion a chryn dyrfa, yr oedd mab Timeus, Bartimeus, cardotyn dall, yn eistedd ar fin y ffordd. A phan glywodd mai Iesu o Nasareth ydoedd, dechreuodd weiddi a dweud, "Iesu, Fab Dafydd, trugarha wrthyf." Ac yr oedd llawer yn ei geryddu ac yn dweud wrtho am dewi; ond yr oedd yntau'n gweiddi'n uwch fyth, "Fab Dafydd, trugarha wrthyf." Safodd Iesu, a dywedodd, "Galwch arno." A dyma hwy'n galw ar y dyn dall ac yn dweud wrtho, "Cod dy galon a saf ar dy draed; y mae'n galw arnat." Taflodd yntau ei fantell oddi arno, llamu ar ei draed a dod at Iesu. Cyfarchodd Iesu ef a dweud, "Beth yr wyt am i mi ei wneud iti?" Ac meddai'r dyn dall wrtho, "Rabbwni, y mae arnaf eisiau cael fy ngolwg yn ôl." Dywedodd Iesu wrtho, "Dos, y mae dy ffydd wedi dy iacháu di." A chafodd ei olwg yn ôl yn y fan, a dechreuodd ei ganlyn ef ar hyd y ffordd.'

Marc 10: 46–52 (Math. 20: 29–34; Luc 18: 35–43)

Disgrifir y wyrth hon gan un esboniwr fel 'Dyn dall yn gweld y gwir'. Gofynnodd rhywun rywdro i Helen Keller, y wraig ryfeddol honno a gollodd ei golwg a'i chlyw pan oedd yn blentyn, a oedd yn ei barn hi gyflwr gwaeth na dallineb. Atebodd hithau, 'Yes, having sight but no vision!' Er bod Bartimeus yn ddall, roedd ganddo weledigaeth o fawredd a gallu'r Arglwydd Iesu. Mae'n cydnabod Iesu'n *'Fab Dafydd'* (adn. 47) – teitl meseianaidd, sy'n gyflwyniad addas i gyfres o ddigwyddiadau yn y bennod nesaf sy'n dangos statws meseianaidd Iesu. Mae'r stori hefyd yn dangos gallu'r rhai y mae ganddynt ffydd yn Iesu i weld y gwir amdano; uchafbwynt priodol i'r adran flaenorol yn delio ag ystyr bod yn ddisgybl. Gan fod Bartimeus ddall yn 'gweld' pwy oedd Iesu, y mae wedyn yn *'ei ganlyn ef ar hyd y ffordd'* (adn. 52), sy'n wahoddiad i ddarllenwyr Marc i ymuno ag ef a'r disgyblion ar daith gydag Iesu sy'n arwain i Jerwsalem ac i'r cyfan fydd yn digwydd yno. Felly, mae i'r wyrth hon arwyddocâd arbennig fel carreg filltir ar y ffordd tua Jerwsalem a'r groes a'r atgyfodiad.

Mae'r ffaith fod Marc yn enwi'r lle ac yn enwi'r dyn dall yn awgrymu fod yr hanes yn deillio o dystiolaeth llygad-dyst. Cyfeirir at Jericho gan mai pymtheng milltir yn unig oedd oddi yno i Jerwsalem, sef diwedd y daith i Iesu. Dywedir fod Iesu'n teithio ar hyd y ffordd, sef ffordd dioddefaint, *'gyda'i ddisgyblion a chryn dyrfa'* (adn. 46). Cafodd Bartimeus nid yn unig adferiad golwg, ond hefyd ymuno â disgyblion Iesu a'r dyrfa ar eu taith. Ar ddechrau'r stori, disgrifir ef yn ei ddallineb *'yn eistedd ar fin y ffordd'* (adn. 46), ond ar ddiwedd y stori, wedi cael ei olwg yn ôl, *'dechreuodd ei ganlyn ef ar hyd y ffordd'* (adn. 52). Gwelir felly fod tair elfen i'r wyrth hon – adnabyddiaeth Bartimeus o Iesu fel Mab Dafydd, Iesu'n adfer ei olwg, a phenderfyniad Bartimeus i ganlyn Iesu ar ei daith dyngedfennol i Jerwsalem – a'r tri pheth yn codi'n uniongyrchol o'i ffydd.

Unigolyn mewn Tyrfa

Unigolyn mewn tyrfa sydd yn y stori hon: dyn dall yng nghanol berw a sŵn tyrfa o bobl oedd wedi ymgasglu am fod si wedi mynd ar led fod Iesu o Nasareth ar fin mynd heibio. Roedd Iesu wedi cyrraedd Jericho ar ei daith i Jerwsalem, ac wedi aros yno dros nos. Yn y bore, cychwynnodd drachefn ar ei daith. Casglodd cryn dyrfa o'i amgylch, llawer ohonynt yn bererinion ar eu taith i Jerwsalem ar gyfer Gŵyl y Pasg. Ar fin y ffordd eisteddai cardotyn dall o'r enw Bartimeus. Er mwyn ei ddarllenwyr Groegaidd, mae Marc yn rhoi cyfieithiad o'i enw, sef *'Mab Timeus'* (adn. 46). Y diwrnod arbennig hwn, daw Bartimeus yn ymwybodol fod llawer iawn mwy o bobl nag arfer o'i gwmpas. Pan glywodd leisiau'n sôn fod Iesu o Nasareth yn mynd heibio dechreuodd gynhyrfu. Mae'n bur debyg iddo glywed am Iesu a'r sôn amdano'n iacháu cleifion ac adfer golwg deillion yng Ngalilea. Penderfynodd ddal ar y cyfle a dechreuodd weiddi, *'Iesu, Fab Dafydd, trugarha wrthyf'* (adn. 47, ac eto yn adn. 48). Dyma'r tro cyntaf y defnyddir y teitl yn Efengyl Marc. Roedd Iesu yn awr yn nhalaith Jwdea. Ystyriai pobl Jerwsalem a Jwdea mai Dafydd oedd eu tad yn y ffydd, a synient am y Meseia fel Mab Dafydd.

Mae rhai esbonwyr yn awgrymu bod y ffaith i Bartimeus ddefnyddio'r teitl ar goedd yn dangos nad oedd Iesu mwyach am ei guddio'i hun fel Meseia. Er mai cardotyn dall yn ei ffwdan sy'n defnyddio'r enw, nid yw Iesu'n gwrthwynebu hynny. Ceisiai'r dyrfa wneud i Bartimeus dewi, gan mai ofer fyddai iddo weiddi yng nghanol banllefau'r dorf. Ond gweiddi'n uwch fyth a wnaeth, *'Fab Dafydd, trugarha wrthyf.'* Safodd Iesu a galw'r dyn dall ato. Nid oedd sŵn traed na chynnwrf a allai atal llef un truan rhag cyrraedd clustiau Iesu.

Mae'n arwyddocaol nad yw Luc, yn ei fersiwn ef o'r stori, yn cyfeirio at Bartimeus wrth ei enw, ond yn hytrach fel *'dyn dall yn eistedd ar fin y ffordd yn cardota'* (Luc 18: 35). Mae fel pe bai am ei bortreadu fel dyn diymadferth, di-gefn a di-lais, sydd mewn perygl o fynd ar goll yng nghanol tyrfa fawr, gynhyrfus. Gwyddom yn dda yn ein cymdeithas gyfoes fel y gall yr unigolyn gael ei anghofio yn y dyrfa. Ond mae Iesu'n clywed cri'r unigolyn yn ei ofid a'i angen. Er ein bod oll yn rhan o dyrfa enfawr y ddynoliaeth, mae'r Efengyl yn datgan fod pob un yn cyfrif yng ngolwg Duw a bod gan bob un ei werth a'i urddas.

Gan fod Iesu wedi sylwi arno a'i alw ato, mae'r bobl a fu'n ei geryddu, ac yn ceisio'i dewi, yn troi ato'n awr a dweud, *'Cod dy galon a saf ar dy draed; y mae'n galw arnat'* (adn. 49). Mae Bartimeus yn teimlo fflam gobaith yn cynnau yn ei galon. Er hwylustod, mae'n taflu ei fantell oddi arno ac yn llamu ar ei draed a dod at Iesu. Mae Iesu'n gofyn iddo, *'Beth yr wyt ti am i mi ei wneud iti?'* (adn. 51). Mae'n gwbl amlwg i Iesu beth oedd ei angen, ond mae am iddo fynegi ei ddymuniad yn glir. Wrth iddo wneud hynny trwy ateb, *'Rabbwni, y mae arnaf eisiau cael fy ngolwg yn ôl',* mae'n rhoi mynegiant diamwys, nid yn unig i'w angen, ond i'w ffydd yng ngallu Iesu i ddelio â'r angen hwnnw. Mae Iesu'n gofyn i ninnau fod yr un mor benodol a phendant yn ein hymbiliau. Yn un o'i lyfrau, mae gan David Watson bennod dan y teitl, 'Does Prayer Work?' Ei ateb ef yw bod gweddi'n effeithiol ond inni wneud tri pheth: 'Be serious, be specific, and be expectant.' Rhaid bod o ddifrif mewn gweddi. Rhaid bod yn benodol ac yn ddisgwylgar yn ein gweddïau. 'Then things begin to happen!' meddai David Watson. Enw llawnach a mwy parchus ar Rabbi yw 'Rabbwni'. Atebodd Iesu, *'Dos, y mae dy ffydd wedi dy iacháu di'* (adn. 52), a chafodd y dyn ei olwg yn ôl ar unwaith. Dywedir yn y tair efengyl mai ffydd y cardotyn a'i hiachaodd, nid grym ac awdurdod Iesu.

Thema ganolog y wyrth yw pwysigrwydd a gallu ffydd. Trwy ffydd y mae Bartimeus, er ei fod yn ddall, yn 'gweld' ac yn adnabod Iesu yn

Fab Dafydd. Trwy ffydd caiff ei iacháu. A ffydd sy'n ei symbylu i ymuno ag Iesu a'r dorf ar y ffordd i Jerwsalem.

Tri Llais

Daw neges y wyrth hon i'r amlwg o wrando ar y tri llais a glywir ynddi. Yn gyntaf, *llais yr unigolyn*. O glywed sŵn traed y dyrfa, a deall oddi wrth y cynnwrf o'i gwmpas fod Iesu o Nasareth yn mynd heibio, mae Bartimeus yn gweiddi am help. Mae Iesu'n clywed ei waedd ac yn ymateb i'w angen. Nid yw Iesu'n holi dim am ei haeddiant na'i uniongrededd. Yr unig beth o bwys iddo yw bod yna berson yn sefyll o'i flaen mewn angen.

> Llef yr isel nis dirmygi,
> clywi ocheneidiau'r tlawd;
>   dy drugaredd
>   sy'n cofleidio'r ddaear faith.

Y mae'n anodd meddwl am neb is mewn cymdeithas na chardotyn dall sy'n eistedd ar fin y ffordd yn gofyn am gardod. Ond nid yw ei safle na'i amgylchiadau yn bwysig i Iesu; y mae'n blentyn i Dduw ac yn haeddu sylw. Mae'n egwyddor Gristnogol sylfaenol fod llais yr unigolyn i'w glywed.

Am iddi weithredu ar sail yr egwyddor hon y cafodd Dr Sheila Cassidy ei charcharu a'i phoenydio yn Chile dan lywodraeth ormesol Pinochet. Rhoddodd driniaeth i filwr ifanc a anafwyd wrth ymladd yn erbyn byddin y llywodraeth. Cyhuddiad yr erlynydd oedd, 'You gave medical aid to a rebel.' Ateb Sheila Cassidy oedd, 'No, I gave medical aid to a fellow human being.'

Yn ail, *llais y dyrfa*. Roedd gweiddi Bartimeus yn aflonyddu ar hwyl a mwynhad y bobl. *'Yr oedd llawer yn ei geryddu ac yn dweud wrtho am dewi'* (adn. 48). Mae llais y dyrfa i'w glywed o hyd yn ceisio rhoi taw ar lais ffydd. Hwn yw llais anffyddiaeth ein hoes, sy'n datgan nad oes diben galw ar Dduw gan nad yw Duw'n bod, ac nad oes neb i wrando ar ein hymbiliau. 'Byddwch dawel,' medd yr anffyddwyr. Hwn yw llais masnach a busnes a byd arian, sy'n datgan na ellir fforddio gwrando ar bob llais unigol. Nid yw'n wleidyddol bosibl cyfarfod ag anghenion pawb yn y gymdeithas. Mae Dr Colin Morris, cyn-bennaeth adran crefydd y BBC, wedi mynegi'r peth fel hyn: 'People have reached a point when they have stopped believing that anything they say or do can change things. They are referred to by the powers that be as "the silent majority". But they are not silent because they have nothing to say. They are silent because they think they will never be heard.' Mae tyrfaoedd seciwlar a materol ein dyddiau ni yn ein ceryddu ac yn dweud wrthym am dewi. Ond rhaid bod yn barod i herio llais y dyrfa.

Yn drydydd, *llais Iesu*. Mewn cyferbyniad i gerydd y dyrfa, mae Iesu'n rhoi ei holl sylw tyner a chariadus i'r truan dall. Wrth wneud hynny, mae'n dweud wrtho, 'Rwyt ti'n cyfrif. Rwyt ti'n blentyn i Dduw. Rwyt ti'n wrthrych ei gariad. Rydw i am dy helpu di.' Ac nid mynegi ei gonsýrn am yr unigolyn yn gyffredinol a wna Iesu, ond rhoi ei sylw i'r union beth sy'n ei boeni: *'Beth yr wyt ti am i mi ei wneud iti?'* (adn. 51) Gwyddai Iesu'n iawn beth oedd ei angen. Roedd yn ddall ac eisiau cael ei olwg yn ôl. Ond yr oedd am glywed y dyn yn rhoi ei ddymuniad mewn geiriau, gan y byddai hynny'n fynegiant o'i ffydd ac o'r ffaith ei fod yn disgwyl rhywbeth o bwys oddi wrth Iesu. Ac mewn ymateb i'w gais am gael ei olwg yn ôl, mae llais Iesu yn ei sicrhau fod ei ffydd wedi ei iacháu. *'A chafodd ei olwg yn ôl yn y fan'* (adn. 52). Os ei ffydd oedd achos ei iachâd, llais Iesu a gyhoeddodd fod yr iachâd ar fin dod yn ffaith.

Canfod Iesu heddiw

Y mae cyflwr Bartimeus ddall yn darlunio ein dallineb ysbrydol ninnau. Cawn ninnau anhawster i 'weld' Iesu. Ei weld â llygaid dychymyg yn unig a wnawn, ac y mae ein darlun ohono'n aml yn aneglur. Ond er bod Bartimeus yn ddall, fel pob person dall arall roedd yn defnyddio'r doniau a'r synhwyrau eraill oedd ganddo i ddod i berthynas ag Iesu. Y mae'r synhwyrau hynny gennym ninnau, ac o'u defnyddio a'u harfer medrwn ninnau ganfod Iesu heddiw.

Yn gyntaf, mae Bartimeus *yn gwrando*. Os oedd yn ddall nid oedd yn fyddar: *'Pan glywodd mai Iesu o Nasareth ydoedd'* (adn. 47). Y cam cyntaf yn y broses o ganfod Duw yw gwrando amdano – yn nhystiolaeth y Beibl, ym mhrofiadau saint yr oesau, ym mywyd ac addoliad yr eglwys, ac yn llef ddistaw fain yr Ysbryd Glân sy'n llefaru

Dehongli'r Gwyrthiau

yn nyfnder ein heneidiau. *'Ymlonyddwch, a deallwch mai myfi sydd Dduw'* (Salm 46: 10). Rhaid ymlonyddu, a gwrando yn y distawrwydd ar lais Duw'n ein cyfarch a'n galw.

Yn ail, mae Bartimeus *yn galw*. Os oedd yn ddall, nid oedd yn fud. *'Dechreuodd weiddi a dweud, "Iesu, Fab Dafydd, trugarha wrthyf'* (adn. 47). Er i'r dyrfa ei geryddu a cheisio'i dawelu, galw'n uwch fyth a wnaeth Bartimeus. Roedd parodrwydd Iesu i wrando arno a rhoi sylw iddo yn ddarlun o agwedd Duw tuag atom ni. Mae Duw'n gwrando ar weddïau ei blant. *'Y mae'r Arglwydd yn agos at bawb sy'n galw arno, at bawb sy'n galw arno mewn gwirionedd ... gwrendy ar eu cri, a gwareda hwy'* (Salm 145: 18–19). Y mae pob perthynas a phob adnabyddiaeth yn datblygu wrth i bobl siarad â'i gilydd a gwrando ar ei gilydd. Ac wrth siarad yn gyson â Duw y mae ei ganfod a thyfu i'w adnabod.

Yn drydydd, mae Bartimeus *yn cerdded*. Er ei fod yn ddall, cododd Bartimeus ar ei draed a cherdded at Iesu. Os na fedrwn ni weld Iesu, medrwn gerdded i'w gyfeiriad. Medrwn gerdded ffordd yr Efengyl a byw yn unol â'i gofynion, ac o ganlyniad deuwn i adnabod Arglwydd yr Efengyl. Y mae enghreifftiau yn yr efengylau o Iesu'n canmol rhai am fod holl ogwydd eu bywyd tua'r cyfeiriad iawn. Daeth ysgrifennydd ifanc ato unwaith i holi sut oedd canfod y bywyd tragwyddol, ac meddai Iesu wrtho, *'Nid wyt ymhell oddi wrth deyrnas Dduw'* (Marc 12: 34). Meddai un esboniwr amdano, 'Os nad oedd eto wedi cyrraedd, yr oedd ar y ffordd iawn ac yn mynd i'r cyfeiriad iawn.' Wrth gerdded at Iesu ar ffordd y bywyd Cristnogol y deuwn ninnau i'w gyfarfod a'i adnabod.

Emyn poblogaidd o eiddo Sankey a Moody, a gyfieithwyd i'r Gymraeg gan Ieuan Gwyllt, yw 'Iesu o Nasareth sy'n mynd heibio', yn seiliedig ar stori Bartimeus. Mae'r emynydd yn ein hatgoffa fod Iesu'n mynd heibio i bob un ohonom a bod angen i ni wrando amdano, galw arno a cherdded tuag ato.

> Iesu! Efe a ddaeth i lawr
> O'r nef at dlodion llymion llawr;
> Mae'n rhoddi nerth i'r gwan a'r gwyw,
> Mae'n codi'r marw eto'n fyw.

Mewn llawen hwyl mae'r dall yn gwrando:
"Iesu o Nasareth sy'n mynd heibio."

Cwestiynau i'w trafod:
1. Beth, yn eich barn chwi, yw neges ganolog y wyrth hon?

2. Ym mha ystyr y mae Bartimeus, er ei fod yn ddall, yn 'gweld' Iesu?

3. Beth yw nodweddion ffydd yn ôl y stori hon?

Melltithio'r Ffigysbren

'Aeth i mewn i Jerwsalem ac i'r deml, ac wedi edrych o'i gwmpas ar bopeth, gan ei bod eisoes yn hwyr, aeth allan i Fethania gyda'r Deuddeg. Trannoeth, wedi iddynt ddod allan o Fethania, daeth chwant bwyd arno. A phan welodd o bell ffigysbren ac arno ddail, aeth i edrych tybed a gâi rywbeth arno. A phan ddaeth ato ni chafodd ddim ond dail, oblegid nid oedd yn dymor ffigys. Dywedodd wrtho, "Peidied neb â bwyta ffrwyth ohonot ti byth mwy!" Ac yr oedd ei ddisgyblion yn gwrando ... Yn y bore, wrth fynd heibio, gwelsant y ffigysbren wedi crino o'r gwraidd.'
Marc 11: 11–14, 20 (Math. 21: 17–20).

Y mae Marc yn hoff o osod un adroddiad o fewn adroddiad arall. Yn 5: 21–43, y mae'n gosod stori'r wraig a gyffyrddodd â mantell Iesu o fewn stori atgyfodi merch Jairus. Yma, mae'n rhoi'r hanes am Iesu'n melltithio'r ffigysbren o flaen yr hanes amdano'n glanhau'r deml; ac yna, wedi'r digwyddiad yn y deml mae'n disgrifio dinistr y ffigysbren. Yn y stori, felly, mae'r ffigysbren yn symbol o ddinistr y deml, a ddigwyddodd yn 70 OC. Dyma farnedigaeth Duw ar Israel am wrthod Iesu fel Meseia.

Croniclwyd y stori gan Marc a Mathew, a cheir dameg debyg iddi yn Efengyl Luc. Yn y ddameg, mae Iesu'n sôn am ŵr a chanddo ffigysbren wedi'i blannu yn ei winllan. Ond pan ddaeth i geisio ffrwyth ar y ffigysbren, ni chafodd ddim. Dywedodd wrth y gwinllannydd, *'Ers tair blynedd bellach yr wyf wedi bod yn dod i geisio ffrwyth ar y ffigysbren hwn, a heb gael dim. Am hynny tor ef i lawr; pam y caiff dynnu maeth o'r pridd?'* (Luc 13: 7). Ond apeliodd am drugaredd i'r ffigysbren a wnaeth y gwinllannydd, a chyfle iddo gael blwyddyn arall i ddwyn ffrwyth: *'onid e, cei ei dorri i lawr'* (adn. 9).

Dameg, Gwyrth neu Chwedl?
Melltithio'r ffigysbren yw'r unig enghraifft o Iesu'n defnyddio'i allu i ddibenion dinistriol. Tosturio a charu, ac arddangos gogoniant Duw, yw ei gymhellion bob tro. Gan fod y wyrth hon yn anghyson â chymeriad

Iesu, mae nifer wedi cynnig gwahanol esboniadau ar sut y daeth y stori i mewn i'r efengylau. Yn ôl rhai, chwedl a lithrodd i mewn i'r hanes yw'r stori. Erbyn diwedd y ganrif gyntaf tyfodd nifer o hanesion chwedlonol ynghylch Iesu, ac fe'u ceir mewn efengylau apocryffaidd na chawsant eu derbyn i mewn i ysgrythurau'r Testament Newydd. Trwy ryw amryfusedd fe gynhwysodd Marc y stori chwedlonol hon yn ei efengyl oherwydd ei harwyddocâd symbolaidd.

Wedyn, yn ail, mae eraill yn honni mai dameg a ddatblygodd yn stori gwyrth a geir yma. Adroddir dameg am ffigysbren diffrwyth yn Efengyl Luc, ac y mae'n bosibl fod y ddameg, o'i hadrodd a'i hailadrodd, wedi troi'n wyrth. Ond mae Efengyl Marc yn gynharach nag Efengyl Luc, ac oherwydd hynny byddai'n fwy tebygol fod y ddameg wedi datblygu o'r wyrth. Ond ni fyddai derbyn hynny'n dileu'r anawsterau. Mae neges y ddameg yn hollol wahanol i neges gwyrth melltithio'r ffigysbren. Neges y ddameg yw hir amynedd a thrugaredd Duw. Ond mae pwyslais y wyrth ar farn Iesu ar ffigysbren diffrwyth. Mae Marc yn bwriadu i'r darllenydd ddehongli'r digwyddiad mewn modd symbolaidd. Yn yr Ysgrythurau Hebraeg, mae'r ffigysbren yn cynrychioli Israel (gweler Hos. 9: 10; Jer. 8: 13; Joel 1: 7; Micha 7:1). Gan nad yw Israel wedi dwyn ffrwyth mewn edifeirwch a ffydd yn Iesu Grist ac ufudd-dod i ofynion Duw, dim ond melltith a dinistr sydd yn ei ddisgwyl. Ceir yma adlais o broffwydoliaeth Eseia yn ei gân i winllan Israel (Es. 5: 1–7). Gan fod y winllan wedi dwyn grawnwin drwg, bydd barn yn disgyn arni: *'Mi ddywedaf wrthych beth a wnaf i'm gwinllan. Tynnaf ymaith ei chlawdd, ac fe'i difethir; chwalaf ei mur, ac fe'i sethrir dan draed; gadawaf hi wedi ei difrodi; ni chaiff ei thocio na'i hofio; fe dyf ynddi fieri a drain, a gorchmynnaf i'r cymylau beidio â glawio arni'* (Es. 5: 5–6).

Yna'n drydydd, gellir honni fod y stori'n gwbl gywir, ond mai dameg actol yw hi yn nhraddodiad yr Hen Destament. Roedd y proffwydi ar adegau'n actio'u pregethau. Gorweddodd Micha yn y llaid er mwyn pwysleisio gwarth Israel. Priododd Hosea wraig anffyddlon er mwyn portreadu ffyddlondeb Duw i genedl annheilwng. Gwisgodd Jeremeia iau o bren i bwysleisio'r pwysigrwydd o blygu i ewyllys Duw. Mae'n bosibl i Iesu ddefnyddio dull tebyg i argraffu ei neges ar feddyliau ei ddilynwyr.

Gellid dadlau dros unrhyw un o'r tri esboniad uchod. Yr ail esboniad sy'n ymddangos yn fwyaf tebygol, sef mai dameg sydd yma, wedi troi'n ddigwyddiad o'i dweud trosodd a thro. Heb os, hon yw'r stori anoddaf yn holl hanes gweinidogaeth Iesu Grist, a hynny am ddau reswm. Yn gyntaf, mae'n gwbl groes i ysbryd Iesu ac yn anghyson â'i gymeriad. Roedd Iesu'n gyson yn gwrthod defnyddio'i alluoedd gwyrthiol i dynnu sylw ato'i hun. Yn yr anialwch, gwrthododd y demtasiwn i droi carreg yn fara. Gwrthododd alw am lu o angylion i'w amddiffyn rhag ei elynion. Ond yn y stori hon darlunnir ef yn dinistrio coeden am nad oedd arni ffrwyth ac yntau a chwant bwyd arno. Yn ail, mae'r digwyddiad yn gwbl afresymol. Roedd yn fis Ebrill ac yn dymor y Pasg. Gallai ffigysbren a dyfai mewn llecyn cysgodol ddwyn rhywfaint o ddail yn gynnar, ond ni fyddai'n dwyn ffrwyth acddfcd tan fis Mai. Dywed Marc ei hun, *'nid oedd yn dymor ffigys'* (adn. 13). Pam, felly, dinistrio coeden am iddi fethu â gwneud rhywbeth nad oedd disgwyl iddi ei wneud? Mae'r sefyllfa'n afresymol, ac ymddygiad Iesu'n ymddangos yn blentynnaidd o ddiamynedd. Sut bynnag y mae esbonio'r digwyddiad – ai fel gwyrth, ynteu fel dameg a dyfodd yn wyrth, ynteu fel chwedl – rhaid ei ddehongli fel *dameg actol.* Ond cyn gwneud hynny rhaid atgoffa'n hunain o gyd-destun a chefndir y stori.

Ffigysbren Israel

Ar Sul y Palmwydd, gorymdeithiodd Iesu i mewn i ddinas Jerwsalem ar ebol asyn. Ymwelodd â'r deml ac wedi iddo dreulio'r dydd yn edrych ar y gogoniannau a'r prysurdeb o'i gwmpas, aeth gyda'r Deuddeg i Fethania, i aros gyda'i gyfeillion, Mair, Martha a Lasarus. Roedd wedi gweld yr hyn a ddigwyddai yn y deml – y prynwyr, y cyfnewidwyr arian a'r gwerthwyr colomennod yn brysur yn prynu a gwerthu, ac yn troi'r deml yn ogof lladron. Roedd yr olygfa'n boen meddwl iddo'r noson honno, a phenderfynodd fynd yn ôl drannoeth i daflu allan o'r deml y rhai oedd yn ei llygru.

Drannoeth, cododd yn fore a dychwelyd gyda'i ddisgyblion i Jerwsalem. Wedi iddo fwyta brecwast ysgafn yn ôl yr arfer cyn cychwyn ar daith, ac wedi cerdded y ddwy filltir o Fethania i Jerwsalem, daeth awydd bwyd arno. Gwelodd y ffigysbren deiliog a mynd ato i edrych a gâi ffrwyth arno, ond ni chafodd ddim ond dail. Dyma ddarlun perffaith o'i flaen o ragrith crefyddol ei ddydd. Gwelai Iesu'r Phariseaid ac arweinwyr Israel fel ffigysbren diffrwyth, llawn dail, llawn ymddangosiad addawol, ond heb ffrwyth. Yn ei siom cyhoeddodd felltith ar y ffigysbren: *"Peidied neb â bwyta ffrwyth ohonot ti byth mwy!"* (adn. 14). Clywodd y disgyblion ei eiriau, a thrannoeth, wrth iddynt fynd heibio'r un lle gwelsant fod y goeden wedi crino, fel y mae Pedr, sy'n cynrychioli'r gweddill o'r disgyblion, yn cadarnhau.

Y mae ymateb Iesu'n annisgwyl. Y mae'n rhyfedd fod Marc yn gweld yn y digwyddiad wers ar ffydd a gweddi, ac y mae'n cynnwys cyfres o ddywediadau sy'n ymddangos mewn cyd-destunau eraill ym Mathew a Luc. Nid yw'r cysylltiad rhwng y geiriau sy'n dilyn a melltithio'r ffigysbren yn amlwg o gwbl, oni bai eu bod yn dysgu mai ffydd Iesu yn Nuw a'i galluogodd i ddinistrio'r goeden a bod angen i'w ddilynwyr feithrin yr un ffydd a gweddïo gyda'r un hyder.

Dim ond y dail

Rhaid dychwelyd at fanylion yr hanes er mwyn deall ei neges. Dweud rhywbeth am ansawdd crefydd a wna Iesu. Wrth weld ffigysbren heb ffrwyth, a dim ond dail arno, gwelodd ddarlun o grefydd Israel, yn llawn seremonïaeth a defodau a deddfau, ond yn syrthio'n fyr o'r hyn y dylai gwir grefydd fod. Mae neges yr hanes yn berthnasol i'n hoes ninnau fel i oes Iesu ei hun.

Yn gyntaf, *mae Iesu'n condemnio'r grefydd honno nad yw'n ddim ond allanolion.* Roedd digon o ddail ar y ffigysbren, ond dim ffrwyth; digon o wyrddni, ond dim sylwedd; edrychai'n addawol, ond doedd dim cynnyrch arno. Yr un modd, yr oedd crefydd Israel wedi datblygu o ran ei seremonïau a'i defodau allanol, ei haberthau a'i gwasanaethau; ond allanolion oedd y rhain, a'r ffrwyth yn brin. Mewn mwy nag un man yn yr efengylau, mae Iesu'n rhybuddio fod y grefydd honno nad yw'n dwyn ffrwyth mewn cariad, gwasanaeth a gweithredoedd da fel coeden wael yn dwyn ffrwyth drwg, a bod pren o'r fath i'w dorri i lawr a'i fwrw i'r tân (Math. 7: 15–20; Luc 6: 43–44; Ioan 15: 8). *'Wrth ei ffrwyth y mae'r goeden yn cael ei hadnabod,'* meddai Iesu (Math. 12: 33). A dyma rybudd hefyd i'r Eglwys Gristnogol heddiw. Mor hawdd yw ymgolli yn allanolion ein Cristnogaeth: trefniadaeth, pwyllgorau, cyllid, adeiladau, ystadegau, patrymau addoli ac yn y blaen, a cholli grym ysbrydol ac esgeuluso ein cenhadaeth i'r byd. Yn y neges i Laodicea yn Llyfr Datguddiad Ioan (3: 14–22), ceir portread o eglwys oedd yn tybio ei bod hi ei hun yn gryf a ffyniannus: *'Dweud yr wyt, "Rwy'n gyfoethog, ac wedi casglu golud, ac nid oes arnaf eisiau dim".'* Ond gwahanol iawn yw barn Duw amdani: *'gwrthrych trueni a thosturi ydwyt, yn dlawd, yn ddall ac yn noeth'* (Dat. 3: 17). Roedd yr allanolion mewn cyflwr boddhaol, ond bywyd ysbrydol yr eglwys yn dlawd ac yn wan – ni chaed dim ond dail.

Yng nghasgliad Ieuan Gwyllt o ganiadau'r Diwygiad, *Sŵn y Juwbili,* ceir cân, yn seiliedig ar hanes melltithio'r ffigysbren:

> Dim ond y dail! Wrth weled hyn
>   Yn drist mae Ysbryd Duw:
> Yr addunedau roed dan draed,
> Er pob gwrteithio, dim ni chaed,
>   Ar derfyn einioes wyw –
> Dim ond y dail! Dim ond y dail!

Dwyn ffrwyth mewn gweddi, gwaith ac egni ysbrydol a ddisgwylir oddi wrthym: dychwelyd yn barhaus at ffynhonnell ein bywyd yn Nuw, cymryd gweddi o ddifrif, ymateb o ddifrif i alwad Iesu, ac ymroi i'w wasanaethu yn ei eglwys ac yn ei fyd.

Yn ail, *mae Iesu'n rhybuddio rhag y grefydd honno nad yw'n cyfarfod ag anghenion dyfnaf pobl.* Aeth Iesu at y ffigysbren *'i edrych tybed a gâi rywbeth arno. A phan ddaeth ato ni chafodd ddim ond dail'* (Marc 11: 13). Peidiodd crefydd Israel â diwallu dyheadau ac anghenion ysbrydol ei phobl. Ganrifoedd ynghynt proffwydodd Eseciel yn erbyn bugeiliaid Israel am nad oeddynt yn gofalu am braidd yr Arglwydd: *'Nid ydych wedi cryfhau'r ddafad wan na gwella'r glaf na rhwymo'r ddolurus; ni ddaethoch â'r grwydredig yn ôl, na chwilio am y golledig; buoch yn eu rheoli'n galed ac yn greulon'* (Esec. 34: 4). Gwaith yr eglwys hithau yw bod yn gyfrwng effeithiol i ras a chariad Duw.
Meddai W. Pari Huws,

> dysg hi i ofni byw yn esmwyth
> gan anghofio'r byd a'i loes ...

Rhaid i ni garu a gwasanaethu, rhannu a rhoi – rhoi o'n heiddo, ond rhoi hefyd ein gofal, ein tosturi, ein caredigrwydd a'n calon i bawb mewn angen. Gwae'r eglwys pan ddaw pobl â chwant bwyd arnynt i geisio ffrwythau oddi arni, a chael dim.

Yn drydydd, *mae Iesu'n disgwyl i'w bobl ddwyn ffrwyth mewn amser ac allan o amser.* Pan ddaeth Iesu at y ffigysbren i chwilio am ffrwyth a chael dim ond dail, meddai Marc, *'oblegid nid oedd yn dymor ffigys'* (adn. 13). Onid oedd yn gwbl annheg disgwyl ffrwyth pan nad oedd yn dymor ffigys? Ond nid sôn am ffigysbren a wna'r stori mewn gwirionedd, ond am ansawdd crefydd Israel. Gellid esgusodi'r ffigysbren, ond nid y Phariseaid a'r arweinyddion crefyddol. Eu gwaith hwy oedd tystiolaethu a gwasanaethu bob amser. A rhaid i'r eglwys hithau gyflawni ei gwaith ym mhob man a phob amser, beth bynnag yr amgylchiadau. Mor hawdd yw hel esgusodion am ein methiant a'n diffyg ymroddiad – y cyfnod yn anffafriol, yr amgylchiadau'n rhwystr, diffyg ymateb, prinder gweithwyr, prinder arian. Y Fam Theresa a ddywedodd, 'Love is a fruit in season at all times, and within reach of every hand. Anyone may gather it. Anyone may share it. It is around us always, without limit and without hindrance.' Ein braint a'n cyfrifoldeb yw estyn ffrwythau cariad i bawb mewn angen bob amser ac ym mhob man.

Cwestiynau i'w trafod:

1. Beth yn eich barn chi yw'r stori hon – gwyrth, dameg actol neu chwedl?

2. Pa wers sydd yn y digwyddiad hwn i'n bywyd crefyddol ni heddiw?

3. Pa esgusodion a ddefnyddiwn ni am ein methiant fel eglwysi ac fel Cristnogion unigol?

Y Ddalfa Fawr o Bysgod

'Unwaith pan oedd y dyrfa'n gwasgu ato ac yn gwrando ar air Duw, ac ef ei hun yn sefyll ar lan Llyn Genesaret, gwelodd ddau gwch yn sefyll wrth y lan. Yr oedd y pysgotwyr wedi dod allan ohonynt, ac yr oeddent yn golchi eu rhwydau. Aeth ef i mewn i un o'r cychod, eiddo Simon, a gofyn iddo wthio allan ychydig o'r tir; yna eisteddodd, a dechrau dysgu'r tyrfaoedd o'r cwch. Pan orffennodd lefaru dywedodd wrth Simon, "Dos allan i'r dŵr dwfn, a gollyngwch eich rhwydau am ddalfa." Atebodd Simon, "Meistr, drwy gydol y nos buom yn llafurio heb ddal dim, ond ar dy air di mi ollyngaf y rhwydau." Gwnaethant hyn, a daliasant nifer enfawr o bysgod, nes bod eu rhwydau bron â rhwygo. Amneidiasant ar eu partneriaid yn y cwch arall i ddod i'w cynorthwyo. Daethant hwy, a llwythasant y ddau gwch nes eu bod ar suddo. Pan welodd Simon Pedr hyn syrthiodd wrth liniau Iesu gan ddweud, "Dos ymaith oddi wrthyf, oherwydd dyn pechadurus wyf fi, Arglwydd." Yr oedd ef, a phawb oedd gydag ef, wedi eu syfrdanu o weld y llwyth pysgod yr oeddent wedi eu dal; a'r un modd Iago ac Ioan, meibion Sebedeus, a oedd yn bartneriaid i Simon. Ac meddai Iesu wrth Simon, "Paid ag ofni; o hyn allan dal dynion y byddi di." Yna daethant â'r cychod yn ôl i'r lan, a gadael popeth, a'i ganlyn ef.'

Luc 5: 1–11 (Cymh. Ioan 21: 1–14)

Ceir hanes tebyg i hwn yn Ioan 21: 1–14 am ymddangosiad Iesu i'w ddisgyblion wedi ei atgyfodiad. Daw atynt ar Fôr Tiberias, a hwythau wedi bod yn pysgota drwy'r nos ond heb ddal dim. Ond ar air Iesu, maent yn bwrw'r rhwyd i'r môr a chael dalfa fawr o bysgod. Pedr yw'r prif ffigur yn fersiynau Luc a Ioan. Mae'n amlwg bod traddodiad ymhlith dilynwyr cyntaf Iesu o ddalfa fawr o bysgod a gafwyd rhyw dro ar Lyn Genesaret, a bod Luc wedi gwneud defnydd o'r traddodiad i bwrpas adrodd hanes galw'r disgyblion cyntaf. Gwnaeth Ioan ddefnydd o'r stori i ddarlunio cenhadaeth apostolaidd yr Eglwys, ac i ddangos tod yr Iesu byw gyda'i ddisgyblion yng nghanol her a dryswch y genhadaeth honno yn ei dyddiau cynnar wedi'r atgyfodiad.

Mae darlun Luc o'r olygfa ar lan y llyn yn fyw a gafaelgar: Iesu'n pregethu ar y traeth, a'r bobl yn gwasgu ato *'ac yn gwrando ar air Duw'* (adn. 1). Mae'r bobl eisoes yn synhwyro nad dysgeidiaeth ddynol a ddeuai o enau'r athro newydd hwn, ond geiriau oddi wrth Dduw ei hun. Oherwydd maint y dyrfa, mae Iesu'n gofyn am gael defnyddio cwch Simon Pedr yn bulpud ac yn dysgu'r bobl allan o'r cwch. Sylwer ei fod eisoes yn adnabod Pedr, fel y gwelir o'r cyfeiriad ato'n ymweld â'i dŷ (4: 38). Mae'r cyfeiriad at Iesu'n defnyddio cwch yn bulpud yn cynrychioli trobwynt yn ei weinidogaeth. Hyd yma, bu'n pregethu yn y synagogau. Yn awr y mae'n pregethu ar lan y môr. Daw amser pan fydd y synagogau ar gau iddo, a phan fydd ochr mynydd a chartrefi ei ffrindiau yn gysegr iddo, a glan y môr a chwch yn bulpud iddo. A dyna fyddai hanes ei Eglwys ym mlynyddoedd cynnar ei chenhadaeth, wrth iddi ymestyn allan i'r byd. A dyna fu ei hanes ym mhob cyfnod o ddiwygiad. Yn y priffyrdd a'r caeau, y marchnadoedd a'r ffeiriau, mewn ffermdai a bythynnod y pregethai'r diwygwyr yn y ddeunawfed ganrif ac y cynhaliwyd y seiadau cynnar. Wrth i'r Efengyl ymestyn allan i'r byd yr ymryddheir oddi wrth rigolau a chyfundrefnau crefydd sefydledig.

Galw'r Disgyblion

Wedi iddo orffen annerch y bobl, mae Iesu'n annog Simon i fynd allan i'r dŵr dwfn a gollwng ei rwydau am ddalfa. Ond oherwydd iddo fod yn pysgota drwy'r nos heb ddal dim, a'i fod mae'n debyg yn teimlo'n flinedig a siomedig, mae Simon yn protestio, *'Meistr, drwy gydol y nos buom yn llafurio heb ddal dim'* (adn. 5). Luc yw'r unig un o awduron y Testament Newydd sy'n defnyddio'r gair 'Meistr' fel cyfarchiad i Iesu, ac yn ddieithriad bron fe'i ceir yng ngenau'r disgyblion. Mae'r gair yn y Roeg yn golygu rhywun mewn awdurdod – rhywun sydd â hawl i roi gorchmynion. Ar ôl dal y pysgod, mae Simon yn ei alw'n 'Arglwydd' (adn. 8). Gallai'r gair hwn fod yn derm cwrtais yn unig, yn golygu 'Syr', ond mae'n debyg fod Luc yn rhoi iddo ystyr dyfnach o lawer. Credo cyntaf yr Eglwys Fore oedd *Curios Cristos* (Crist yw'r Arglwydd), oedd bron yn gyfystyr â galw Iesu'n Dduw. Prin fod Pedr yn ymwybodol ar y pryd o ystyr dyfnaf yr ymadrodd, ond yr oedd ar y ffordd i ddeall. Felly, ar air y 'Meistr', mae Pedr a'i gyd-bysgotwyr yn ufuddhau. O fethu â dal dim liw nos, go brin y byddent yn llwyddo liw dydd, a phrin y byddai pysgotwyr profiadol yn barod i wrando ar gyngor neb arall i fynd eilwaith i ollwng eu rhwydau. Ond yr oedd dylanwad personoliaeth Iesu yn gyfryw fel iddynt ymateb i'w orchymyn *'a daliasant nifer enfawr o bysgod'* (adn. 6), gymaint nes bod eu rhwydau mewn perygl o rwygo. Ac er iddynt gael cymorth cwch arall, mae'r ddau gwch yn dechrau suddo dan eu llwyth.

Ni ddywedir yn bendant fod elfen wyrthiol i'r digwyddiad hwn. Y mae'n bosibl fod Iesu wedi digwydd sylwi ar haid fawr o bysgod nad oedd y disgyblion yn eu blinder wedi'i gweld. Ar y llaw arall, mae'n amlwg fod Luc yn fwriadol yn cyflwyno'r hanes fel gwyrth o eiddo Iesu. Amcan y wyrth hon, fel stori gostegu'r storm, yw dangos fod y môr dan arglwyddiaeth Iesu Grist, ond y mae iddi hefyd arwyddocâd symbolaidd. Nid Simon a'i ffrindiau yn unig a gafodd ddalfa fawr y diwrnod hwnnw, ond yr Arglwydd Iesu'n ogystal trwy ddal Simon Pedr ac Iago ac Ioan i fod yn ddisgyblion iddo. Arwydd yw'r wyrth ar y môr o'r wyrth ysbrydol a gyflawnodd Iesu wrth ennill pysgotwyr cyffredin a'u troi yn eu tro yn fath gwahanol o bysgotwyr, sef yn bysgotwyr dynion. Sylwer fod Iesu'n siarad â hwy yn nhermau eu profiad a'u sgiliau arbennig fel pysgotwyr. Daw Iesu atom ninnau, gan ofyn inni gysegru ein doniau a'n profiad iddo. Daw'r alwad mewn ffyrdd gwahanol am fod cefndir pawb yn wahanol. Ond yr un alwad sylfaenol yw i bawb, a gall Iesu Grist ddefnyddio doniau a phrofiad pawb yn ei wasanaeth. O'r cychwyn cyntaf, mae Luc am i'w ddarllenwyr weld fod canlyn Iesu, sef bod yn un o'i gwmni ef, yn golygu mynd allan i gyhoeddi'r newyddion da am deyrnas Dduw i eraill. Wrth alw ei ddisgyblion cyntaf, mae Iesu yn eu hawdurdodi a'u cymhwyso i rannu yn ei genhadaeth ef. Fel y cyhoeddai ef neges y deyrnas, yr oedd hefyd yn eu hanfon hwy i gyhoeddi'r un neges. Fel y galwai ef bobl i'w ddilyn, roeddent hwythau i fynd ati *'i ddal dynion'* (adn. 10).

Gostyngeiddrwydd a Gwaith

Er mor bwysig ydyw i bawb gysegru ei ddoniau a'i brofiad i waith y deyrnas, gwelwn yn y stori hon fod angen gostyngeiddrwydd i gydnabod ein gwendid a'n hannheilyngdod, a pharodrwydd i ymrwymo'n llwyr i waith. O weld yr helfa wyrthiol o bysgod, mae Simon Pedr yn syrthio wrth liniau Iesu gan ddweud, *'Dos ymaith oddi wrthyf, oherwydd dyn pechadurus wyf fi, Arglwydd'* (adn. 8). Ychwanega Luc fod Simon, ynghyd ag Iago ac Ioan, meibion Sebedeus, wedi eu syfrdanu o weld y llwyth pysgod a ddaliwyd. Wrth ymyl Iesu, daw Pedr i'w adnabod ei hun ac i ymdeimlo â'i euogrwydd a'i fethiant. O ddod wyneb yn wyneb â'r dwyfol yn Iesu Grist, sylweddolodd mor annigonol oedd ei fywyd. Ond nid yw ei gyflwr heb obaith. Er iddo ddweud, *'Dos ymaith oddi wrthyf,'* nid yw Iesu'n cefnu arno. I'r gwrthwyneb, mae'n glynu wrtho gan wybod bod gan y pysgotwr hwn gryfderau a doniau a fydd yn ei wneud yn 'bysgotwr dynion'. Er y byddai Pedr yn methu ar adegau, a hyd yn oed yn gwadu ei Arglwydd, gwêl Iesu ynddo'r hyn y gallai fod. Yr un yw ein profiad ninnau. O weld daioni a chariad perffaith Iesu, daw ein pechodau ninnau i'r amlwg. Ond er inni weld ein hunain yn ein gwendidau a'n beiau, mae Iesu'n gweld y potensial sydd ynom i fod yn rhywbeth mwy a gwell nag ydym. Nid oherwydd ein daioni a'n doniau y mae Crist yn ein galw, ond oherwydd ei fod yn gweld posibiliadau rhagorach ynom, er gwaethaf pob pechod a bai. O ddod ato mewn gostyngeiddrwydd, gan roi heibio bob balchder a hunanbwysigrwydd, gall ef wedyn ddefnyddio'r doniau a'r galluoedd sydd gennym i'w cynnig iddo.

Fel roedd gostyngeiddrwydd yn amod bod yn ddisgybl, roedd rhaid hefyd wrth barodrwydd i *weithio*. Galwad i waith, i anturiaeth a thasg, i anawsterau ac ymdrech yw galwad Iesu: *'Dos allan i'r dŵr dwfn, a gollyngwch eich rhwydau am ddalfa'* (adn. 4). Gwaith yw pregethu a thystio i Iesu Grist. Gwaith yw gwasanaethu eraill yn enw Iesu. Gwaith yw gweddi a thyfu yn ein bywyd Cristnogol. Gwaith yw cynnal clwb plant ac Ysgol Sul. Gwaith yw ymweld â'r llesg a'r claf. Ac nid gwaith hawdd ychwaith; nid mater o chwarae ar y lan ond o wthio i'r dwfn a bwrw iddi. Tuedda rhai i feddwl am bysgota fel pleser, rhywbeth i'w wneud mewn oriau hamdden. Ond i Pedr, gwaith oedd pysgota, a hwnnw'n aml yn waith caled a pheryglus a oedd yn galw am ymroddiad a menter. Gwaith, a pharodrwydd i weithio, yw amod llwyddiant ym mywyd y deyrnas.

Tueddwn i feddwl mai diffyg ffydd, neu ddiffyg ysbrydoledd yw prif achos dirywiad a thrai ym mywyd yr Eglwys heddiw. Ond yn amlach na pheidio, diffyg ymroddiad sydd wrth wraidd ein diymadferthedd –

amharodrwydd i dorchi llewys a gweithio. Mewn ysgrif yn un o'n cylchgronau crefyddol, gwelwyd y geiriau hyn: 'Clywais bregethwr yn dweud bod pedwar math o bobl yn yr eglwys – *the tired, the retired, the tiresome and the tireless!'* Y rhai gorau, wrth gwrs, yw'r diflino yn y gwaith. Mae'n rhaid bod yn gadarnhaol ac yn barod i ddweud 'ie' i'r her heddiw. Dweud 'ie' i alwad Iesu a wnaeth Simon Pedr, Iago ac Ioan. Dynion cyffredin oeddynt o ran eu galwedigaeth a'u safle cymdeithasol, ond roedd y tri yn weithwyr. Trwy ddynion tebyg iddynt y mae Iesu wedi dwyn ei waith ymlaen dros y canrifoedd, a thrwy ymdrechion rhai sy'n rhoi o'u gorau yn y gwaith y mae achos ei deyrnas yn mynd rhagddo heddiw.

Mentro a Dyfalbarhau

Y mae gweithio dros y deyrnas yn golygu hofyd barodrwydd i fentro ac i ddal ati, hyd yn oed yn wyneb yr hyn sy'n ymddangos yn amhosibl. Er i Pedr lafurio ar hyd y nos heb ddal dim, ar orchymyn Iesu y mae'n barod i fentro i'r dŵr. Dyma'r ysbryd sy'n fodlon rhoi cynnig ar yr hyn sy'n ymddangos yn amhosibl. Y nos oedd yr amser i bysgota, ond roedd y nos bellach wedi mynd heibio. Roedd yr amgylchiadau'n anffafriol, ond roedd ymddiriedaeth Pedr yng ngorchymyn Iesu ac nid yn yr amgylchiadau hynny. Os ydym am weld gwyrthiau'n digwydd rhaid cymryd Iesu ar ei air pan yw ef yn galw arnom i gyflawni'r amhosibl. Rhaid wrth ysbryd mentrus ac ewyllys ufudd, a rhaid osgoi'r agwedd negyddol a ddisgrifir yn y rhigwm canlynol:

> *Beware of those who stand aloof*
> *And greet each venture with reproof;*
> *The world would stop if things were run*
> *By those who say, 'It can't be done!'*

Pe bai dyn yn gwrando ar ei deimladau neu ar farn pobl eraill, byddai'n rhoi'r gorau i ambell dasg cyn cychwyn. Pe bai'n dibynnu ar weld ffrwyth ei lafur ei hun byddai'n digalonni'n fuan. Rhaid wrth barodrwydd i fentro ar orchymyn Iesu, ond rhaid hefyd wrth ddyfalbarhad, y ddawn i ddal ati.

Y mae'r gwaith o ddal pobl i Iesu heddiw'n gofyn am ddyfalbarhad ac amynedd. Prin yw'r ymateb yn y Gymru gyfoes, ac y mae cynifer o ffactorau sydd fel pe baent yn gweithio i rwystro'r gwaith. Dywed sawl llais wrthym am roi'r gorau iddi a pheidio ymboeni mwy. Ond y mae galwad Iesu'n glir: *'Dos allan i'r dŵr dwfn, a gollyngwch eich rhwydau am ddalfa'* (adn. 4). Ei orchymyn ef yw'r unig beth a fedr ein nerthu i ddal ati. Ond y gobaith a gynigir i ni yn y wyrth hon yw y bydd helfa. Yn amser Iesu ei hun fe ddaw llwyddiant.

A dyna fu hanes yr eglwys dros ugain canrif. Er iddi weld cyfnodau tywyll ar adegau ac mewn ambell ran o'r byd, fe dorrodd gwawrddydd yr Ysbryd drachefn a thrachefn. Llafuriodd rhai cenhadon ar feysydd tramor am oes gyfan heb weld dim o ffrwyth eu llafur, ond fe ddaeth y cynhaeaf ymhen cenhedlaeth neu ddwy, ac aeth eraill i fedi eu llafur. Ond yr oedd rhaid wrth bobl oedd yn barod i ddal ati er gwaethaf amgylchiadau anodd a diffyg ymateb, a hynny mewn ufudd-dod i alwad Iesu arnynt i ollwng eu rhwydau i'r môr.

Gan fod y wyrth hon wedi ei phlethu gan Luc i mewn i hanes galw'r disgyblion cyntaf, mae'n werth sylwi mai tri a enwir, sef Simon Pedr ac Iago ac Ioan, meibion Sebedeus. Mae'n bur debyg mai'r rheswm am hynny oedd i'r tri hyn ddod yn gyfeillion agos i Iesu. Hwy fu'n dyston i atgyfodi merch Jairus (8: 51), a hwy fu gydag Iesu ar Fynydd y Gweddnewidiad (9: 28). Wrth i weinidogaeth Iesu fynd rhagddi gwelwn y tri chyfaill hyn yn datblygu ac aeddfedu dan ddylanwad eu Meistr. Pan gyfarfu Iesu â Phedr am y tro cyntaf, meddai wrtho (yn ôl Ioan 1: 42), *'"Ti yw Simon fab Ioan; dy enw fydd Ceffas" (enw a gyfieithir Pedr).'* Yn y gŵr brwd, eiddgar, byrbwyll hwn gwelai Iesu bosibiliadau cymeriad cryf a chadarn. Yn yr un modd, yn Iago ac Ioan gwelai Iesu bosibilrwydd tystion effeithiol i'r newyddion da, a rhoddodd iddynt yr enw *'Meibion y Daran'* (Marc 3: 17). Man cychwyn gwaith a chenhadaeth y tri oedd eu parodrwydd i ufuddhau i alwad eu Harglwydd i fynd allan i'r dŵr dwfn ac i ollwng eu rhwydau i'r môr. Pan ddaeth eu cychod yn ôl i'r lan gyda dalfa enfawr o bysgod, yr oeddent hwythau hefyd wedi eu dal gan y gŵr rhyfedd hwn fel eu bod wedi penderfynu *'gadael popeth a'i ganlyn ef'* (adn. 11).

Cwestiynau i'w trafod:

1. Beth oedd bwriad Luc wrth gynnwys y wyrth hon yn hanes galw'r disgyblion cyntaf?

2. A ydych yn cytuno mai diffyg ymroddiad yn hytrach na diffyg ffydd yw problem fwyaf yr Eglwys heddiw?

3. Sut mae 'dal dynion' i Iesu Grist yn y cyfnod hwn?

Dehongli'r Gwyrthiau

Glanhau Dyn Gwahanglwyfus

'Pan oedd Iesu yn un o'r trefi, dyma ddyn yn llawn o'r gwahanglwyf yn ei weld ac yn syrthio ar ei wyneb ac yn ymbil arno, "Syr, os mynni, gelli fy nglanhau." Estynnodd Iesu ei law a chyffwrdd ag ef gan ddweud, "Yr wyf yn mynnu, glanhaer di." Ac ymadawodd y gwahanglwyf ag ef ar unwaith. Gorchmynnodd Iesu iddo beidio â dweud wrth neb: "Dos ymaith," meddai, "a dangos dy hun i'r offeiriad, ac offryma dros dy lanhad fel y gorchmynnodd Moses, yn dystiolaeth gyhoeddus." Ond yr oedd y sôn amdano yn ymledu fwyfwy, ac yr oedd tyrfaoedd lawer yn ymgynnull i wrando ac i gael eu hiacháu oddi wrth eu clefydau. Ond byddai ef yn encilio i'r mannau unig ac yn gweddïo.'

Luc 5: 12–16 (Math. 8: 1–4; Marc 1: 40–45)

Adroddir hanes Iesu'n iacháu'r dyn gwahanglwyfus gan Mathew, Marc a Luc. Luc yn unig sy'n adrodd hanes glanhau'r deg o wahangleifion (Luc 17: 11–19). Ceir rhai elfennau cyffredin yn y ddwy stori, sef y gwahangleifion yn dod i chwilio am Iesu, tosturi Iesu tuag atynt a'i orchymyn iddynt fynd i ddangos eu hunain i'r offeiriaid. Y prif wahaniaeth rhwng y ddau hanes yw bod Iesu, yn y stori hon, yn estyn ei law ac yn *cyffwrdd* â'r claf. Mae'r cyffyrddiad hwnnw nid yn unig yn gyfrwng iacháu'r dyn, y mae hefyd yn arwydd o dosturi di-ofn Iesu, ac o bontio'r agendor enfawr oedd rhwng gwahangleifion a gweddill y gymdeithas. Cyffyrddiad yw hwn sy'n glanhau, yn mynegi cydymdeimlad, ac yn cymodi.

I werthfawrogi pa mor bwerus a heriol yw gweithred Iesu, rhaid deall beth yn union oedd y gwahanglwyf a beth oedd ei effeithiau. Sonnir weithiau am ddyn yn marw ar ei draed. Dyna'n llythrennol yw'r gwahanglwyf. Mae dau fath i'r afiechyd hwn. Haint ar y croen yw'r lleiaf difrifol o'r ddau. Ond mae'r math arall yn cychwyn fel smotyn bychan, ac yn ymledu gan fwyta'r cnawd a gadael y claf â dim ond stwmp braich neu goes. Yn nyddiau'r Beibl, nid oedd iachâd o gwbl i'w gael i'r gwahanglwyf gwaethaf. Ni ellid gwneud dim ond ceisio'i reoli trwy wahanu dioddefwyr oddi wrth weddill y boblogaeth.

Cyhoeddwyd cyfraith i ddelio'n benodol â'r clefyd a'i effeithiau, a cheir disgrifiad manwl ohoni mewn dwy bennod o Lefiticus (Lef. 13 a 14). Unwaith y ceid cadarnhad fod person yn glaf o'r gwahanglwyf, byddai'n cael ei alltudio ar unwaith o bob cymdeithas â phobl eraill. Byddai'n rhaid i'r truan adael ei deulu a'i gyfeillion a'i gymdogaeth. Câi ei ddyfarnu'n aflan a'i orfodi i wneud ei drigfan yn ddigon pell i ffwrdd gyda gwahangleifion eraill, yn y diffeithwch neu rywle arall anghysbell fel arfer. Trigai gwahangleifion mewn tlodi, heb gysur, heb ofal a heb obaith. Gosodid y gwaharddiadau llym hyn arnynt gan fod eu clefyd mor heintus. Mae'r gair Cymraeg 'gwahanglwyf' yn cyfleu'r syniad o glwyf sy'n gosod pobl ar wahân. Nid yn unig yr oedd rhaid i'r claf gadw ymhell oddi wrth bawb arall, roedd rhaid iddo weiddi, *'Aflan! Aflan!'* Dysgai rabiniaid y cyfnod na ddylai neb fynd yn nes na chwe throedfedd at berson gwahanglwyfus, ac os chwythai'r gwynt o gyfeiriad y gwahanglwyfus, dylid sefyll ganllath oddi wrtho.

Estyn ei Law
Nid aflendid corfforol yn unig oedd y gwahanglwyf, ond aflendid moesol ac ysbrydol hefyd. Ystyrid y gwahanglwyf yn fath o gosb ddwyfol a chredid fod dioddefwyr islaw sylw Duw a dyn. Roedd hynny, yn ei dro, yn peri euogrwydd yn y claf ei hun, a thuedd ym mhawb arall i'w gondemnio a'i ystyried yn israddol. Dywed Marc, yn ei fersiwn ef o'r stori, i Iesu *'dosturio'* wrth y dyn gwahanglwyfus. Gwelai'r olwg druenus oedd arno – ei ddillad yn garpiog, ei wallt yn aflêr, ei groen yn grachau a'i lais yn gryg. Er nad yw Luc yn cyfeirio at dosturi Iesu, mae ganddo ddiddordeb arbennig ym merthynas Iesu â gwahangleifion. Fel sydd wedi'i nodi, ef sy'n adrodd hanes cyfarfyddiad Iesu â'r deg o wahangleifion. Yn ei ateb i ddisgyblion Ioan Fedyddiwr (7: 22) y mae Luc yn ychwanegu at y rhydd-gyfieithiad o Eseia 35: 5–6, y geiriau, *'y gwahangleifion yn cael eu hiacháu'*. Trwy'r cyfeiriad hwn at broffwydoliaeth Eseia, mae Iesu'n medru argyhoeddi disgyblion Ioan bod ei weithredoedd yn profi mai ef yw *'yr hwn sydd i ddod'* (7:20), sef Duw ei hun.

Fe ddigwydd y wyrth wrth i Iesu estyn ei law at y gwahanglwyf *'a chyffwrdd ag ef'* (adn. 13). Gadawodd llaw estynedig Iesu argraff ddofn ar feddyliau'r disgyblion: cofient amdani wrth iddynt weddïo am

═══ Dehongli'r Gwyrthiau ═══

hyder i barhau eu cenhadaeth wedi'r Pentecost: *'dyro i'th weision lefaru dy air â phob hyder, ac estyn dithau dy law i beri iachâd ac arwyddion a rhyfeddodau drwy enw dy Was sanctaidd, Iesu'* (Actau 4: 29–30). Gwelir arwyddocâd arbennig yn y ffaith i Iesu gyffwrdd â'r gŵr gwahanglwyfus. Y mae'n torri'r ddeddf wrth gyffwrdd â hwn, ond mae angen truenus y dyn yn bwysicach iddo na mân reolau cyfreithiol. Y paradocs eithaf yw gweld yr Un sanctaidd yn cyffwrdd â'r aflan heb gael ei halogi ganddo. Yn hytrach *'ymadawodd y gwahanglwyf ag ef ar unwaith'* (adn. 13).

Pam y cyffyrddodd Iesu ag ef? Efallai er mwyn dangos ei gydymdeimlad. Efallai i ddangos fod y cyfnod o fod ar wahân i bawb arall ar ddod i ben i'r truan, a bod cyffyrddiad Iesu'n pontio'r agendor a fu rhyngddo a gweddill y gymdeithas. Efallai i drosglwyddo rhyw rinwedd yng nghorff neu ym mherson Iesu i'r dyn. Beth bynnag y rheswm, wrth gyffwrdd ag ef y mae Iesu'n datgan, *'Yr wyf yn mynnu, glanhaer di'* (adn. 13). *'Mynnu,'* am fod y gŵr gwahanglwyfus wedi mynegi mesur o amheuaeth ynglwn â pharodrwydd Iesu i'w iacháu pan ddywedodd *'os mynni'* (adn. 12). Nid amau gallu Iesu i gyflawni'r wyrth a wnâi, ond ei barodrwydd i ymwneud ag un a ddioddefai afiechyd mor heintus. Nid oedd eto'n adnabod Iesu'n ddigon da i wybod fod ei ewyllys cyn gryfed â'i allu, ond caiff wybod hynny'n fuan iawn wedi iddo fynd ar ei liniau ac ymbil arno.

Glanhad

Nid iachâd yn unig a gafodd y gwahanglwyfus, ond *glanhad* hefyd. Mae Luc yn pwysleisio hyn trwy ailadrodd 'glanhau' dair gwaith yn yr hanes. Nid yw'r dyn bellach yn halogedig, nid yw'n heintus, nid yw'n wrthodedig gan Dduw, nid yw bellach i'w ystyried yn berson ar wahân. Y mae wedi ei lanhau'n gorfforol, yn gymdeithasol ac yn ysbrydol. Mae glanhau'r dyn aflan hwn yn profi bod Duw ar waith yn Iesu Grist. *'Bydd lân'* oedd y datganiad swyddogol a wnâi'r offeiriaid Iddewig wrth gyhoeddi fod dyn wedi ei wella o'r gwahanglwyf. Yma ceir lled-awgrym mai Crist yw'r offeiriad mawr, sydd nid yn unig yn datgan fod y claf bellach yn lân, ond sydd hefyd yn meddu'r gallu i'w lanhau. Er mwyn i'r dyn gael sicrwydd iddo gael ei lanhau, mae Iesu'n ei annog i fynd i'w ddangos ei hun i'r offeiriad a chyflawni'r seremonïau angenrheidiol fel y caiff yn swyddogol ei gyhoeddi'n rhydd o'r gwahanglwyf ac yn rhydd i ddychwelyd at ei deulu a'i gymdogaeth. Ond wrth ei anfon ymaith mae Iesu'n gorchymyn yn daer iddo *'beidio â dweud wrth neb'* (adn. 14).

Mae Iesu'n awyddus i gadw'r wyrth yn dawel. Nid yw am i bobl ei ddilyn yn unig am ei fod yn medru gwella cleifion. Nid yw ychwaith am i'r syniad mai ef yw'r Meseia fynd ar led a thynnu mwy fyth o dyrfa ar ei ôl. Ond mae'n amhosibl rhoi taw ar y dyn. Y mae'n mynnu lledaenu'r hanes am ei wellhad, ac o ganlyniad mae'r tyrfaoedd a'r cleifion sy'n ceisio iachâd yn dod yn fwy niferus o lawer, ac Iesu'n gorfod encilio i leoedd unig er mwyn cael llonydd a thawelwch i weddïo.

Y Cyffyrddiad Dwyfol

Gallai Iesu fod wedi iacháu'r dyn gwahanglwyfus â gair yn unig, ond mynnodd dorri ar gonfensiwn, a thorri'r gyfraith hefyd, trwy estyn ei law i gyffwrdd â'r claf. Gellir dweud i Iesu, wrth ymgnawdoli, gyffwrdd â'n cnawd pechadurus ni, a'i lanhau o'i aflendid. Hanfod y profiad crefyddol yw ymwybod â'r dwyfol yn ymwneud â ni, yn ei wneud ei hun yn hysbys i ni, ac yn ein hawlio ninnau a'n hadnewyddu. Un ffordd o gyfleu hynny yw trwy sôn am Dduw yn cyffwrdd â ni.

Trwy ein synhwyrau y deuwn i gyswllt â realiti o'n cwmpas: trwy weld a chlywed, blasu ac arogli, ond hefyd trwy *gyffwrdd*. Byddwn yn cyffwrdd â channoedd o bethau bob dydd – cyllell a fforc i fwyta, offer i wneud ein gwaith, llyfrau i'w darllen. Nid oes unrhyw arwyddocâd, ar wahân i ystyriaethau ymarferol, i gyffyrddiadau bywyd bob dydd. Ond gwyddom hefyd fod yna fath arall o gyffwrdd sy'n mynegi teimlad, cariad, cydymdeimlad, cyfeillgarwch a thosturi – ysgwyd llaw, cofleidio, cusanu, estyn cymorth ymarferol. Yn yr un modd, mae Duw'n cyffwrdd â'n bywyd ni yn ei Fab, Iesu Grist. Gallwn deimlo cyffyrddiad Duw ym mhrydferthwch natur, mewn cerddoriaeth neu arluniaeth, mewn pobl sy'n cael dylanwad arnom, mewn ambell wasanaeth o addoliad, mewn defosiwn a distawrwydd. Trwy'r cyfryngau hyn mae Crist yn cyffwrdd â'n profiad ni heddiw. Ac ystyr bod yn grefyddol yw bod yn agored, bob amser a thrwy bob profiad, i gyffyrddiadau'r dwyfol.

Y mae cyffyrddiad Iesu â'r dyn gwahanglwyfus yn dangos yn eglur effeithiau pob cyffyrddiad dwyfol â'n bywyd. Yn gyntaf, *y mae'n arwydd fod Duw yn ei uniaethu ei hun â ni.* Gallai Iesu fod wedi iacháu'r gŵr hwn â gair yn unig, a gwneud hynny o bell, ond y mae am ddangos ei fod yn ei uniaethu ei hun â'i boen a'i unigrwydd a'i sefyllfa wrthodedig. Os oedd gwahangleifion yn gorfod bod ar wahân i bobl eraill, y mae Iesu am ddangos nad oes neb ar wahân nac yn wrthodedig gan Dduw. Hanfod efengyl yr ymgnawdoliad yw bod Duw yn Iesu Grist wedi dod yn un â ni yn ein hangen a'n poen: *'Daeth y Gair yn gnawd a phreswylio yn ein plith'* (Ioan 1: 14). 'He pitched his fleshly tent among us,' meddai William Temple. Brwydrodd yr Eglwys Fore'n hir yn erbyn Gnosticiaeth, sef y gred fod Duw yn rhy bur a sanctaidd i ddod i unrhyw gyswllt â mater a'r cnawd a'r cyflwr dynol pechadurus. Ond neges yr ymgnawdoliad, ac arwyddocâd cyffyrddiad Iesu â'r gwahanglwyf, yw bod Duw wedi dod yn un â'n hangen a'n gwendid ni yn ei Fab Iesu Grist. Gwaith yr Eglwys bob amser ac ym mhob man yw bod yn gyfrwng y cyffyrddiad dwyfol trwy wasanaethu pobl yn holl ddryswch a thristwch eu hanghenion. Meddai un esboniwr, 'It is of the very essence of Christianity to touch the untouchable, to love the unloveable, and to forgive the unforgiveable. Jesus did so – and so must we.'

Yn ail, *y mae cyffyrddiad Iesu Grist yn goresgyn rhaniadau.* Mae'r gwahanglwyf yn symbol o bob rhaniad dynol ym mhob oes. Mae'r gŵr gwahanglwyfus yn yr hanes hwn yn arwydd o'r rhaniad rhwng Iddew a chenedl-ddyn a rhwng Pharisead a phublican yn nyddiau Iesu, a rhwng du a gwyn, tlawd a chyfoethog, Mwslim a Christion, Israeliad a Phalestiniad, y breintiedig a'r difreintiedig yn ein dyddiau ni. Erbyn hyn, mae'r rhaniadau hyn mor beryglus nes eu bod yn bygwth dyfodol gwareiddiad. Dorothy Sayers a ddywedodd rhyw dro, 'Y mae digon o le yn y byd i bawb sy'n byw ynddo, ond does dim digon o le i'r muriau sy'n eu gwahanu.' Pan gyffyrddodd Iesu â'r dyn gwahanglwyfus fe chwalodd y rhaniad creulon rhyngddo a gweddill y gymdeithas. Yn ôl yr Apostol Paul, prif amcan yr Efengyl yw *'dwyn yr holl greadigaeth i undod yng Nghrist, gan gynnwys pob peth yn y nefoedd ac ar y ddaear'* (Eff. 1: 10). Dywed fod Iesu wedi bwrw i lawr y gwahanfur rhwng pobloedd, a'i fod wedi creu un ddynoliaeth newydd (Eff. 2: 15). Ein gwaith fel dilynwyr Crist heddiw yw estyn ein dwylo i gyffwrdd ag eraill mewn cymod a chariad, a pharhau ei waith ef o oresgyn rhaniadau'r byd.

Yn drydydd, *y mae cyffyrddiad Crist yn iacháu ac yn adfer.* Trwy gyffwrdd â'r claf y mae Iesu'n ei iacháu. Ar lefel ddynol, gall cyffyrddiad fod yn gyfrwng iachâd – cyffyrddiad y meddyg mewn llawdriniaeth a chyffyrddiad y nyrs wrth ofalu am y claf a thrin clwyfau. Mewn erthygl ar waith Amnest Rhyngwladol, adroddodd gŵr o Iran ei hanes yn cael ei garcharu a'i boenydio. Wedi iddo gael ei ryddhau, cafodd driniaeth i'w glwyfau mewn ysbyty, ac meddai, 'Having suffered so much pain from human hands, it surprised me how much I came to value the touch of hands which brought healing, reassurance and friendship. They seemed to be saying, "We care. We're here. You're safe."' Y mae cyffyrddiad Crist i'w deimlo drwy ddwylo a sgiliau a gofal pobl eraill. Ond y mae i'w deimlo hefyd mewn gweddi, distawrwydd, myfyrdod, eiriolaeth ac arddodiad dwylo. Trwy'r Weinidogaeth Iacháu daethpwyd i werthfawrogi gwerth cyffyrddiad fel cyfrwng iachâd ac fel sianel gras a chariad Duw.

Ac y mae iachâd yn cynnwys mwy nag iachâd corfforol yn unig. Mae'n cynnwys iacháu perthynas rhwng pobl, rhyddhau'r meddwl oddi wrth ragfarnau, ofnau, atgasedd ac ysbryd anfaddeugar. Un o eiriau mawr yr Hen Destament yw *Shalôm*, sy'n golygu'r harmoni a ddaw o fod mewn iawn berthynas â'r hunan, â phobl eraill, â'r amgylchfyd ac â Duw. Effaith cyffyrddiad Crist yw creu *Shalôm* ynom ac o'n hamgylch. Yng ngeiriau gweddi o Iona, 'Tyrd, O Grist, estyn dy law i'n cyffwrdd, i'n hadfer, i'n cymodi ac i'n hiacháu.'

Cwestiynau i'w trafod:
1. Beth oedd arwyddocâd gweithred Iesu yn estyn ei law i gyffwrdd â'r gwahanglwyf?

2. A ydych yn cytuno mai priod waith yr Efengyl yw goresgyn rhaniadau dynol?

3. Ym mha ystyr y mae'r hanes hwn yn fynegiant o Efengyl yr ymgnawdoliad?

Dehongli'r Gwyrthiau

Y Dyn â'r Llaw Ddiffrwyth

'Ar Saboth arall aeth i mewn i'r synagog a dysgu. Yr oedd yno ddyn â'i law dde yn ddiffrwyth. Yr oedd yr ysgrifenyddion a'r Phariseaid â'u llygaid arno i weld a fyddai'n iacháu ar y Saboth, er mwyn cael hyd i gyhuddiad yn ei erbyn. Ond yr oedd ef yn deall eu meddyliau, ac meddai wrth y dyn â'r llaw ddiffrwyth, "Cod a saf yn y canol"; a chododd yntau ar ei draed. Meddai Iesu wrthynt, "Yr wyf yn gofyn i chwi, a yw'n gyfreithlon gwneud da ar y Saboth, ynteu gwneud drwg, achub bywyd, ynteu ei ddifetha?" Yna edrychodd o gwmpas arnynt oll a dweud wrth y dyn, "Estyn dy law." Estynnodd yntau hi, a gwnaed ei law yn iach. Ond llanwyd hwy â gorffwylledd, a dechreuasant drafod â'i gilydd beth i'w wneud i Iesu.'

Luc 6: 6–11 (Math. 12: 9–14; Marc 3: 1–6).

Prif ddiben y wyrth hon yw dangos agwedd Iesu at y Saboth, a'i gred fod gwneud daioni ar y dydd hwnnw'n bwysicach na chadw'r mân reolau Iddewig oedd wedi ymgasglu o amgylch y seithfed dydd. Dengys y stori hon, a'r un flaenorol am y disgyblion yn tynnu tywysennau yn y maes (Luc 6: 1–5), fod gwrthwynebiad yn dechrau crynhoi o gwmpas Iesu, yn enwedig mewn perthynas â'i agwedd at y Saboth.

Sefydliad Iddewig yw'r Saboth, sef y seithfed dydd – o nos Wener tan nos Sadwrn. Fe'i gosodwyd ar wahân i ddyddiau eraill yr wythnos fel dydd wedi ei sancteiddio gan Dduw i dri phwrpas – i ddathlu cwblhau'r creu (Gen. 2: 1–3); i goffáu'r waredigaeth o'r Aifft (Deut. 5: 15), ac i sicrhau dydd gorffwys i bawb unwaith yr wythnos (Deut. 5: 14).

Iesu a'r Saboth

Fel llawer peth arall yng nghyfraith yr Iddewon, roedd y Saboth wedi mynd yn gaeth i fân reolau, gyda'r Phariseaid ar y blaen yn eu sêl dros gadw'r rheolau hynny a'u gorfodi ar bawb arall. Trwy dynnu tywysennau a'u rhwbio yn eu dwylo a'u bwyta, roedd y disgyblion, yn eu golwg hwy, wedi torri'r Saboth (Luc 6: 1–2). Roeddynt wedi medi, dyrnu, nithio a pharatoi pryd o fwyd, ac felly wedi gweithredu'n groes i reolau'r

Gyfraith! Nid oedd cyfeiriad Iesu at esiampl y brenin Dafydd yn cymryd y torthau cysegredig o dŷ Dduw i'w fwydo'i hun a'i weision, yn tycio dim. Llythyren y ddeddf yn unig oedd yn bwysig. Roedd hyd yn oed iacháu ar y Saboth yn anghyfreithlon. Rhoddid caniatâd i weithredu i atal person neu anifail claf rhag marw, ond ni chaniateid iacháu. Gwaith fyddai hynny, a gallai aros tan y diwrnod wedyn.

Gwelai Iesu fod teyrngarwch i reolau a thraddodiadau'r Gyfraith wedi mynd yn gryfach nag ufudd-dod i *ysbryd* y Gyfraith. Roedd Iesu, wrth gwrs, yn parchu'r Saboth. Fel pob Iddew ffyddlon, byddai'n addoli ar y Saboth. Ond yr oedd ei dosturi yn fwy nag ymlyniad wrth arferion deddfol, ac yr oedd yn barod i ysgubo pob rheol o'r neilltu er mwyn gwneud daioni ac achub bywyd. Cyn i'r Phariseaid gael cyfle i'w feirniadu, anelodd gwestiwn atynt: *"Yr wyf yn gofyn i chwi, a yw'n gyfreithlon gwneud da ar y Saboth, yntau gwneud drwg, achub bywyd, ynteu ei ddifetha?"* (adn. 9). Dywed Epistol Iago: *'pechod yw i rywun beidio â gwneud y daioni y mae'n gwybod y dylai ei wneud'* (Iago 4: 17). Ceir adlais o'r un gwirionedd mewn geiriau enwog a briodolir i Edmund Burke: 'Yr unig beth sydd ei angen i ddrygioni ffynnu yw i'r bobl dda wneud dim.' Gall peidio â gwneud daioni, a pheidio ag achub bywyd, fod yn ddigon i ddifetha bywyd. Ac felly ni ddylid atal gwneud daioni a chynorthwyo'r anghenus ar y Saboth fwy nag ar unrhyw ddiwrnod arall. Yn sicr, doedd Iesu ddim am i reolau di-fudd gyfyngu dim ar ei waith.

Dyn â'i law dde yn ddiffrwyth

Y mae'n gwbl nodweddiadol o Luc, y meddyg, i ddisgrifio gwyrthiau Iesu yn fanwl a chyda dealltwriaeth a chydymdeimlad. Yr esboniwr T.W. Manson a ddisgrifiodd Efengyl Luc fel 'the gospel of the underdog'. Roedd Luc yn edmygu Iesu am ei dosturi at y tlawd a'r anghenus, ei drugaredd i'r person ar y llawr, ei dynerwch at ferched, ac yn arbennig ei ddawn i iacháu. Sylwodd yn fanwl ar y gŵr hwn oedd wedi colli defnydd o'i law, a Luc yn unig sy'n nodi mai ei law *dde* oedd honno. Dywed un o'r efengylau apocryffaidd mai saer maen oedd y dyn hwn yn ôl ei alwedigaeth a'i fod wedi cyfarch Iesu fel hyn: *'O Iesu da, adfer i mi ddefnydd fy llaw fel na bo raid i mi gardota fy mara.'* Os saer maen ydoedd, byddai'n amhosibl iddo wneud bywoliaeth, cadw'i deulu, chwarae'i ran fel dinesydd a byw bywyd llawn a defnyddiol. Roedd hwn yn anabl mewn gwirionedd.

Gwyddai Luc yn iawn pa mor angenrheidiol i'r dyn hwn, fel i bawb arall, oedd cael defnydd o'i law. Arlunydd a rôi sylw manwl i ddwylo yn ei ddarluniau oedd Renoir. Eto yr oedd ef ei hun yn raddol golli'r defnydd o'i ddwylo wrth iddynt blygu a stiffio gyda chryd cymalau. Wrth adrodd yr hanes hwn, mae Luc yn debyg iawn i arlunydd, yn darlunio'n fras ei thema ganolog, sef agwedd Iesu at y Saboth, ond hefyd yn cynnwys manylion awgrymog, fel ei gyfeiriad at y ffaith mai llaw dde'r gŵr hwn oedd yn ddiffrwyth. Er ein bod i gyd yn defnyddio'n dwylo yn ddyddiol, ac yn dibynnu ar eu symudiadau, eu dyfeisgarwch a'u medrusrwydd, nid ydym bob amser yn gwerthfawrogi eu pwysigrwydd a'u rhyfeddod. Meddai rhyw fardd Saesneg anhysbys:

> I wish that I could understand
> The moving marvel of my hand;
> I watch my fingers turn and twist,
> The subtle bending of my wrist,
> The dainty touch of finger-tip,
> The steel intensity of grip;
> A tool of exquisite design,
> With pride, I think, 'It's mine! It's mine!'

Sonia'r Beibl hefyd am ddoniau rhyfeddol dwylo dyn. Darllenwn yn aml yn yr Ysgrythurau'r ymadrodd 'gwaith ein dwylo'.

Tri Chymeriad

Gwelwn fod y stori hon yn troi o amgylch tri chymeriad. Y cyntaf yw'r *dyn ei hun, a'i law dde yn ddiffrwyth.* Er nad oes unrhyw gyfeiriad ato'n dweud dim, mae'n gwbl amlwg ei fod yn dymuno cael iachâd. Nid dyn diog mohono. Nid manteisio ar ei anabledd i gardota ac osgoi gwaith a wna. Y mae'n galonogol sylwi mai yn y synagog y mae hwn ar y dydd Saboth. Gallai fod wedi troi cefn ar grefydd ac addoliad. Gallai fod wedi digio wrth Dduw, a rhoi'r gorau i fynychu ei dŷ. Oni fu bywyd yn annheg wrtho? Oni thaflwyd ef i rengoedd y di-waith ac i blith y tlodion? Onid oedd ganddo bob esgus dros gadw draw? Ond na! Mae hwn yn

Dehongli'r Gwyrthiau

y synagog cyn i Iesu gyrraedd, ac y mae o ddifrif yn dyheu am gael iachâd a chael ailafael yn ei alwedigaeth. O ganlyniad, mae'n barod i fentro'r amhosibl. Pan ddywed Iesu wrtho, *'Estyn dy law'* (adn.10), nid yw'n oedi, nac yn dadlau. Braich ddiffrwyth oedd ganddo, ac o dan amgylchiadau arferol ni allai ei symud na'i hestyn. Ond mewn ufudd-dod i orchymyn Iesu, cododd ei fraich a'i hestyn ato. Wrth iddo fentro'r amhosibl y digwyddodd y wyrth. Nid oes lle i'r gair *amhosibl* yng ngeirfa'r Cristion. Fridtjof Nansen, y fforiwr enwog o Norwy, a ddywedodd, 'Y gwahaniaeth rhwng yr anodd a'r amhosibl yw bod yr amhosibl yn cymryd ychydig mwy o amser i'w gyflawni!' Ond nid amser sy'n cyflawni'r amhosibl yn y stori hon, ond gallu Iesu a ffydd fentrus y claf. Yr ail gymeriad yw *Iesu*. Gan ei fod eisoes wedi profi gwrthwynebiad y Phariseaid, mae Iesu'n awr yn eu herio'n agored i'w feirniadu: *'yr oedd ef yn deall eu meddyliau'* (adn. 8). Heb i'r un ohonynt yngan gair, fe wyddai o'u hwynebau beth oedd yn digwydd yn eu meddyliau a'u calonnau. Ni all y drwg sydd yng nghalon dyn guddio rhag mewnwelediad treiddgar y Gwaredwr. *'Gŵyr ef gyfrinachau'r galon,'* meddai'r Salmydd (Salm 44: 21). Y mae'n gwybod am feddyliau cudd y galon, am ein cymhellion a'n hofnau, am ein bwriadau anheilwng a'n dychmygion ofer. Ond y mae hefyd yn gweld y da sydd ynom, ac yn meithrin a datblygu pob dyhead ac ymdrech i ymgyrraedd at ffydd a chariad ac ufudd-dod. Meddai'r Salmydd eto, *'Y mae llygaid yr Arglwydd ar y rhai a'i hofna, ar y rhai sy'n disgwyl wrth ei ffyddlondeb, i'w gwaredu rhag marwolaeth a'u cadw'n fyw yng nghanol newyn'* (Salm 33: 18 19). Mae Iesu'n gweld meddyliau dichellgar y Phariseaid ac yn herio'u rhagfarnau, eu hystyfnigrwydd a'u syniadau adweithiol.

A'r trydydd grŵp yw'r *Phariseaid*. Dyma ddynion a chanddynt fwy o gariad yn eu calonnau at eu rheolau a'u traddodiadau a'u harferion crefyddol nag at bobl mewn angen; mwy o gariad at eu deddfau nag at Dduw. Y canlyniad oedd iddynt gasáu dyn a iachaodd glaf a chanddo anabledd difrifol. Y syndod yw bod dosbarth mor ddysgedig a duwiolfrydig, y mwyaf ffyddlon ac eiddgar eu crefydd o blith yr Iddewon, mor wrthwynebus i waith a dylanwad Iesu. Roeddent yn hyddysg ym manylion y Gyfraith, yn arbenigwyr ar draddodiadau ac arferion eu crefydd, yn gwybod yr Ysgrythurau'n drylwyr, ac yn gwbl gyfarwydd â'r holl hanesion am ymwneud Duw â'u pobl yn y gorffennol, ac eto'n methu gweld ei law ar waith yn eu plith yn y presennol. Meddai un esboniwr: *'They knew all about what God had said in the past, but it did not occur to them that they should be listening for what God was saying to them in the present.'* Y perygl parhaus yw i grefyddwyr ddisgyn yn ysglyfaeth i'r meddwl Phariseaidd: glynu wrth draddodiad a gwrthod arweiniad yr Ysbryd Glân heddiw; rhoi gofynion y gyfundrefn grefyddol o flaen gofynion ac anghenion pobl.

Ein dwylo ni

Diben adrodd stori'r wyrth hon yw darlunio agwedd gadarnhaol Iesu at y Saboth, o'i gyferbynnu ag agwedd negyddol, ddeddfol y Phariseaid a'r ysgrifenyddion. I Luc, mae'r neges yn bwysicach na'r hanesyn. Daw'r hanes blaenorol am Iesu a'i ddisgyblion yn tynnu tywysennau ar y Saboth i ben â'r geiriau, *'Y mae Mab y Dyn yn arglwydd ar y Saboth'* (6: 5). Gan fod i'r term 'Mab y Dyn' gysylltiadau meseianaidd, gallai Iesu fod yn awgrymu ei fod ef yn fwy na'r Saboth, ac felly'n arglwydd arno. Gallai fod yn dweud iddo ddod i atgoffa'i ddilynwyr a'i gyd-Iddewon o ysbryd a gwir bwrpas y Saboth fel dydd i wneud daioni i gyd-ddyn yn ogystal â gorffwys a chyflwyno addoliad i Dduw. Sut bynnag am hynny, nid yw'r Saboth yn perthyn i'n ffydd ni fel Cristnogion. Dydd hollol wahanol yw 'Dydd yr Arglwydd', sef y Sul – gŵyl wythnosol i ddathlu atgyfodiad Iesu Grist. Nid oes unrhyw awgrym yn y Testament Newydd y dylid cymhwyso rheolau'r Hen Destament ynglŷn â'r Saboth at yr ŵyl Gristnogol. Gwnaed hynny'n rhy aml yn y gorffennol gyda chanlyniadau trychinebus i'n heglwysi ac i'n delwedd fel Cristnogion. I droi'n ôl at fanylion y stori a chyfeiriad Luc at law *dde*'r gŵr hwn yn y synagog, mae'n bosibl fod Luc, yr artist a'r meddyg sylwgar, yn awgrymu bod gan y stori hon rywbeth i'w ddweud wrth ddilynwyr Crist ym mhob oes. Tybed nad yw'n gofyn i chi a minnau, 'A yw eich dwylo chi yn ddiffrwyth?' A oes angen i ni ddod at Iesu i gael iacháu ac adfer ein dwylo i wneud ei waith? Rhaid i ni wrth ein dwylo i gyflawni nifer o ddyletswyddau pwysig yn ein bywyd a'n tystiolaeth Gristnogol.

Yn gyntaf, *dwylo gweddi.* Dyrchafu ei ddwylo fel symbol o ymbil a deisyf a wnâi'r Iddew. *'Codwch eich dwylo yn y cysegr, a bendithiwch yr Arglwydd'* yw anogaeth y Salmydd (Salm 134: 2). Dwylo wedi eu dyrchafu, dwylo ymhleth neu ddwylo agored – arwyddion symbolaidd yw'r rhain o ddyhead y galon am Dduw. Wrth baentio dwylo garw, caled, ei gyfaill wrth iddo ddweud ei bader cyn noswylio, rhoddodd Albrecht Dürer inni bortread perffaith o ddwylo'n gweddïo. Os yw dwylo gweddi wedi gwywo yn ei hanes, mae dyn mewn perygl o golli cyswllt â ffynhonnell a nod bywyd, sef Duw, ei Greawdwr a'i Dad nefol. Gorchymyn Iesu i ni, fel i'r gŵr yn y synagog, yw *'Estyn dy law'* (adn. 10). Meddai George Meredith, 'Os dyrchafwn ein dwylo at Grist, y mae yn eu llenwi; yn wir, yn fwy na hynny, y mae'n gafael ynddynt ac yn ein codi i fyny ato.'

Yn ail, *dwylo cyfeillgarwch*. Mae'r llaw agored, estynedig yn arwydd o gyfeillgarwch. Pan yw llaw yn cau y mae'n troi yn ddwrn ac yn bygwth ymosod a tharo ac anafu. Hanes y ddynoliaeth yw hanes y tyndra rhwng y llaw agored a'r dwrn. Y mae dilyn Iesu'n golygu meithrin agwedd gyfeillgar, garedig a chymwynasgar at bawb. Iesu sy'n adfer a nerthu llaw dde cyfeillgarwch.

Yn drydydd, *dwylo gwasanaeth*. Fel roedd y dyn â'i law yn ddiffrwyth yn methu â chyflawni ei waith, mae Luc yn awgrymu fod ein dwylo ninnau, o bosibl, yn ddiffrwyth ac nad ydym yn ymdaflu i waith y deyrnas fel y dylem. Ni cheir llwyddiant mewn busnes, masnach na diwydiant heb barodrwydd pobl i weithio. Yn yr un modd, mae angen i ni fod yn gyd-weithwyr â Duw yn ei Eglwys ac yn ei fyd os yw ei achos i ffynnu. Fel y mae Iesu'n iacháu'r gŵr oedd â llaw dde ddiffrwyth, y mae'n barod i adfer a nerthu ein dwylo llesg ninnau heddiw fel y gallwn ymroi i'w waith.

Cwestiynau i'w trafod:
1. Beth oedd y gwahaniaeth rhwng agwedd Iesu ac agwedd y Phariseaid at y Saboth?

2. Beth, yn eich barn chi, yw arwyddocâd cyfeiriad Luc at law **dde**'*r claf yn y stori hon?*

3. Ym mha ystyr y gellir dweud mai ffydd ymarferol yw ffydd y gŵr hwn â'i law'n ddiffrwyth?

Iacháu Gwas y Canwriad

'Wedi iddo orffen llefaru'r holl eiriau hyn wrth y bobl, aeth i mewn i Gapernaum. Yr oedd canwriad ac iddo was, gwerthfawr yn ei olwg, a oedd yn glaf ac ar fin marw. Pan glywodd y canwriad am Iesu anfonodd ato henuriaid o Iddewon, i ofyn iddo ddod ac achub bywyd ei was. Daethant hwy at Iesu ac ymbil yn daer arno: "Y mae'n haeddu iti wneud hyn drosto, oherwydd y mae'n caru ein cenedl, ac ef a adeiladodd ein synagog i ni." Pan oedd Iesu ar ei ffordd gyda hwy ac eisoes heb fod ymhell o'r tŷ, anfonodd y canwriad rai o'i gyfeillion i ddweud wrtho, "Paid â thrafferthu, syr, oherwydd nid wyf yn deilwng i ti ddod dan fy nho. Am hynny bernais nad oeddwn i fy hun yn deilwng i ddod atat; ond dywed air, a chaffed fy ngwas ei iacháu. Oherwydd dyn sy'n cael ei osod dan awdurdod wyf finnau, a chennyf filwyr danaf; byddaf yn dweud wrth hwn, 'Dos,' ac fe â, ac wrth un arall, 'Tyrd,' ac fe ddaw, ac wrth fy ngwas, 'Gwna hyn', ac fe'i gwna." Pan glywodd Iesu hyn fe ryfeddodd at y dyn, a chan droi at y dyrfa oedd yn ei ddilyn meddai, "Rwy'n dweud wrthych, ni chefais hyd yn oed yn Israel ffydd mor fawr." Ac wedi i'r rhai a anfonwyd ddychwelyd i'r tŷ, cawsant y gwas yn holliach.'

        Luc 7: 1–10 (Math. 8: 5–13; Ioan 4: 43–54)

Un o gwestiynau sylfaenol Efengyl Luc yw pwy ydyw aelodau cymdeithas Iesu Grist? Wedi i Iesu sefydlu cnewyllyn y gymdeithas newydd trwy alw'r deuddeg disgybl (6: 12–16), a dechrau eu dysgu, ynghyd ag eraill, ar y tir gwastad (6: 20–49), cododd y cwestiwn sut fath o gymdeithas oedd hon i fod? Pwy fyddai ei haelodau?

  O ddechrau'r bennod hon (o 7: 1 hyd at 9: 50), daw yn fwyfwy eglur nad oes ffiniau i gymdeithas Iesu. Gwelir bod lle ynddi i'r estron a'r anghenus, i gasglwyr trethi a phechaduriaid, i wragedd a phlant, i'r aflan a'r gwahanglwyfus – pawb oedd yn gwrando ar air Duw o enau Iesu ac yn gweithredu arno: *'Pob un sy'n dod ataf ac yn gwrando ar fy ngeiriau ac yn eu gwneud'* (6: 47). Y syndod mwyaf oll yw canfod fod lle o fewn y gymdeithas hon i genedl-ddynion. Mynegwyd eisoes ar ddechrau gweinidogaeth Iesu, yn ei eiriau yn synagog Nasareth, fel yr oedd Duw yn y gorffennol wedi ymwneud â phobl oedd oddi allan i genedl Israel: Elias yn cael ei anfon at y wraig weddw yn Sarepta yng ngwlad Sidon, a Naaman y Syriad yn dod i gael ei iacháu gan Eliseus (4: 24–30). Mae Luc yn dangos yn glir fod cenhadaeth Iesu i gylch ehangach na'i genedl ei hun. Darlunnir y canwriad yn y stori hon fel enghraifft o ddylanwad Iesu ar genedl-ddyn.

Canwriad o Gapernaum

Yn y bennod flaenorol bu Iesu'n dysgu am bwysigrwydd caru pawb, hyd yn oed elynion, a pheidio â barnu pobl eraill, ac ymateb i'w ddysgeidiaeth trwy wrando ar ei eiriau a'u gwneud (6: 20–49). Cyn gynted ag y cyrhaeddodd Gapernaum cafodd gyfle i roi ei ddysgeldiaeth ei hun ar waith, i groesi'r ffiniau ac i ddangos cariad a thrugaredd at un oddi allan i gorlan cenedl Israel. Cafodd gais oddi wrth ganwriad i achub bywyd ei was. Swyddog milwrol oedd hwn yng ngwasanaeth Herod Antipas. Cyfeirir at nifer o ganwriaid gan Luc yn ei efengyl ac yn Llyfr yr Actau (Luc 23: 47; Actau 10; 22: 25–26; 23: 17, 23; a 24: 23). Er eu bod yn cynrychioli'r byd cenhedlig, yn arbennig yr Ymerodraeth Rufeinig, fe'u cyflwynir oll gan Luc mewn goleuni ffafriol, fel gwŷr cwrtais, cyfeillgar at Iesu a'r apostolion. Disgrifir y canwriad yn y stori hon fel un o nifer o genedl-ddynion y cyfnod hwnnw yr oedd undduwiaeth a safon foesol uchel y grefydd Iddewig yn apelio atynt. Roedd rhai ohonynt yn mynychu'r synagogau a rhai, fel y canwriad hwn, wedi adeiladu synagogau at wasanaeth Iddewon eu cylch.

Gwaeledd ei was oedd yn glaf ac ar fin marw a barodd i hwn geisio cymorth Iesu. Yn wahanol i fersiwn Mathew o'r stori, nid dod ei hunan at Iesu a wna'r canwriad ond anfon dwy ddirprwyaeth ato: yn gyntaf, *'henuriaid o Iddewon'*, set rhai o brif ddinasyddion tref Capernaum, *'i ofyn iddo ddod ac achub bywyd ei was'* (Luc 7: 3). A oedd cais o'r fath oddi wrth ganwriad Rhufeinig yn hawlio sylw Iesu? A oedd yn barod i estyn ei allu iachusol i un a oedd y tu allan i derfynau Israel? Mae'r henuriaid yn ychwanegu eu hapêl eu hunain i Iesu ymateb yn ffafriol i'w gais am fod y gŵr hwn yn deilwng o'r gymwynas. Eglurir fod dwy ragoriaeth eithriadol yn perthyn iddo: *'Y mae'n haeddu iti wneud hyn drosto, oherwydd y mae'n caru ein cenedl ac ef a adeiladodd ein synagog i ni'* (adn. 5).

Y mae ysbryd haelionus ac eangfrydig y canwriad a'i ewyllys da tuag at yr Iddewon yn dweud llawer amdano. Fel llawer o genedl-ddynion deallus eraill, yr oedd ganddo ddiddordeb yn y datguddiad o Dduw a gynigiai Iddewiaeth. Ceir math o grefydd gul, anoddefgar, sy'n creu rhagfarnau a chasineb ac yn codi ffiniau rhwng pobl. Ond ni cheir hynny ymysg pobl eangfrydig sy'n chwilio'n onest ac agored am Dduw. Yn ychwanegol at ei gydymdeimlad ag Iddewiaeth, y mae'r canwriad hefyd yn dangos caredigrwydd a thynerwch yn ei ofal mawr am ei was, a oedd yn *'werthfawr yn ei olwg'* (adn. 2). Ystyr 'gwas' yn y cyswllt hwn yw 'caethwas'. Peth anarferol oedd i swyddog Rhufeinig barchu a gosod gwerth arbennig ar gaethwas. Ystyrid caethweision yn eiddo i'w meistri, ac yn ddim mwy nag offer byw yr oedd gan y meistri hawl i'w cam-drin a hyd yn oed i'w lladd. Ond yr oedd agwedd y canwriad hwn at ei was yn gwbl wahanol.

Arwydd arall o'i ostyngeiddrwydd yw iddo anfon ail ddirprwyaeth *'o'i gyfeillion'* (adn. 6), i ddweud wrth Iesu am beidio â thrafferthu dod i'w dŷ, gan nad yw'n deilwng i'w dderbyn. Y mae Luc yn pwysleisio nad yw'r dyn hwn yn teimlo ei fod yn deilwng i ddod at Iesu, a gellir dweud fod Luc yn gweld ei agwedd fel rhagfynegiad o ymateb y cenedl-ddynion i genhadaeth yr Eglwys Fore. Daeth cenedl-ddynion i gredu yn Iesu heb iddynt ei weld. Meddai Pedr yn ei Lythyr Cyntaf at Gristnogion Asia Leiaf: *'Yr ydych yn ei garu ef, er na welsoch mohono; ac am eich bod yn awr yn credu ynddo heb ei weld, yr ydych yn gorfoleddu â llawenydd anhraethadwy a gogoneddus'* (1 Pedr 1: 8). Amdanynt hwy y dywedodd Iesu: *'Gwyn eu byd y rhai a gredodd heb iddynt weld'* (Ioan 20: 29). Yn yr un modd, y mae'r canwriad hwn yn credu heb weld Iesu wyneb yn wyneb, ac y mae ei ffydd yn agor y drws i genedl-ddynion gael eu cynnwys o fewn cymdeithas pobl Dduw.

Gwelodd rhai esbonwyr debygrwydd rhwng yr hanes hwn a hanes canwriad arall, Cornelius, yn Llyfr yr Actau (pen.10). Yno, fel yn y stori hon, ceir canwriad duwiol sy'n anfon eraill i gyflwyno'i gais, a'r rheini'n tystio i'w dduwioldeb. Nid yw Cornelius wedi gweld Iesu, ond o ganlyniad i bregethu Pedr, daw i gredu a chaiff ef a'i holl deulu eu bedyddio. I Luc, y mae'r ddwy stori'n dangos yn glir fod mynediad i'r eglwys i'r cenhedloedd trwy ffydd yng Nghrist.

Gair yn Iacháu

Gan nad yw'r canwriad yn teimlo ei fod yn deilwng o gael Iesu'n dod i'w dŷ, y mae'n gofyn iddo ddweud gair gan y byddai hynny'n ddigon i iacháu ei was: *'dywed air, a chaffed fy ngwas ei iacháu'* (adn. 7). Fel swyddog i'r brenin sydd ei hun dan awdurdod, gŵyr yn iawn beth yw ufuddhau i orchymyn heb gwestiynu dim. Ac fel un sydd hefyd mewn safle o awdurdod, gall orchymyn i rai oddi tano yn eu tro: *'Dos', ac fe â, ac wrth un arall, 'Tyrd', ac fe ddaw, ac wrth fy ngwas 'Gwna hyn', ac fe'i gwna'* (adn. 8). Gŵyr o brofiad fel swyddog milwrol am rym gair o orchymyn. Y mae'n gwbl clir nad oes raid i Iesu, ac yntau'n meddu ar nerthoedd nefol i iacháu clefydau, ond dwoud gair a bydd ei was yn gwella. Y mae'n barod i ymddiried yn llwyr yng ngair Iesu – gair sy'n cynnwys gwirionedd a grym i adfer a bywhau. Y mae'n bosibl fod Luc yn awgrymu bod awdurdod Iesu yn deillio o Dduw. *'Nid wyf fi'n gallu gwneud dim ohonof fy hun'*, meddai Iesu yn Efengyl Ioan, *'nid fy ewyllys i fy hun yr wyf yn ei cheisio, ond ewyllys yr hwn a'm hanfonodd i'* (Ioan 5: 30). Profiad cyfoedion Iesu, a phrofiad y credinwyr cynnar yn yr Eglwys Fore, oedd eu bod yng nghwmni Iesu yn canfod awdurdod Duw ei hun.

Gwelai'r Eglwys Fore yn y wyrth hon arwydd o natur ei chenhadaeth i'r cenhedloedd. Daw Iesu yn y cnawd at yr Iddewon, ond trwy bregethiad y Gair yn unig y daw at y cenhedloedd: er hynny, y maent yn ymateb ac yn dod i gredu ynddo. Y mae hynny'n gwbl gyson â thystiolaeth y Beibl i rym creadigol Gair Duw. Dywed awdur y Llythyr at yr Hebreaid *'i'r bydysawd gael ei lunio gan air Duw yn y fath fodd nes bod yr hyn sy'n weledig wedi tarddu o'r hyn nad yw'n weladwy'* (Heb. 11: 3), ac y mae hynny'n adleisio hanes y Creu ym mhennod gyntaf Genesis: *'Dywedodd Duw, "Bydded goleuni." A bu goleuni'* (Gen 1: 3). Nid oedd angen unrhyw gyfrwng arall ond *gair;* roedd yn ddigon i Dduw lefaru, a daeth pob peth i fod.

Aethpwyd i feddwl am y *gair* fel gweithredydd ar ran Duw. Cyfeirir at Dduw yn 'anfon allan' ei air. Ac meddai Eseia, *'Felly y mae fy ngair sy'n dod o'm genau; ni ddychwel ataf yn ofer, ond fe wna'r hyn a ddymunaf, a llwyddo â'm neges'* (Es. 55:11). Ac yntau'n ymgnawdoliad o'r gair, y mae grym yng ngeiriau Iesu i iacháu, i adfer ac i achub: *'Dywed air, a chaffed fy ngwas ei iacháu'* (Luc 7: 7).

Nodweddion Dyn Da

Y mae ffydd y canwriad yn peri i Iesu ryfeddu: *'Fe ryfeddodd at y dyn, a chan droi at y dyrfa oedd yn ei ddilyn meddai, "Rwy'n dweud wrthych, ni chefais hyd yn oed yn Israel ffydd mor fawr"'* (adn. 9). Ni welodd Iesu neb ymhlith yr Iddewon a oedd yn cydnabod ei allu a'i awdurdod nefol ef i'r graddau y gwnâi'r gŵr hwn hynny, ac yntau'n genedl-ddyn. Yma, cawn Iesu'n canmol dyn da, yn rhyfeddu at ei ddaioni a'i gymwynasgarwch, ei ostyngeiddrwydd a'i ffydd. Y mae'n ddiddorol sylwi fod y stori hon yn cynnig i ni dri darlun o'r gŵr hwn, neu ddarluniau ohono o dri phersbectif – o safbwynt y bobl, o'i safbwynt ei hun, ac o safbwynt Iesu. Gyda'i gilydd, mae'r tri darlun yn ein cyfeirio at yr hyn sy'n gwneud dyn yn ddyn da.

O safbwynt y bobl, fe'i gwelwn fel *dyn cymwynasgar*. Byddem yn disgwyl i Iddewon gasáu unrhyw un a gynrychiolai awdurdod a gormes Rhufain. Ond y mae hwn yn eithriad: *'y mae'n caru ein cenedl, ac ef a adeiladodd ein synagog i ni'* (adn.5). Amod cyntaf bod yn ddyn da yw bod yn gymwynasgar a charedig. Rhywbeth personol, yn amlygu ei hun mewn perthynas â phobl, yw daioni. Gall dyn fod yn gerddor da, yn wleidydd da, yn athro da, yn ffermwr da, ac eto heb fod yn *ddyn* da. Gallai'r canwriad hwn fod yn filwr da, ond yr hyn sy'n ei wneud yn ddyn da yw ei garedigrwydd

O'i safbwynt ei hun, fe'i gwelwn fel *dyn gostyngedig*. Er iddo gynrychioli holl rwysg a grym yr ymerodraeth Rufeinig, nid yw hwn yn ei ystyried ei hun yn deilwng o gael Iesu yn ei dŷ. Un o gyfrinachau gwir ddaioni yw gostyngeiddrwydd. Nid yw'r dyn da yn synied yn uchel amdano'i hun. Gweld ei hun yng ngoleuni sancteiddrwydd perffaith Iesu sy'n peri iddo ymdeimlo â'i annheilyngdod. Ein tuedd ni yw mesur ein hunain gyfochr â phobl eraill, a dod o ganlyniad i'r casgliad ein bod lawn cystal, os nad yn well na hwy. Gellid dweud am ddaioni fel y mae Paul yn dweud am gariad nad yw *'yn cenfigennu, nid yw'n ymffrostio, nid yw'n ymchwyddo. Nid yw'n gwneud dim sy'n anweddus, nid yw'n ceisio ei ddibenion ei hun'* (1 Cor. 13: 4–5). Mae'r geiriau, *'Bernais nad oeddwn i fy hun yn deilwng i ddod atat'* (adn. 7), yn dangos bod gostyngeiddrwydd y gŵr hwn yn ein cyfeirio at ei ddaioni.

O safbwynt Iesu, fe'i gwelwn fel *dyn ffydd*. Y mae math o ddaioni nad yw'n deillio o ffydd grefyddol: daioni'r anffyddiwr sydd â chonsýrn am gyd-ddyn, am gyfiawnder a heddwch, sy'n gymwynasgar a charedig ac yn byw bywyd da a defnyddiol. 'Good, but not religiously good,' chwedl Thomas Hardy am un o'i gymeriadau. Ond rhaid wrth ffydd yng nghariad a gallu Duw os ydym am weld gwyrthiau'n digwydd. Mae gwas y canwriad yn cael ei iacháu yn absenoldeb Iesu Grist, a hynny trwy ffydd ei feistr yng ngrym ei air. Yr hyn sy'n peri rhyfeddod i Iesu yw canfod ffydd mewn man mor annisgwyl.

Cyfeirir fwy nag unwaith yn yr efengylau at Iesu'n rhyfeddu at 'anghrediniaeth' pobl, a'r rheini'n bobl a fagwyd o fewn y traddodiad Iddewig rhai y byddai disgwyl iddynt adnabod presenoldeb a gweithgarwch Duw ym mherson a gwaith Iesu. Wedi iddo bregethu yn synagog Nasareth cafodd ei wrthod yn ei gartref ei hun. Meddai Marc: *'Rhyfeddodd at eu hanghrediniaeth'* (Marc 6: 6). Ond testun rhyfeddod gwahanol i Iesu yw canfod ffydd mewn man annisgwyl, gweld cenedl-ddyn, heb fod ganddo gefndir Iddewig a heb fod yn gwybod dim am obaith meseianaidd yr Iddewon, yn ymateb yn eiddgar iddo.

Yr hyn sydd o ddiddordeb arbennig i Luc yw bod ffydd y canwriad yn rhagflaenu ffydd y cenedl-ddynion hynny oedd yn ymateb i neges yr Efengyl ac yn dod i gredu yn Iesu Grist trwy genhadaeth yr Eglwys Fore. Mae Israel yn gwrthod y Crist, ond y cenedl-ddynion yn ei dderbyn. Erys apêl Iesu Grist i bobl o bob iaith a chenedl a chefndir diwylliannol. Y mae ar gael i bawb, ac yn barod i gyflawni ei wyrthiau ym mhrofiad pawb sy'n ymddiried yn ei air ac yn rhoi eu ffydd ynddo.

Cwestiynau i'w trafod:

1. A yw'n wir dwcud fod yr hanes hwn yn rhagfynegi cenhadaeth yr Eglwys i'r cenhedloedd oddi allan i Israel?

2. Trafodwch nodweddion y dyn da yng ngoleuni'r darlun o'r canwriad yn y stori hon.

3. Ym mha ystyr y gellir dweud fod gair yn unig yn ddigon i gyflawni gwyrthiau?

Dehongli'r Gwyrthiau

Cyfodi Mab y Weddw yn Nain

'Yn fuan wedyn aeth Iesu i dref a elwir Nain. Gydag ef ar y daith yr oedd ei ddisgyblion a thyrfa fawr. Pan gyrhaeddodd yn agos at borth y dref, dyma gynhebrwng yn dod allan; unig fab ei fam oedd y marw, a hithau'n wraig weddw. Yr oedd tyrfa niferus o'r dref gyda hi. Pan welodd yr Arglwydd hi, tosturiodd wrthi a dweud, "Paid ag wylo." Yna aeth ymlaen a chyffwrdd â'r elor. Safodd y cludwyr, ac meddai ef, "Fy machgen, rwy'n dweud wrthyt, cod." Cododd y marw ar ei eistedd a dechrau siarad, a rhoes Iesu ef i'w fam. Cydiodd ofn ym mhawb a dechreusant ogoneddu Duw, gan ddweud, "Y mae proffwyd mawr wedi codi yn ein plith", ac, "Y mae Duw wedi ymweld â'i bobl." Ac aeth yr hanes hwn amdano drwy Jwdea gyfan a'r holl gymdogaeth.'

Luc 7: 11–17

Ceir tair stori yn yr efengylau am Iesu'n atgyfodi'r meirw. Yn Efengyl Ioan yn unig y ceir hanes atgyfodi Lasarus, tra bo Mathew, Marc a Luc yn adrodd hanes atgyfodi merch Jairus. Gan Luc yn unig y cawn yr hanes hwn am gyfodi Mab y Weddw o Nain. Yn dilyn y wyrth, ceir hanes negesyddion Ioan Fedyddiwr yn dod i holi ai Iesu oedd y Meseia hirddisgwyliedig: *'yr hwn sydd i ddod'* (adn. 20). Ymhlith yr arwyddion o allu dwyfol Iesu, ceir cyfeiriad at *'y meirw yn codi'* (adn. 22). Fel enghraifft o hynny, mae Luc yn penderfynu cynnwys, o flaen llaw, y wyrth hon. O ble bynnag y cafodd Luc yr hanesyn hwn, y mae'n ei adrodd yn fyw a dramatig a theimladwy. Y mae Iesu, gyda'i ddisgyblion a thyrfa fawr, yn cyrraedd Nain, treflan ar fryn i'r de o Nasareth a edrychai dros wastadedd Estraelon a dyffryn Jesreel. Nid oes unrhyw gyfeiriad arall at y lle hwn yn y Beibl, ond heb fod nepell i ffwrdd yr oedd pentrefi Endor a Shunem a gysylltid â'r proffwydi Elias ac Eliseus. Wrth gyrraedd porth y dref gwelant gynhebrwng yn dod allan o'r dref. Y mae unig fab gwraig weddw wedi marw. Daw'r olygfa yn fyw iawn i ni trwy'r cyfeiriadau ati fel *gwraig weddw* a gollodd ei *hunig fab*, a'r ffaith ei bod yn *wylo* a bod *tyrfa niferus* yn cerdded gyda hi. Yna, cyfeirir at Iesu'n tosturio wrthi, ond hefyd yn ymyrryd, yn cyffwrdd â'r elor, yn gorchymyn i'r cludwyr aros ac yn galw ar y bachgen marw i godi. Mae hwnnw'n codi ar ei eistedd ac yn dechrau siarad, ac meddai'r hanes, *'rhoes Iesu ef i'w fam'* (adn. 15). Os oedd angau wedi ei gymryd oddi wrth ei fam, y mae gallu Iesu yn ei roi yn ôl iddi. Ofn a rhyfeddod yw ymateb y dyrfa. Y maent yn gogoneddu Duw ac yn datgan, *'Y mae proffwyd mawr wedi codi yn ein plith'*, ac *'Y mae Duw wedi ymweld â'i bobl'* (adn. 16).

Tristwch a Thosturi

Er mai Luc yn unig sy'n adrodd y wyrth hon, mae'n un o'r storïau hyfrytaf yn yr efengylau ac yn ein cyfeirio at dri pheth. Yn gyntaf, *ing a thrallod y cyflwr dynol.* Y mae'r darlun o'r orymdaith angladdol, gyda'r weddw drallodus a'r galarwyr yn dilyn yr elor, yn cynrychioli holl boen a thristwch y ddynoliaeth. Felly hefyd y geiriau ingol sy'n dweud mai *'unig fab ei fam oedd y marw, a hithau'n wraig weddw'* (adn. 12). Ceir gan Luc yn Llyfr yr Actau ddisgrifiad ingol tebyg o farwolaeth a galar yn hanes marwolaeth Dorcas. Yno gwelwn y gwragedd gwoddwon yn sefyll wrth ymyl Pedr dan wylo a dangos y crysau a'r holl ddillad a wnaethai Dorcas pan oedd yn fyw (Actau 9: 36–43). Gwyddom oll am brofiadau chwerw bywyd: afiechyd a dioddefaint, galar a thristwch, colled ac unigrwydd, siom a chywilydd ac euogrwydd. Y mae crefydd y Beibl yn cymryd y profiadau hyn i gyd o ddifrif ac yn ein hatgoffa'n gyson am freuder bywyd. *'Y mae fy oes fel dim yn dy olwg; yn wir, chwa o wynt yw pob un byw, ac y mae'n mynd a dod fel cysgod'* (Salm 39: 5–6). Er i'r Salmau bwysleisio trugaredd a ffyddlondeb Duw, ni ellir osgoi'r ffaith *'mai llwch ydym. Y mae dyddiau dyn fel glaswelltyn; y mae'n blodeuo fel blodeuyn y maes – pan â'r gwynt drosto fe ddiflanna, ac nid yw ei le'n ei adnabod mwyach'* (Salm 103: 14–16). Nid darparu dihangfa rhag dioddefaint a thristwch y cyflwr dynol a wna'r Efengyl, ond rhoi inni ras a nerth i'w hwynebu a'u goresgyn.

Yn ail, *tosturi Iesu Grist.* Tosturiodd Iesu o weld yr olygfa drist – gair cryf yn y gwreiddiol, a gair a ddefnyddir yn aml yn yr efengylau i ddisgrifio ymateb Iesu (Math. 14: 14; 15: 32; 20: 34; Marc 1: 41; 8:2). Y mae Luc y meddyg yn pwysleisio cydymdeimlad a thosturi Iesu at yr anghenus a'r gwan a'r rhai sy'n dioddef. Mae ganddo ddiddordeb arbennig mewn gwragedd, ac mae'n dangos tynerwch dwfn atynt. Yn ôl syniadau athronyddol y cyfnod ystyrid tosturi ac unrhyw deimladrwydd yn wendidau. Credai'r Stoiciaid fod Duw yn gwbl ddideimlad, ac na allai dosturio gan y byddai hynny'n ei ddarostwng i lefel ddynol. Mabwysiadwyd yr un syniad gan rai diwinyddion Cristnogol a bwysleisiai 'anhyboenedd' Duw. Daeth Iesu i herio syniadau o'r fath. Cariad yw Duw, ac arwydd o'i fawredd yw ei allu i gydymdeimlo â'i blant yn eu hangen. Sonnir yn yr Hen Destament am Dduw'n tosturio wrth ei bobl: *'Fel y mae tad yn tosturio wrth ei blant, felly y tosturia yr Arglwydd wrth y rhai sy'n ei ofni. Oherwydd y mae ef yn gwybod ein deunydd, yn cofio mai llwch ydym'* (Salm 103: 13–14). Ond yn Iesu Grist y gwelir y tosturi dwyfol ar waith yn rhannu ym mhrofiadau dyfnaf pobl, yn wylo gyda'r rhai sy'n wylo, ac yn y wyrth hon yn teimlo galar a thristwch y weddw. I Ann Griffiths, yr ochr ddynol i natur Iesu a'i ddawn i gydymdeimlo, yn ogystal â'i allu dwyfol, sy'n ei wneud yn waredwr:

> mae'n ddyn i gydymdeimlo
> â'th holl wendidau i gyd ,
> mae'n Dduw i gario'r orsedd
> ar ddiafol, cnawd a byd.

Yn drydydd, *awdurdod a gallu Iesu. 'Yna aeth ymlaen a chyffwrdd â'r elor'* (Luc 7: 14). Mae ei gyffyrddiad yn ddigon i beri i'r cludwyr sefyll ac i Iesu gymryd meddiant o'r sefyllfa. Mae'n foment ddramatig ac yn llawn o arwyddocâd symbolaidd. Mae Iesu'n atal gorymdaith angau a chydag un gair, *'cod'*, mae nid yn unig yn codi'r bachgen hwn o farw'n fyw, ond yn dangos mai ef yw'r un sy'n codi pobl o afael popeth sy'n eu llethu, eu llorio a'u lladd. Y mae defnydd Luc o'r teitl *'Arglwydd'* (adn. 13) yn arbennig o addas yn y cyswllt hwn, lle gwelir Iesu wedi ei wisgo ag awdurdod dwyfol dros fywyd a marwolaeth. Nid yw Mathew na Marc byth yn defnyddio'r teitl fel disgrifiad o Iesu yn nyddiau ei gnawd, ond fe'i defnyddir gan Luc yn aml (e.e. 10: 1, 41; 11: 39; 12: 42; 13: 15; 17: 6; 19: 8; 22: 61). Wedi'r atgyfodiad, ac yn addoliad yr Eglwys Fore, daeth Crist yr Arglwydd yn wrthrych ffydd a moliant (Phil. 2: 9–10).

Proffwyd Mawr

Defnyddir dau air i ddisgrifio ymateb y bobl i'r wyrth, sef *ofn* a *gogoniant*. Ceir math o ofn sy'n gyfystyr â diffyg ffydd. Ceryddir y disgyblion yn ystod y storm ar y môr: *'Pam y mae arnoch ofn, chwi o ychydig ffydd?'* (Math. 8: 26). Ar achlysur arall, pan yw'r disgyblion yn tybio eu bod wedi gweld drychiolaeth, dywed Iesu, *'Codwch eich calon; myfi yw; peidiwch ag ofni'* (Marc 6: 50). Cyfeiria awdur y Llythyr at yr Hebreaid at Grist yn rhyddhau'r rhai sydd *'trwy ofn marwolaeth, wedi eu dal mewn caethiwed ar hyd eu hoes'* (Heb. 2: 15). A dywed 1 Ioan 4: 18 fod *'cariad perffaith yn bwrw allan ofn'*. Ond y mae math arall o ofn, sef yr ofn sanctaidd o sefyll ym mhresenoldeb gogoniant Duw. Dyma'r ofn y cyfeirir ato yn hanes yr angylion yn cyfarch y bugeiliaid ym Methlehem: *'Disgleiriodd gogoniant yr Arglwydd o'u hamgylch; a daeth arswyd arnynt'* (Luc 2: 9). Mae'r ofn hwn yn codi o'i ymdeimlad o wondid ac annheilyngdod ym mhresenoldeb daioni perffaith a grym dwyfol. Ac y mae'n ofn creadigol, sy'n arwain nid at awydd i ffoi, ond at foliant ac addoliad: *'A dechreusant ogoneddu Duw, gan ddweud ... "Y mae Duw wedi ymweld â'i bobl"'* (Luc 7: 16). Mae'r ymadrodd olaf hwn yn awgrymu bod Duw yn uchel a dyrchafedig yn ei ogoniant, ac eto'n agos at ei bobl a'i fod wrth law i'w helpu a'u hachub. I Luc, presenoldeb a dysgeidiaeth a gweithredoedd nerthol Iesu yw'r amlygiad o agosrwydd a gweithgaredd Duw. Yn nyfodiad Crist y mae Duw ei hun wedi dod i blith ei bobl. Bellach *'y mae preswylfa Duw gyda'r ddynoliaeth'* (Dat. 21: 3).

Datganiad arall a wneir gan y dyrfa yn yr hanes hwn yw, *'Y mae proffwyd mawr wedi codi yn ein plith'* (Luc 7: 16). Gwelodd rhai esbonwyr gysylltiad agos rhwng y wyrth hon a hanes Elias yn cyfodi mab y wraig o Sareffath (1 Bren. pennod 17). Ceir manylion tebyg yn y ddwy stori: cyfarfod â gwraig weddw wrth borth y dref (adn. 10), bachgen yn cael ei adfywio (adn. 22), ei roi yn ôl i'w fam (adn. 23), a'r proffwyd yn cael ei adnabod fel gŵr Duw (adn. 24). Y mae rhywfaint o debygrwydd hefyd rhwng cyfodi mab y weddw yn Nain a hanes Eliseus yn cyfodi mab y wraig fonheddig o Sunem (2 Bren. 4: 8–37), a chofio bod Sunem yn agos at Nain. A yw Luc am i'w ddarllenwyr ddeall fod un mwy nag Elias ac Eliseus wedi ymddangos yn eu plith? Ystyrid Elias y mwyaf o holl broffwydi Israel. Meddir amdano yn yr Apocryffa: *'Mor ogoneddus fuost, Elias, yn dy weithredoedd rhyfeddol! ... Ti yr hwn a gododd gelain o farwolaeth, ie, o Drigfan y Meirw, trwy air y Goruchaf'* (Eccles. 48: 4-5). Pwy felly yw Iesu? Ai proffwyd mawr arall, a'i air yn ddigon grymus i godi'r marw'n fyw? Y mae geiriau'r dyrfa, *'Y mae Duw wedi ymweld â'i bobl,* yn awgrymu mwy na hynny. Duw ei hun sydd ar waith yn Iesu Grist, ac yn ei eiriau ef y mae gair bywiol Duw yn rheibio grym a theyrnas angau. Does ryfedd fod Luc yn sôn am Iesu fel *'Arglwydd'* (adn. 13), teitl a ddefnyddid yn benodol am Dduw. Am y Duw hwn y llefarodd y proffwydi yn y dyddiau a fu. Bellach, daeth y Duw hwn i blith ei bobl ac y mae'n ei ddadlennu ei hun yng ngweithredoedd a geiriau nerthol Iesu.

Digwyddiad neu Stori Symbolaidd?

Ai llunio'r stori hon ar batrwm hanes Elias a'r wraig o Sareffath a wnaeth Luc, er mwyn dangos rhagoriaeth Iesu dros y mwyaf o'r proffwydi, neu a yw'r hanes yn llythrennol wir? Ai stori hanesyddol yw hi, neu ai stori symbolaidd? Does dim dwywaith nad oedd Luc, fel y rhan fwyaf o'i gyfoedion, yn credu mewn gwyrthiau. Gan nad yw gwyrth cyfodi mab y wraig weddw yn Nain yn ymddangos yn yr efengylau eraill, bu llawer yn dyfalu o ble y cafodd Luc yr hanes. Cyfeiria rhai esbonwyr at y ffaith fod nifer o storïau am atgyfodi'r meirw yn gysylltiedig â hanesion am arwyr a dysgawdwyr poblogaidd. Dywedir i Apollonius o Tyana, athronydd ac iachawr Groegaidd yn niwedd y ganrif gyntaf, atgyfodi yn Rhufain ferch ifanc a fu farw yn union cyn ei phriodas. Yn ôl yr hanes, gorchmynnodd yr iachawr i'r orymdaith angladdol sefyll wrth borth y ddinas; cyffyrddodd â'r ferch a sibrwd yn ei chlust. Cododd hithau a galw allan, a dychwelwyd hi i dŷ ei rhieni (Philostratus, *The Life of Apollonius of Tyana*). Gan fod Apollonius wedi byw flynyddoedd ar ôl Iesu, a luniwyd y stori uchod ar batrwm hanes Iesu'n cyfodi'r bachgen yn Nain, neu a yw'n esiampl o'r math o hanesion a oedd yn gysylltiedig â gwŷr amlwg y cyfnod? Y mae'n amhosibl inni wybod. Yr hyn y gellir ei ddweud â sicrwydd yw bod Luc ei hun yn credu'r hanes. Fel meddyg, gallai fod yn agored i'r awgrym nad oedd y bachgen hwn, mwy na merch Jairus, wedi marw mewn gwirionedd ond bod y ddau mewn *coma*. Nid oedd yn anghyffredin yn y Dwyrain i bobl ddioddef *cataleplic coma,* a chan mai'r arfer oedd claddu yn union ar ôl marw, yr oedd perygl claddu ambell un yn fyw. Gallai Iesu fod wedi arbed y ddau rhag tynged mor ofnadwy.

Gŵr ei gyfnod oedd Luc, ac nid oedd hanesion am wyrthiau, ymweliadau gan angylion, gweledigaethau ac arwyddion goruwchnaturiol, yn broblem iddo ef na'i gyfoedion. Er i amheuon godi yn ein meddyliau ni, a ninnau'n byw mewn oes wyddonol sy'n cwestiynu dilysrwydd y dystiolaeth i rai o wyrthiau'r Testament Newydd, yr hyn sy'n bwysig yw'r neges a ddysgir gan y gwyrthiau. O ble bynnag y tarddodd hanes y wyrth hon, y cwestiwn pwysig i'r Eglwys Fore ac i ninnau yw, beth yw ei hystyr a'i harwyddocâd? I Luc, y mae'n cadarnhau'r dystiolaeth a gyflwynir i Ioan Fedyddiwr yn y carchar, sef fod 'y meirw yn codi' (adn. 22). Nid ar ddilysrwydd hanesyddol un digwyddiad yn unig y seiliwyd y gwirionedd hwn, ond ar brofiad credinwyr yr oesau o allu'r Crist byw i adnewyddu a bywhau ei bobl. Nid yw'r neges waelodol hon yn cael ei datgan mor glir ac uniongyrchol â thraethiad Iesu yn Efengyl Ioan yn dilyn atgyfodi Lasarus, ond y mae yno dan yr wyneb. Y mae Luc am inni ddeall mai Crist byw yw hwn, a'i fod yn fwy na'r mwyaf o'r proffwydi, ac yn bywhau a chodi ei bobl o afael popeth sy'n eu llethu a'u llesteirio. Y mae ei dosturi yn goresgyn pob tristwch, ei bresenoldeb yn llenwi pob gwacter, a'i rym a'i awdurdod yn drech nag angau ei hun.

Cwestiynau i'w trafod:

1. A ydych yn cytuno fod y syniad o Dduw yn cyd-ddioddef â ni yn hanfodol i'n darlun ohono fel Tad?

2. Beth yw'r gwahaniaeth rhwng ofn naturiol ac ofn sanctaidd?

3. Beth yn eich barn chi sydd bwysicaf, gwirionedd llythrennol y wyrth hon, neu ynteu ei neges ysbrydol?

Merch Jairus

'Pan ddychwelodd Iesu croesawyd ef gan y dyrfa, oherwydd yr oedd pawb yn disgwyl amdano. A dyma ddyn o'r enw Jairus yn dod, ac yr oedd ef yn arweinydd yn y synagog; syrthiodd hwn wrth draed Iesu ac ymbil arno i ddod i'w gartref, am fod ganddo unig ferch, ynghylch deuddeng mlwydd oed, a'i bod hi'n marw ... Tra oedd ef yn llefaru, daeth rhywun o dŷ arweinydd y synagog a dweud, "Y mae dy ferch wedi marw; paid â phoeni'r Athro bellach." Ond clywodd Iesu, ac meddai wrtho, "Paid ag ofni; dim ond credu, ac fe'i hachubir." Pan gyrhaeddodd y tŷ, ni adawodd i neb fynd i mewn gydag ef ond Pedr ac Ioan ac Iago, ynghyd â thad y ferch a'i mam. Yr oedd pawb yn wylo ac yn galaru drosti. Ond meddai ef, "Peidiwch ag wylo; nid yw hi wedi marw, cysgu y mae." Dechreusant chwerthin am ei ben, am eu bod yn sicr ei bod wedi marw. Gafaelodd ef yn ei llaw a dweud yn uchel, "Fy ngeneth, cod." Yna dychwelodd ei hysbryd, a chododd ar unwaith. Gorchmynnodd ef roi iddi rywbeth i'w fwyta. Syfrdanwyd ei rhieni, ond rhybuddiodd ef hwy i beidio â sôn gair wrth neb am yr hyn oedd wedi digwydd.'
Luc 8: 40–42a; 49–56 (Math. 9: 18–19; 23–26; Marc 5: 21–24; 35–43)

Y mae'n bosibl mai bwriad Luc, wrth osod y ddwy stori am ferch Jairus a'r wraig a gyffyrddodd ag ymyl mantell Iesu ochr yn ochr â'i gilydd, oedd cyferbynnu dwy agwedd hollol wahanol i weinidogaeth iacháu Iesu. O ran cefndir, statws, ffydd a dull Iesu o weinidogaethu iddynt roedd merch Jairus a'r wraig ac arni waedlif yn gwbl wahanol i'w gilydd. Roedd Jairus yn ddyn o bwys yn y gymdeithas. Disgrifir ef fel *'arweinydd yn y synagog'* (Luc 8: 41). Gallai'r gair 'arweinydd' olygu unrhyw berson o awdurdod. Gellid tybio ei fod yn gyfrifol am addoliad a bywyd y synagog. Y mae'r tair efengyl yn cyfeirio ato fel rhywun o bwys. Disgrifiad Mathew ohono yw *'rhyw lywodraethwr'* (Math. 9:18). Yr hyn sy'n arwyddocaol yw ei fod yn un o'r ychydig arweinwyr crefyddol hynny oedd yn gefnogol i weinidogaeth Iesu. O'i chyferbynnu â'r gŵr pwysig hwn nid yw'r wraig swil, ddi-nod, yn neb o bwys. Ac eto mae Iesu'n rhoi'r un sylw iddi hi ag i Jairus a'i ferch fach sydd ar fin marw. Nid yw gwahaniaeth statws a dosbarth yn golygu dim i Iesu. Mae pob person mewn angen o bwys yn ei olwg. Y mae gwahaniaeth hefyd yn y modd y mae Jairus a'r wraig yn ceisio sylw Iesu. Dod ato o'r tu ôl er mwyn cyffwrdd â'i fantell a wna'r wraig, gan obeithio na fyddai Iesu na neb yn y dyrfa'n sylwi arni. Dod at Iesu'n agored yng ngŵydd y dyrfa a wna Jairus. Mae'n syrthio wrth draed Iesu ac yn ymbil arno i ddod i'w gartref gan fod ei unig ferch yn ddifrifol wael, ac yn debygol o farw. Mae'n credu y gall Iesu adfer ei ferch o gwr marwolaeth, os nad o afael marwolaeth. Mae Iesu'n ateb trwy gychwyn ar unwaith i'w dŷ. Ffydd seml, yn ymylu ar ofergoeliaeth, swildod a diffyg hyder sy'n nodweddu dyncsiad y wraig hon. Ond ffydd agored, aeddfed a hydcruc sy'n nodweddu Jairus, a ffydd sy'n gallu wynebu siom a cholled gydag urddas. Dyna'r cyferbyniadau mwyaf amlwg rhwng y ddwy sefyllfa, ond ceir cyferbyniadau arwyddocaol eraill, a'r rheini oddi mewn i hanes adfer merch Jairus.

Ffydd ac ofn

Mae'r tebygrwydd rhwng stori merch Jairus a hanes mab y weddw o Nain (Luc 7: 11–17) yn drawiadol. Mam a'i hunig fab a geir yn y stori honno. Tad a'i unig ferch a geir yma. Y mae'r naill fel y llall yn marw ychydig cyn i Iesu gyrraedd, ac y mae ei eiriau wrth adfer y naill a'r llall yn hynod debyg. Neges y ddwy stori yw bod y Crist a fu farw ac a atgyfododd wedi gorchfygu angau ac wedi agor teyrnas nefoedd i bawb sy'n credu ynddo. *'Oherwydd y mae ef wedi dirymu marwolaeth, a dod â bywyd ac anfarwoldeb i'r golau trwy'r Efengyl'* (2 Tim. 1: 10).

Daw hyn â ni at y cyferbyniad cyntaf a geir yn yr hanes, *rhwng ffydd ac ofn*. I'r Cristnogion cynnar, golygai'r argyhoeddiad fod Iesu wedi concro angau nad oedd unrhyw reswm i ofni. Yn hanes gostegu'r storm, yn yr un bennod, cyferbynnir ffydd ac ofn. Cwestiwn Iesu i'r disgyblion yng nghanol y storm yw, *'Ble mae eich ffydd?'* (Luc 8: 25). Ac meddai Iesu wrth Jairus, wedi i'r newydd gyrraedd fod ei ferch wedi marw, *'Paid ag ofni; dim ond credu, ac fe'i hachubir'* (adn. 50). Mae'n ei annog i ddal i gredu er gwaetha'r amgylchiadau. Os ymddiried, rhaid ymddiried i'r eithaf. Os credu yn Nuw, rhaid credu o ddifrif. Ac o gredu gwelir ei ras a'i allu ef yn goresgyn pob ofn ac yn dod â bywyd newydd yn ei sgil.

Fel y mae cyferbyniad yn y stori rhwng ffydd ac ofn, ceir cyferbyniad hefyd *rhwng wylo a chwerthin*. Pan ddywed Iesu wrth y galarwyr am beidio ag wylo am mai cysgu y mae'r ferch, nid wedi marw, eu hymateb yw *'chwerthin am ei ben, am eu bod yn sicr ei bod wedi marw'* (adn. 53). Mae'n bur debyg mai galarwyr proffesiynol oedd y rhain; rhai nad oeddent yn rhannu mewn gwirionedd yng ngalar a cholled y rhieni. Peth hawdd iddynt hwy oedd troi o ffug alaru i chwerthin, heb unrhyw sensitifrwydd i dristwch a thorcalon y sefyllfa. Ond y mae ymateb y rhieni yn gwbl wahanol. Nid ydynt hwy yn chwerthin nac yn wylofain, er mai hwy a gafodd y golled fwyaf. Yn hytrach, y maent yn dal i lynu wrth y gobaith y bydd Iesu'n gallu gwneud rhywbeth i adfer eu merch, yn enwedig o'i glywed yn dweud wrthynt am beidio ag ofni, *'dim ond credu, ac fe'i hachubir'*. Er mor anghredadwy oedd geiriau Iesu, nid chwerthin ond dal i ymddiried ynddo a wna'r tad a'r fam. A hwy, ynghyd â Phedr, Ioan ac Iago, sy'n cael mynd i mewn i'r ystafell lle mae'r ferch yn gorwedd.

Daw hyn â ni at gyferbyniad arall yn y stori, *rhwng sŵn y dyrfa oddi allan a distawrwydd yr ystafell oddi mewn*. Disgrifir y tyrfaoedd yn gwasgu ar Iesu ac yn ei atal rhag prysuro i gartref Jairus. Ac wedi iddo gyrraedd y mae'n gorfod gwahardd rhai sy'n ceisio cael mynediad hyd yn oed i dŷ galar. Mae Mathew yn disgrifio'r olygfa'n fwy manwl: *'Pan ddaeth Iesu i dŷ'r llywodraethwr, a gweld y pibyddion a'r dyrfa mewn cynnwrf'* (Math. 9: 23). Mathew yn unig, gyda'i wybodaeth o arferion Iddewig, sy'n cyfeirio at y pibyddion, sef y canwyr ffliwt a logid gyda'r galarwyr ar gyfer angladd. Ni allai Iesu weithredu yng nghanol y fath stŵr. O ganlyniad, ni adawodd i neb fynd i mewn i'r ystafell lle gorweddai'r ferch, ond Pedr ac Ioan ac Iago a'r tad a'r fam. Gellir dychmygu tawelwch yr ystafell a dwyster y sefyllfa: y ferch ddeuddeg oed wedi marw, a'i rhieni a chyfeillion agosaf Iesu yn ymwybodol o dangnefedd pwerus yn llenwi'r lle, a hynny am fod Iesu yn y canol. Ble bynnag y mae Iesu yn y canol, mae'r lle hwnnw'n troi yn gysegr ac yn bwerdy ysbrydol. Gyda'r presenoldeb dwyfol o'u hamgylch, mae Iesu'n gafael yn llaw'r ferch ac yn dweud yn uchel, *"Fy ngeneth, cod."*

Deffro o gwsg marwolaeth

Marc sy'n dyfynnu'r geiriau Aramaeg a ddaw o enau Iesu: *'Talitha cwm'* (Marc 5: 41), gan ychwanegu mai ystyr y geiriau yw, 'Fy ngeneth, rwy'n dweud wrthyt, cod.' Sut y llithrodd yr ychydig eiriau Aramaeg hyn i mewn i fersiwn Marc o'r stori? Un eglurhad yw fod Marc wedi derbyn ei wybodaeth ar gyfer ei efengyl oddi wrth Pedr. Yr oedd Pedr yn un o'r tri disgybl oedd yn bresennol yn yr ystafell, ac felly yr oedd yn llygad-dyst i'r wyrth. Ni allai Pedr anghofio llais Iesu'n llefaru, *'Talitha cum'*, ac ni allai anghofio cariad a thynerwch ac awdurdod ei eiriau. Yn ei gof clywai Iesu'n dweud y geiriau, nid mewn Groeg, ond yn ei iaith ei hun yn yr Aramaeg.

Y mae Luc, fel yr efengylwyr eraill, yn gynnil a diffwdan yn ei ddisgrifiad o'r ferch yn codi ar unwaith Y mae ei hadferiad yn union fel deffro o gwsg. Geiriau Iesu i'r dyrfa a'r galarwyr oedd, *'nid yw hi wedi marw, cysgu y mae'* (Luc 8: 52). Y gair a ddefnyddir yw'r un cyffredin am gwsg naturiol, gyda'r canlyniad fod rhai esbonwyr wedi awgrymu fod Iesu'n dweud mai cysgu y mae hi'n llythrennol a'i bod, nid wedi marw, ond mewn *coma*. Yr oedd i bobl ddioddef oddi wrth *cataleptic coma* yn ddigon cyffredin yn y Dwyrain. Oherwydd hyn, ac am fod angladd yn y Dwyrain yn digwydd yn union ar ôl marw, byddai rhai ar adegau'n cael eu claddu'n fyw. Y mae tystiolaeth beddrodau yn profi hynny. Cred rhai esbonwyr yw nad gwyrth ddwyfol o adfer un o farw'n fyw a geir yma, ond yn hytrach *diagnosis* dwyfol, a bod Iesu wedi gwaredu'r ferch hon rhag marwolaeth ofnadwy trwy gael ei chladdu'n fyw.

Wedi dweud hynny, does dim dwywaith nad yw Mathew, Marc a Luc yn dehongli'r digwyddiad fel gwyrth o ddeffro un o gwsg marwolaeth. Meddai Luc am ymateb y ferch i orchymyn Iesu iddi godi, *'Yna dychwelodd ei hysbryd, a chododd ar unwaith'* (adn. 55). Luc yn unig sy'n cyfeirio at ei hysbryd yn dychwelyd. Ei esboniad ef yw bod ysbryd y ferch wedi gadael ei chorff, ond bod gallu ac awdurdod gan Iesu i ddwyn ei hysbryd yn ôl i'w hadfer i fywyd drachefn. Gweithred ddwyfol yw galw'r ysbryd yn ôl; gweithred ddynol yw codi a cherdded, yn ategu dilysrwydd y wyrth. Ond y mae ystyr dwbl i'r gair *'codi'*. Gall olygu'r weithred ddynol, naturiol, o godi o orwedd neu o gwsg, ond gall hefyd olygu atgyfodi. Ac y mae Luc y meddyg yn ychwanegu,

'Gorchmynnodd ef roi iddi rywbeth i'w fwyta' (adn. 55). Yn dilyn gweithred ryfeddol Iesu o godi'r ferch o farwolaeth, gwelai'r meddyg yr angen iddi wedyn gael bwyd. Rhaid wrth adferiad ysbrydol a chorfforol. Yn naturiol, fe syfrdanwyd ei rhieni. Yn ôl Mathew, *'aeth yr hanes am hyn allan i'r holl ardal honno'* (Math. 9: 26). Yn ôl Luc, rhybuddiodd Iesu'r rhieni a'r tystion i beidio â sôn gair wrth neb am yr hyn oedd wedi digwydd. Ond go brin y byddai neb yn cymryd rhybudd o'r fath o ddifrif. Byddai sôn am yr hyn a ddigwyddodd yn naturiol yn mynd ar led.

Y wyrth hon o atgyfodi merch Jairus yw uchafbwynt cyfres o wyrthiau, a adroddir gan Luc, sy'n dangos awdurdod Iesu dros natur, ysbrydion aflan, afiechyd ac angau. Ac eto y mae nifer fawr o bobl yn dal i wrthod credu ynddo. Ar yr un pryd y mae Iesu'n ceisio atal pobl rhag cyhoeddi ar led y gwyrthiau rhyfeddol hyn rhag i rai gael eu denu i'w ddilyn am y rhesymau anghywir.

Ffydd a Bywyd

Y mae arwyddocâd ychwanegol i hanes merch Jairus am fod y wyrth yn dangos yn eglur y berthynas rhwng ffydd a phrofiadau anodd bywyd. Yn y lle cyntaf, *y mae'n cyflwyno i ni sefyllfa wironeddol drist.* Y mae a wnelo ffydd â phoen a phryder, â dioddefaint a thrallod, â'r ymateb dynol i holl brofiadau dyrys a chymhleth bywyd yn y byd. Nid cynnig dihangfa oddi wrth brofiadau caled a wna ffydd, ond eu hwynebu a chwilio am ystyr a phwrpas ynddynt. Cyflwynir sefyllfa drist ryfeddol yn y stori hon: merch ddeuddeg oed, cannwyll llygad ei rhieni, yn ddifrifol wael ac ar fin marw; ei bywyd yn darfod pan ddylai fod yn dechrau; ei thad yn ŵr o bwys yn y gymdogaeth ond ar fin colli'r peth mwyaf gwerthfawr yn ei fywyd, ei unig ferch; a'r galarwyr eisoes wedi cyrraedd ac yn paratoi ar gyfer eu gwaith. Yna daw'r newyddion trist fod y ferch wedi marw, a hynny cyn i Iesu lwyddo i gyrraedd y tŷ. Gwelir yn yr hanes hwn, fel ym mhrofiad cynifer o bobl ym mhob cyfnod, ffydd ar waith yng nghanol tristwch, trallod, angau ac anobaith; a'r ffydd honno naill ai'n cynnal, yn nerthu ac yn cysuro, neu'n gwanhau ac yn methu ac yn bwrw pobl i anobaith llwyr.

Yn ail, *y mae'n dangos beth yw hanfod ffydd.* Nodwedd amlycaf ffydd Jairus yw ei ymddiriedaeth lwyr yng ngallu Iesu i iacháu. Fel arweinydd crefyddol Iddewig yr oedd yn perthyn i ddosbarth a oedd yn elyniaethus i Iesu a'i genhadaeth. Mae'n bosibl fod Jairus yn un o'r ychydig arweinwyr Iddewig oedd yn gefnogol i Iesu. Ar y llaw arall, y mae'n bosibl ei fod yn anghytuno ag Iesu ar lawer cyfrif. Y mae'n sicr na fyddai'n derbyn mai Iesu oedd y Meseia hirddisgwyliedig. Ond nid mater o gydsynio â nifer o athrawiaethau haniaethol yw ffydd, nac ychwaith o gyffesu'n ffurfiol fod Iesu'n Fab Duw, ond ymddiriedaeth bersonol, lwyr ynddo. Daeth Jairus at Iesu gan roi heibio ei bwysigrwydd, ei ragfarnau a'i amheuon, a syrthio wrth ei draed ac ymbil am ei gymorth i'w unig ferch. A phan ddaeth negesydd o'i dŷ i'w hysbysu ei bod wedi marw, nid cefnu ar Iesu a wnaeth, ond glynu wrtho gan ddal i gredu y gallai ei hachub.

Yn drydydd, *y mae'n dangos natur awdurdod Crist.* Dengys Luc yn eglur awdurdod Iesu dros natur, afiechyd a marwolaeth. Ac eto nid yw'n ei bortreadu fel person mawreddog ac ymorcheslul. Fe'i gwelir yn symud yn wylaidd ymysg y dyrfa, yn barod ei wasanaeth i bawb mewn angen – tad pryderus, gwraig swil a gwangalon, galarwyr trist, disgyblion chwilfrydig, merch yn agos at farw. Nid oes dim yn ei ymddygiad sy'n rhwysgfawr na hunanbwysig. Nid yw'n dymuno i neb sôn gair am y modd yr adferwyd y ferch. Nid yw'n chwennych clod na chanmoliaeth. Yn ei gariad, ei ostyngeiddrwydd, a'i addfwynder y gwelir ei fawredd.

Cwestiynau i'w trafod:

1. Beth a ddywed agwedd ac ymddygiad Jairus wrthym am natur ffydd?

2. 'Gwelir mawredd Iesu yn ei ostyngeiddrwydd a'i dosturi.' Trafodwch.

3. Ym mha fodd y mae'r Efengyl yn gwneud gwahaniaeth i'n hagwedd at farwolaeth?

Y Wraig a Gyffyrddodd â Mantell Iesu

'*Tra oedd ef ar ei ffordd yr oedd y tyrfaoedd yn gwasgu arno. Yr oedd yno wraig ac arni waedlif ers deuddeng mlynedd. Er iddi wario ar feddygon y cwbl oedd ganddi i fyw arno, nid oedd wedi llwyddo i gael gwellhad gan neb. Daeth hon ato o'r tu ôl a chyffwrdd ag ymyl ei fantell; ar unwaith peidiodd llif ei gwaed hi. Ac meddai Iesu, "Pwy gyffyrddodd â mi?" Gwadodd pawb, ac meddai Pedr, "Meistr, y tyrfaoedd sy'n pwyso ac yn gwasgu arnat." Ond meddai Iesu, "Fe gyffyrddodd rhywun â mi, oherwydd fe synhwyrais i fod nerth wedi mynd allan ohonof." Pan ganfu'r wraig nad oedd hi ddim wedi osgoi sylw, daeth ymlaen dan grynu; syrthiodd wrth ei draed a mynegi gerbron yr holl bobl pam yr oedd hi wedi cyffwrdd ag ef, a sut yr oedd wedi gwella ar unwaith. Ac meddai ef wrthi, "Fy merch, dy ffydd sydd wedi dy iacháu di; dos mewn tangnefedd."'*

Luc 8: 42b–48 (Math. 9: 20–22; Marc 5: 25–34)

Stori oddi mewn i stori yw hon, sef hanes y wraig a gyffyrddodd â mantell Iesu, wedi ei gosod o fewn hanes Iesu ar ei ffordd i iacháu merch Jairus. Mae'n briodol fod Luc yn adrodd stori am Iesu'n iacháu dwy ferch gan mai un o nodweddion yr efengyl hon yw'r sylw manwl a roddir i ferched. Yn Efengyl Luc y ceir hanes Elisabeth a Mair ac Anna yn moliannu'r Arglwydd, ac y sonnir am y wraig o Sarepta a'r weddw o Nain. Luc yn unig sy'n sôn am Susanna a Joanna a fu'n garedig i Iesu yn nyddiau ei gnawd. Luc hefyd sy'n adrodd hanes y wraig a olchodd draed Iesu â'i dagrau a'u sychu â gwallt ei phen, a hanes y wraig wargrwm a fu'n wael am ddeunaw mlynedd ac a iachawyd gan Iesu ar y Saboth. Felly, does ryfedd fod gan Luc ddiddordeb yn hanes merch Jairus a'r wraig hon a gyffyrddodd â mantell Iesu, er bod Mathew a Marc hefyd yn adrodd eu hanes.

Gwëwyd y stori am ferch Jairus a'r stori am y wraig hon ynghyd am fod y ddwy wedi eu halogi. Halogwyd merch Jairus gan angau, ac ystyrid bod gwaedlif yn halogi dynes. Meddai'r ddeddf Iddewig: '*Pan fydd gan wraig ddiferlif gwaed am lawer o ddyddiau heblaw ar adeg ei *misglwyf, neu pan fydd y diferlif yn parhau ar ôl ei misglwyf, bydd yn aflan cyhyd ag y pery'r diferlif, fel ar adeg ei misglwyf. Y mae unrhyw wely y mae'n gorwedd arno... ac... unrhyw beth y mae'n eistedd arno yn aflan... Y mae unrhyw un sy'n eu cyffwrdd yn aflan, ac y mae i olchi ei ddillad, i ymolchi â dŵr a bod yn aflan hyd yr hwyr'* (Lef. 15: 25–27). Fe ddigwyddodd yr hyn a waharddwyd gan y ddeddf: cyffwrdd â'r halogedig. Ond yn lle bod Iesu'n cael ei halogi pan gyffyrddodd y wraig ag ymyl ei fantell, fe beidiodd ei diferlif gwaed hi, cafodd ei hiacháu a'i glanhau. Fe gyffyrddodd yr aflan â'r glân, ac yn lle cael ei halogi gan yr aflan roedd sancteiddrwydd Crist yn goresgyn pob aflendid ac yn dwyn glanhad ac adforiad i'r wraig. Amcan y wyrth yw dangos fod nerth Iesu'n ddigon grymus i iacháu claf, i buro'r aflan ac i ddwyn un a orfodwyd i fod ar wahân yn ôl i ganol cymdeithas. Yn lle ymguddio yng nghanol y dorf y tu ôl i Iesu daeth y wraig ymlaen i'w wynebu ac i gyffesu gerbron yr holl bobl *'pam yr oedd hi wedi cyffwrdd ag ef, a sut yr oedd wedi gwella ar unwaith'* (Luc 8: 47).

Pwysigrwydd yr Unigolyn

Er bod Iesu ar frys i gyrraedd tŷ Jairus nid oedd ar ormod o frys i roi sylw i'r wraig hon. Does yr un sefyllfa arall yn yr efengylau sy'n dangos yn eglurach na hon bwysigrwydd yr unigolyn yng ngolwg Iesu. Gwerth yr hanes hwn yw ei fod yn dangos yn eglur sensitifrwydd Iesu i bob achos o angen ac afiechyd. Ni all person mewn angen guddio o olwg Iesu. Dim ond un ymhlith tyrfa fawr yw'r wraig. Gweld y dyrfa'n unig a wna'r disgyblion: *'Meistr, y tyrfaoedd sy'n pwyso ac yn gwasgu arnat'* (adn. 45). Ond y mae Iesu'n ymwybodol o bresenoldeb un person – gwraig ddi-nod, ostyngedig, swil, y gwyddai bod eraill yn ei hystyried yn aflan. *'Daeth hon ato o'r tu ôl a chyffwrdd ag ymyl ei fantell'* (adn. 44). Daw'r sylw a rydd Iesu iddi yn amlycach o ystyried lleoliad y stori yng nghanol prysurdeb Iesu. Y mae ar frys i gyrraedd tŷ Jairus. Y mae merch fach yn ddifrifol wael ac ar fin marw. Mae'r dyrfa'n gwasgu arno ac yn ei ddal yn ôl. Mae'n anodd dychmygu sefyllfa fwy argyfyngus sy'n galw am ymateb diymdroi. Gŵr pwysig yw Jairus, arweinydd yn y synagog a ffigur amlwg yn y gymdeithas. Mewn cymhariaeth, nid yw'r wraig hon yn neb yng ngolwg y dyrfa. Ond yng ngolwg Iesu does dim yn bwysicach na rhoi sylw i un wraig druan mewn angen.

Mae'r sefyllfa hon yn ein hatgoffa am rai o ddywediadau Iesu: *'Felly nid ewyllys eich Tad, yr hwn sydd yn y nefoedd, yw bod un o'r rhai bychain hyn ar goll'* (Math. 18: 14); *'Oni werthir pump aderyn y to am ddwy geiniog? Eto nid yw un ohonynt yn angof gan Dduw. Yn wir, y mae hyd yn oed pob blewyn o wallt eich pen wedi ei rifo. Peidiwch ag ofni; yr ydych yn werth mwy na llawer o adar y to'* (Luc 12: 6–7). A chenadwri dameg y ddafad golledig yw bod yr un ddafad sydd ar goll mor bwysig â'r naw deg naw sy'n ddiogel yn y gorlan. Fel y mae pob un o'r defaid yn bwysig i'r bugail, mae pob creadur byw yn bwysig i Dduw. Mor aml yr anghofir cyflwr trueiniaid gwledydd tlawd y byd, a hynny am ein bod yn anghofio bod iddynt werth cynhenid fel plant i Dduw. Wedi i'r wraig hon wynebu Iesu dan grynu, rhoddodd ef ei holl sylw iddi. Roedd y modd y bu iddo ganoli ei sylw arni'n fynegiant o'i neges bod Duw'n caru pob un o'i blant, hyd yn oed y rhai a ystyrid yn ddiwerth ac yn wrthodedig gan y dyrfa. Meddai Awstin Sant, 'Y mae Duw yn ein caru fel pe bai ond un ohonom i'w garu.' Mae gan Iesu ofal am bob un person sydd mewn angen. Mae'n cynnig golwg i'r deillion, lleferydd i'r mud, nerth i'r llesg a'r gwan, bywyd i'r meirw. Mae bywyd newydd ar gael i bawb a ddaw at Iesu â ffydd yn ei galon.

Ffydd Amherffaith

Ffydd sy'n gyrru'r wraig hon i ddod o'r tu ôl i Iesu er mwyn cyffwrdd ag ymyl ei fantell. Yr oedd gwisg allanol Iddew yn ddarn mawr o liain, neu o wlân, yn gorchuddio'r holl gorff, â'i ben rhydd wedi ei daflu dros yr ysgwydd chwith. Y taseli gwyn a glas oedd yn hongian wrth hwnnw a olygir wrth *'ymyl ei fantell'* (adn. 44). Roedd gwisgo'r fantell yn arwydd fod dyn yn Iddew ac yn ei atgoffa ei fod yn perthyn i genedl etholedig Duw. Yn fersiwn Mathew o'r stori hon, dywed y wraig, *'Dim ond imi gyffwrdd â'i fantell, fe gaf fy iacháu'* (Math. 9: 21). Roedd ffydd y wraig yn gymysg â'i chred ofergoelus fod rhin sanctaidd yn llifo i ddillad Iesu o'i gymeriad a'i gorff. Ond os ffydd ofergoelus, amherffaith oedd ganddi, yr oedd yn ddigon i ennyn ymateb Iesu. Ymestyn at Iesu a wna'r wraig wrth ei gyffwrdd – arwydd allanol o'r dyhead a'r gobaith oedd yn ei chalon. Dywed Iesu wrthi, *'Fy merch, dy ffydd sydd wedi dy iacháu di; dos mewn tangnefedd'* (Luc 8: 48). Ei ffydd, yn hytrach na'r weithred o gyffwrdd ag ymyl gwisg Iesu, a'i hiachaodd.

Ceir sawl enghraifft yn yr efengylau o bobl yn troi at Iesu yn eu hanghenion er bod eu ffydd yn anghyflawn. Meddai tad y bachgen ag ysbryd aflan ynddo, *'Yr wyf yn credu; helpa fi yn fy niffyg ffydd'* (Marc 9: 24). Nid yw Iesu byth yn troi neb i ffwrdd am nad oes ganddynt ddigon o ffydd, neu am fod eu ffydd yn amherffaith neu'n ofergoelus. Yn hytrach, mae'n cydio yn yr ychydig ffydd sydd gan berson, ac er lleied ydyw mae'n defnyddio'r ffydd honno i gyflawni ei weithredoedd nerthol. Dyna'r hyn a elwir gan C.S. Lewis yn 'economeg yr Efengyl', sy'n gwbl wahanol i economeg y byd. Mae economeg masnach a busnes yn mynnu ein bod yn talu'n llawn am bopeth. Ni ellir prynu mewn siop eitem sy'n costio £5 am £2 yn unig (onid yw'r pris wedi'i ostwng mewn sêl, wrth gwrs!). Rhaid talu'r pris llawn. Ond y mae economeg gras yn wahanol. Mae Iesu'n barod i gymryd ffydd amherffaith ac anghyflawn a'i defnyddio i ddwyn iachâd ac adferiad i'r sawl sydd mewn angen. Ond ni ellir gweld gallu dwyfol Iesu ar waith heb ffydd, pa mor wan bynnag y bo'r ffydd honno.

Nid oedd y dyrfa o amgylch y wraig yn credu, ac o ganlyniad ni allent werthfawrogi gwyrth ei hiachâd. Nid oedd y galarwyr yn nhŷ Jairus yn credu, ac o ganlyniad dechreusant chwerthin am ben Iesu (adn. 53). Yn dilyn y wyrth o iacháu dyn mud a adroddir yn efengyl Mathew, nid oedd y Phariseaid yn credu ychwaith. Meddent hwy, *'Trwy bennaeth y cythreuliaid y mae'n bwrw allan gythreuliaid'* (Math. 9: 34). Ac ni chawsant hwythau rannu ym mendith y digwyddiad. Mae'n bosibl bod yn rhan o'r dyrfa sy'n gwasgu ar Iesu heb brofi grym ei gariad a'i ras. Trwy ffydd ynddo'n unig y mae profi'r bywyd newydd a'r adferiad sydd ganddo ar gyfer pob un sy'n troi ato. Gall y ffydd honno fod yn wan ac amherffaith ac ofergoelus, ond gall fod yn ddigon i glymu dyn yn ei wendid a'i angen wrth holl oludoedd gras Duw yn Iesu Grist.

Aeth nerth allan ohono

Dywed Marc yn ei fersiwn ef o'r stori fod y wraig *'wedi dioddef yn enbyd dan driniaeth llawer o feddygon, ac wedi gwario'r cwbl oedd ganddi, a heb gael dim lles ond yn hytrach mynd yn waeth'* (Marc 5: 26). Er bod Luc y meddyg hefyd yn cynnwys y cyfeiriad hwn at fethiant y meddygon, mae ganddo fwy o ddiddordeb yn y dulliau gwahanol o iacháu oedd gan Iesu. Ar rai adegau, mae'n iacháu trwy air yn unig; ar adegau eraill, trwy roi gorchymyn, neu trwy estyn ei law i gyffwrdd â chlaf. Yn yr hanes hwn, y wraig ei hun sy'n estyn ei llaw i gyffwrdd â mantell Iesu. Er bod ei gweithred yn ymylu ar ofergoeliaeth, roedd yn syniad cyffredin ar y pryd fod dillad person yn fath o estyniad o'i bersonoliaeth. Effaith ei chyffyrddiad yw bod Iesu'n teimlo fod nerth wedi mynd allan ohono, ac mae'n troi at ei ddisgyblion a gofyn, *'Pwy gyffyrddodd â mi?'* (Luc 8: 45). Ateb Pedr yw bod y dyrfa'n gwasgu arno ac yn pwyso yn ei erbyn. Mae Iesu'n edrych o'i amgylch ac yn gweld y wraig. Gŵyr y gwahaniaeth rhwng cyffyrddiad damweiniol a chyffyrddiad ffydd. Y syniad a gyfleir yma yw bod gallu iachaol Iesu yn llenwi ei gymeriad a'i gorff; bod ei natur ddwyfol fel pe bai'n gwefru ei natur ddynol.

Ar un olwg mae'n ymddangos i ni fod y syniad hwn yn debyg i swyngyfaredd. Ond nid cyffyrddiad y wraig fel y cyfryw sy'n gwneud y wyrth yn bosibl, ond y ffydd a fynegir gan ei chyffyrddiad. Wedi'r cyfan, o ystyried maint y dyrfa nid oes unrhyw awgrym fod y bobl eraill sy'n gwasgu yn erbyn Iesu'n teimlo unrhyw bŵer dwyfol yn effeithio arnynt. Ond mae'n amlwg fod Iesu ei hun yn teimlo fod nerth wedi mynd allan ohono. Ar un lefel, gellir deall fod gweini ar bobl eraill ac estyn iachâd iddynt yn golygu gwaith aberthol. Rhoi ei hun dros eraill y mae Iesu trwy gydol ei weinidogaeth, a dichon fod hynny'n golygu straen corfforol ac ysbrydol iddo, nid yn unig wrth gyflawni ei wyrthiau iacháu ond hefyd wrth ddysgu a phregethu newyddion da'r deyrnas.

Wrth gyffwrdd ag Iesu, troi ato mewn ffydd a wna'r wraig hon. A dyna yw arwyddocâd ei gweithred i ni. Wrth fynd at Iesu dan faich ein gofidiau a'n hofnau a'n hanghenion a'n hamheuon, ac wrth edrych i'w gyfeiriad ac estyn ein dwylo ato mewn ffydd a dychymyg y profwn ei nerth yn ein hiacháu a'n hadfer. Meddai J.G. Whittier yn ei emyn,

> We touch him in life's throng and press,
> And we are whole again.

I'r graddau y bydd gogwydd ein bywyd at Iesu Grist y profwn ei ras a'i gariad yn llifo atom. Dyna yw gweddi – troi i gyfeiriad Iesu a dwyn ein holl broblemau a'n gofidiau ato. Yn ei gyfrol *Rhwydwaith Duw*, mae gan y diweddar Walter P. John bregeth dan y pennawd, 'Cwestiwn a

Gweddi'. Pan ddaw problemau ac amheuon i'n blino, y gamp, meddai, yw troi'r cwestiwn yn weddi, sef cyfeirio'n hanghenion at Iesu Grist. Oni wnawn hynny, y mae ein gofidiau'n troi'n gwestiynau ac yn amheuon, a chawn ein hunain yn disgyn, fel y wraig yn yr hanes hwn, i afael anobaith a digalondid. 'Oni ddysgwn y ffordd i droi ein cwestiwn yn weddi, ein hymdrafod diddiwedd yn addoli, cawn ein gadael heb ateb a heb obaith,' meddai Walter John. 'A dyna'r unig ateb hefyd i bob problem ddyrys arall: troi ein cwestiynau mawr yn weddïau mwy.' Dyna ffordd arall o ddweud mai ystyr cyffwrdd ag ymyl gwisg Iesu yw dyheu amdano, troi tuag ato, syllu arno a dwyn ein holl anghenion ger ei fron. Dyna yw thema'r weddi hon gan Roger Schultz, sylfaenydd Cymuned Taizé.

'wy'n dyheu amdanat ti,
dymunaf droi atat,
syllu arnat,
myfyrio arnat,
gwirioni arnat,
dy garu, dy ddilyn, dy wasanaethu,
fel y perffeithir fy ffydd
ac y llenwir fy mywyd
â'th fywyd di dy hun.

Cwestiynau I'w trafod:

1. Pa mor bwysig yw pwyslais Iesu ar werth yr unigolyn? A oes perygl heddiw i'r unigolyn fynd ar goll yn y dyrfa?

2. Beth a fynegir gan weithred y wraig hon yn cyffwrdd ag ymyl mantell Iesu?

3. Beth oedd y nerth a aeth allan o Iesu pan gyffyrddodd y wraig ag ef?

Glanhau Deg o Wahangleifion

'Yr oedd ef, ar ei ffordd i Jerwsalem, yn mynd trwy'r wlad rhwng Samaria a Galilea, ac yn mynd i mewn i ryw bentref, pan ddaeth deg o ddynion gwahanglwyfus i gyfarfod ag ef. Safasant bellter oddi wrtho a chodi eu lleisiau arno: "Iesu, feistr, trugarha wrthym." Gwelodd ef hwy ac meddai wrthynt, "Ewch i'ch dangos eich hunain i'r offeiriaid." Ac ar eu ffordd yno, fe'u glanhawyd hwy. Ac un ohonynt, pan welodd ei fod wedi ei iacháu, a ddychwelodd gan ogoneddu Duw â llais uchel. Syrthiodd ar ei wyneb wrth draed Iesu gan ddiolch iddo; a Samariad oedd ef. Atebodd Iesu, "Oni lanhawyd y deg? Ble mae'r naw? Ai'r estron hwn yn unig a gafwyd i ddychwelyd ac i roi gogoniant i Dduw?" Yna meddai wrtho, "Cod, a dos ar dy hynt; dy ffydd sydd wedi dy iacháu di."'

Luc 17: 11–19

Yma cawn hanes Iesu'n glanhau deg o ddynion gwahanglwyfus rywle ar y ffin rhwng Samaria a Galilea. Roedd Iesu ar ei daith olaf i Jerwsalem ac yn teithio rhwng y ddwy dalaith. Dyna oedd yn cyfrif am y ffaith fod un o'r deg yn Samariad. Fel arfer nid oedd cyfathrach rhwng Iddewon a Samariaid, ond y mae'n debyg bod eu hafiechyd, a'r ffaith eu bod wedi eu halltudio oddi wrth gymdeithas â phobl eraill, wedi eu tynnu at ei gilydd gan ddileu pob gwahaniaeth oedd rhyngddynt. Roedd gwahangleifion yn gorfod byw y tu allan i'r pentrefi, ac yn ddigon pell oddi wrth bobl iach. Mae'n bur debyg ei fod yn arferiad gan y deg hyn i ddod at fin y ffordd i gardota neu i gasglu tameidiau o fwyd a adawyd iddynt gan rai o'r pentrefwyr. Cyfarfu'r deg ag Iesu ar y ffordd, er iddynt sefyll yn ddigon pell oddi wrtho yn unol â gorchmynion y gyfraith. Galwodd y deg ar Iesu i drugarhau wrthynt: *'Iesu, feistr, trugarha wrthym'* (adn. 13). Luc yn unig sy'n defnyddio'r gair 'meistr', yn lle rabi neu athro, a cheir awgrym o awdurdod yn y gair. Y mae Iesu'n gwrando ar eu cri ac yn dweud wrthynt am fynd i ddangos eu hunain i'r offeiriaid. Nid yw'n cyffwrdd â hwy. Mae Luc yn bwriadu dangos fod gan Iesu'r gallu i iacháu drwy air yn unig. Yr oedd rheolau clir ynglŷn â derbyn dyn wedi'i iacháu o'r gwahanglwyf yn ôl i'r gymdeithas, ynghyd â

═════════════ Dehongli'r Gwyrthiau ═════════════

seremonïau ac aberthau penodol (Lef. 14: 1–32). Aeth y deg mewn ufudd-dod i orchymyn Iesu mewn ffydd fod ei air ef yn ddigonol i'w glanhau: *'Ac ar eu ffordd yno, fe'u glanhawyd hwy'* (adn. 14). Digwyddodd y wyrth wrth iddynt gerdded y ffordd.

Pan sylweddolodd y Samariad ei fod wedi ei iacháu, dychwelodd at Iesu i ddiolch iddo. Defnyddir y gair 'iacháu' yma ynglŷn â'r gwahanglwyf, yn lle'r term arferol 'glanhau', am nad oedd y glanhad seremonïol mor angenrheidiol i Samariad, ond hefyd oherwydd bod gair Iesu'n cyflawni mwy na glanhau person yn unig; yn hytrach mae'n dwyn iachâd corfforol ac ysbrydol iddo. Ymateb y Samariad oedd rhoi dwbl y diolch, sef *'gogoneddu Duw â llais uchel'* (adn. 15), a syrthio ar ei wyneb gerbron Iesu gan ddiolch iddo. Synnodd Iesu nad oedd neb arall ohonynt wedi dychwelyd i gydnabod eu hiachâd ac i roi diolch i Dduw, ond yr *'estron hwn yn unig'* (adn. 18), gan godi cywilydd ar yr Iddewon, fel yn nameg y Samariad Trugarog.

Cariad yn croesi Ffiniau

Yn yr hanes hwn, cyflwynir Iesu fel yr Iachawr hael sy'n barod i dosturio wrth bawb mewn angen, ond sy'n derbyn diolch a gwrogaeth gan estron yn unig. Dim ond Luc sy'n disgrifio'r digwyddiad hwn, a gellir ei ddychmygu wrth ei fodd yn adrodd y stori. Fel meddyg, roedd ganddo ddiddordeb arbennig yn y gwyrthiau iacháu a ddangosai dosturi a gallu Iesu. Fel cenedl-ddyn, roedd yn awyddus i ddangos fod cenhadaeth Iesu'n ymestyn y tu hwnt i derfynau Israel. Nid oedd Iesu'n cydnabod y ffiniau y bydd pobl yn eu gosod rhyngddynt a'i gilydd. Roedd ei gariad a'i dosturi'n gwella pob afiechyd ac yn diddymu pob ffin a gwahanfur. Dyna ddwy thema ganolog y wyrth hon. Meddai un esboniwr, 'Ym mhob achos nid y digwyddiad yw'r weithred wyrthiol ond y gair o ddysgeidiaeth sy'n tarddu ohono.' Yn y digwyddiad hwn ceir dau air o ddysgeidiaeth.

Yn gyntaf, *fod gan Iesu'r awdurod a'r gallu i iacháu dyn yn gyflawn.* Yn hanes y Samariad hwn a ddychwelodd i ddiolch i Iesu am ei iachâd, gwelwn fod tair agwedd i'w adferiad – y corfforol, yr ysbrydol a'r cymdeithasol. Yn y Roeg gwreiddiol defnyddir tri gair gwahanol am iacháu, yn adn. 14, 15 a 19. Yn y lle cyntaf, cafodd ei lanhau o'i wahanglwyf; cafodd iachâd corfforol. Yn ail, fe'i hiachawyd yn gymdeithasol. O gael ei lanhau o'r gwahanglwyf, gallai ddychwelyd at Iesu a chymryd ei le unwaith eto o fewn y gymdeithas. Yn lle sefyll *'bellter oddi wrtho'* (adn. 12), gallai yn awr ddod yn agos ato a syrthio *'ar ei wyneb wrth draed Iesu'* (adn. 16). Yn drydydd, profodd iachawdwriaeth lawn. Cawsai ei lanhau a'i ddychwelyd i berthynas â phobl eraill, a daeth i gydnabod fod Duw ar waith yn Iesu Grist. *'Dychwelodd gan ogoneddu Duw â llais uchel'* (adn. 15). Estyniad o'i foliant i Dduw oedd iddo hefyd syrthio ar ei wyneb wrth draed Iesu mewn diolchgarwch. Anfonwyd ef ar ei hynt i fod yn dyst o'r iachawdwriaeth lawn sydd i'w chael trwy Iesu Grist. *'Yna meddai wrtho, "Cod, a dos ar dy hynt; dy ffydd sydd wedi dy iacháu di'* (adn. 19). Y mae rhai esbonwyr wedi awgrymu mai gwell cyfieithiad fyddai, 'Y mae dy ffydd wedi dy achub di', sef wedi ei ddwyn i iachawdwriaeth ac i lawnder bywyd.

Yn ail, *mae gan Iesu'r awdurod a'r gallu i oresgyn pob gwahanfur.* O'r holl afiechydon a allai ymosod ar gorff dynol, nid oedd yr un creulonach na'r gwahanglwyf. Marwolaeth araf, greulon, oedd tynged pob dioddefwr yn nyddiau Iesu, heb obaith am feddyginiaeth. Yn y Beibl, defnyddir y gair 'gwahanglwyf' am lawer math o glefydau'r croen, ac yr oedd rhai y gellid eu gwella. Ond ni ellid gwneud dim ynghylch y gwahanglwyf go iawn, ond ceisio rheoli ei ymlediad trwy wahanu dioddefwyr oddi wrth weddill y gymdeithas. Ceir disgrifiad manwl mewn dwy bennod o Lefiticus o sut y dylid gosod gwahangleifion ar wahân, a sut y dylid eu trin (Lef. 13 a 14). Os barnai offeiriad fod y gwahanglwyf ar ddyn, byddai ar unwaith yn cael ei alltudio o gymdeithas â phobl eraill: *'Y mae'r sawl sy'n heintus o'r dolur hwn i wisgo dillad wedi eu rhwygo, gadael ei wallt yn rhydd, gorchuddio'i wefus uchaf a gweiddi, "Aflan, aflan!" ... y mae i fyw ar ei ben ei hun, a hynny y tu allan i'r gwersyll'* (Lef. 13: 45–46).

Dros y canrifoedd, mabwysiadwyd y ffordd Iddewig o wahanu gwahangleifion oddi wrth eu cyd-ddynion gan wledydd Ewrop. Eu tynged fu cael eu gadael o'r neilltu i ddihoeni a marw. Yn y Canol Oesoedd, pan âi dyn yn wahanglwyfus, darllenai'r offeiriad y gwasanaeth angladd uwch ei ben, ac ni chaniateid iddo wedyn ddod i unrhyw wasanaeth yn yr eglwys, ond câi wylio'r gwasanaeth drwy ffenestr arbennig yn y mur. Yn yr hanesion a geir yn yr efengylau am

Iesu'n ymwneud â gwahangleifion, sonnir amdanynt yn nesáu ato. Yn arferol, byddent yn cadw draw oddi wrth bawb, ond y mae'n rhaid eu bod yn synhwyro bod Iesu'n cydymdeimlo â hwy, a bod ganddo'r gallu i'w glanhau. Ceir o leiaf un cyfeiriad ato'n estyn ei law i gyffwrdd â gwahanglwyf (Luc 5: 13). Dysgai rabiniaid y cyfnod na ddylai neb fynd yn nes na chwe throedfedd at berson gwahanglwyfus, ac os chwythai'r gwynt o'i gyfeiriad dylid sefyll hanner can llath oddi wrtho. Byddai ambell rabbi yn taflu cerrig at wahangleifion i'w cadw draw. O ganlyniad, yr oedd tuedd i ystyried y gwahanglwyfus yn israddol, islaw sylw dyn a Duw. Ond yr oedd agwedd ac ymddygiad Iesu'n gwbl wahanol. Dangosodd yn eglur nad oedd pob un person, gan gynnwys pob person gwahanglwyfus, yn blentyn i Dduw. Y wyrth a gyflawnodd Iesu oedd nid yn unig iacháu'r deg gwahanglwyfus, ond hefyd diddymu'r gwahanfur oedd yn eu gwahanu oddi wrth weddill y gymdeithas.

Prif ddiben yr Efengyl Gristnogol yw goresgyn pob ffin a rhaniad sy'n cadw pobl ar wahân. Dywed Paul fod Iesu Grist wedi dod i'r byd i hysbysu i ni ddirgelwch ewyllys Duw, *'sef dwyn yr holl greadigaeth i undod yng Nghrist, gan gynnwys pob peth yn y nefoedd ac ar y ddaear'* (Eff. 1: 10). Wrth i'r genhadaeth Gristnogol fynd rhagddi gwelai Paul y gwahanfuriau'n dymchwel fesul un ac un: *'Nid oes yma ragor rhwng Groegiaid ac Iddewon, enwaediad a dienwaediad, barbariad, Scythiad, caeth, rhydd; ond Crist yw pob peth, a Christ sydd ym mhob peth'* (Col. 3: 11). Mae Luc yn manteisio ar y ffaith mai ar y ffin rhwng Samaria a Galilea y digwyddodd y wyrth hon, ac mai Samariad oedd yr un a ddychwelodd i ddiolch i Iesu am ei lanhau, i ddangos nad oedd ym meddwl Iesu le o gwbl i'r ffin a fodolai rhwng Iddewon a Samariaid. Fel un oedd yn 'estron' ei hunan, yr oedd Luc yn ymfalchïo yn nhystiolaeth a moliant 'estron' arall. Roedd Samariaid yn cael eu hystyried yn aflan ac yn wrthodedig gan Iddewon, ond un Samariad a ymatebodd i gariad a thosturi Iesu, tra oedd y naw arall yn gwbl anystyriol o'r hyn a wnaeth Iesu drostynt.

Ffydd a Diolchgarwch

Rhan o fwriad Luc wrth gyflwyno'i bortread o'r un Samariad diolchgar yw dangos anniolchgarwch a diffyg gwerthfawrogiad o Iesu a'i waith gan rai o'i genedl ei hun. Cawsant hwythau hefyd eu glanhau; buont hwythau hefyd yn dystion o'i wyrthiau, a chawsant hwythau dderbyn trugaredd ganddo. Ond estron, a ddirmygid ganddynt, a ddaeth i ddiolch i Iesu; ac o'r herwydd ef oedd yr un, nid yn unig i brofi glanhad, ond i gael ei iacháu yn gyflawn, yn gorfforol, yn ysbrydol ac yn gymdeithasol. Ei ymateb mewn diolchgarwch a barodd i Iesu ddweud wrtho, *'Cod, dos ar dy hynt; dy ffydd sydd wedi dy iacháu di'* (Luc 17: 19). Daeth ei ffydd i'w llawnder, a phrofodd yntau wir iachâd, trwy ei addoliad a'i ddiolchgarwch. Nid oes dim sy'n well mynegiant o ffydd na diolchgarwch, a dim sy'n glanhau'r enaid fel y gwna diolchgarwch.

Yn y darlun prydferth hwn o drueni dyn yn cydgyfarfod â thosturi Iesu ac yn pontio pob rhagfarn a rhaniad a greodd dyn, gwelwn un dyn yn ymateb â llond calon o ddiolch am rodd ryfeddol Iesu iddo. Ond *'Ble mae'r naw?'* (adn. 17). Dim ond un o'r deg sy'n diolch am iachâd. Pam na ddaeth y naw arall *'i roi gogoniant i Dduw?'* Mae'n bosibl eu bod fel Iddewon yn eu cyfrif eu hunain yn freintiedig, ac yn cymryd bendithion Duw yn ganiataol fel pethau oedd i fod iddynt hwy. Ond y mae'r Samariad, ac yntau o'r tu allan i Israel, yn derbyn ei iachâd fel rhodd rasol oddi wrth Dduw. Gwyddai na allai dderbyn yn iawn heb ddiolch. Awgrymir iddo dderbyn bendith ychwanegol trwy ddiolch, sef iachâd cyflawn. Cawn ein hatgoffa o hanes Eliseus yn rhoi gorchymyn o bell i Naaman yr estron i ymolchi yn yr Iorddonen er mwyn cael ei iacháu o'r gwahanglwyf, a'r modd y dychwelodd hwnnw, i arddel Duw Israel fel yr unig wir Dduw (2 Bren. 5: 9–14). Fe gwblhawyd ei iachâd gan ei ddiolchgarwch.

Mae Luc yn darlunio'r Samariad hwn, mewn gwrthgyferbyniad i'r naw o Iddewon, fel esiampl o ysbryd diolchgar. Yn nameg y Samariad Trugarog (Luc 10: 30–37), cyflwynir Samariad fel cymydog da, mewn gwrthgyferbyniad â'r Lefiad a'r offeiriad Iddewig a oedd yn ddi-hid o angen cyd-ddyn. Yn Actau 8, mae Luc yn adrodd hanes cenhadaeth arbennig i Samaria a pharodrwydd y bobl yno i dderbyn yr Efengyl. Samaria oedd blaenffrwyth y genhadaeth Gristnogol i'r cenhedloedd.

Eu Glanhau ar y Ffordd

Pan ddaeth y deg gwahanglwyf at Iesu gan ofyn iddo drugarhau wrthynt, gellid tybio y byddent yn disgwyl i Iesu gyflawni gweithred wyrthiol, ddramatig, anarferol, a fyddai'n syfrdanu pawb. Yn lle hynny, gorchmynnodd Iesu iddynt wneud rhywbeth syml a chyffredin, sef mynd i mewn i'r ddinas i'w dangos eu hunain i'r offeiriaid. Stori nid annhebyg yw hanes Naaman y Syriad yn dod at Eliseus gan ddisgwyl y byddai'r proffwyd yn cyflawni gwyrth nerthol a dramatig. Ond yn groes i ddisgwyliadau Naaman, gofynnodd Eliseus iddo wneud rhywbeth syml, sef ymdrochi saith waith yn yr Iorddonen. Yn hanes Naaman, fel yn hanes y deg gwahanglwyf, digwyddodd y wyrth wrth i'r bobl hyn ufuddhau a chyflawni gweithredoedd hynod syml – ymdrochi mewn afon a cherdded ffordd i'r ddinas.

Yn yr un modd byddwn ninnau, yn ein bywyd crefyddol, yn dyheu am weld y gwyrthiol, y cynhyrfus a'r anarferol – diwygiad crefyddol nerthol, tebyg i ddiwygiadau'r gorffennol; Ysbryd Duw yn ysgubo drwy'n heolwysi, a thyrfaoedd yn tyrru i'r capeli a'r eglwysi unwaith eto. Ond yr hyn a ddywed y wyrth hon wrthym yw bod Duw yn gweithio drwy'r pethau syml a chyffredin. Gwaith cyson, tawel, di-stŵr, sy'n adeiladu'r deyrnas. Wrth gyflawni'r pethau cyffredin, bob dydd, y mae'r gwyrthiau'n digwydd. *'Ac ar eu ffordd yno, fe'u glanhawyd hwy'* (adn. 14). Trwy ufuddhau i orchymyn Iesu i gerdded i gyfeiriad y ddinas, i'r deml, allan i'r gymdeithas unwaith eto, y cawsant eu glanhau. Ac wrth ddilyn y ffordd yn ôl at Iesu mewn diolchgarwch y cafodd un ei iacháu yn gyflawn.

Cwestiynau i'w trafod:
1. A yw'n wir dweud fod yr Efengyl yn goresgyn ffiniau a rhaniadau dynol? Onid crefydd sy'n gyfrifol am lawer o'r rhaniadau rhwng pobloedd?

2. Pa wahaniaeth a wnaeth ysbryd diolchgar y Samariad i'w iachâd?

3. A ydych yn cytuno mai trwy gyflawni'r pethau bychain, cyffredin, y mae gwyrthiau'n digwydd?

Y Briodas yng Nghana

'Y trydydd dydd yr oedd priodas yng Nghana Galilea, ac yr oedd mam Iesu yno. Gwahoddwyd Iesu hefyd, a'i ddisgyblion, i'r briodas. Pallodd y gwin, ac meddai mam Iesu wrtho ef, "Nid oes ganddynt win." Dywedodd Iesu wrthi hi, "Wraig, beth sydd a fynni di â mi? Nid yw f'awr i wedi dod eto." Dywedodd ei fam wrth y gwasanaethyddion, "Gwnewch beth bynnag a ddywed wrthych." Yr oedd yno chwech o lestri carreg i ddal dŵr, wedi eu gosod ar gyfer defod glanhad yr Iddewon, a phob un yn dal ugain neu ddeg ar hugain o alwyni. Dywedodd Iesu wrthynt, "Llanwch y llestri â dŵr," a llanwasant hwy hyd yr ymyl. Yna meddai wrthynt, "Yn awr tynnwch beth allan ac ewch ag ef i lywydd y wledd." A gwnaethant felly. Profodd llywydd y wledd y dŵr, a oedd bellach yn win, heb wybod o ble'r oedd wedi dod, er bod y gwasanaethyddion a fu'n tynnu'r dŵr yn gwybod. Yna galwodd llywydd y wledd ar y priodfab ac meddai wrtho, "Bydd pawb yn rhoi'r gwin da yn gyntaf, ac yna, pan fydd pobl wedi meddwi, y gwin salach; ond yr wyt ti wedi cadw'r gwin da hyd yn awr." Gwnaeth Iesu hyn, y cyntaf o'i arwyddion, yng Nghana Galilea; amlygodd felly ei ogoniant, a chredodd ei ddisgyblion ynddo.'

Ioan 2: 1–11.

Gan Ioan yn unig y ceir y stori hon, ac ar yr olwg gyntaf y mae'n ymddangos yn stori gartrefol, hyfryd am briodas mewn cartref cyffredin. Yr oedd Cana Galilea tua deuddeg milltir o Nasareth. Dywed Ioan fod mam Iesu yno, er nad yw'n cyfeirio ati wrth ei henw, a bod Iesu a'i ddisgyblion hefyd wedi eu gwahodd, sy'n awgrymu bod y teulu anhysbys hwn yng Nghana yn dal perthynas â theulu Iesu. Ceir traddodiad diweddarach mai Ioan fab Sebedeus oedd y priodfab. Byddai hynny'n egluro presenoldeb Mair, a oedd yn chwaer i Salome, mam Ioan, ac Iesu yn y briodas. Beth bynnag am hynny, mae'n hyfryd meddwl am Iesu ar ddechrau ei weinidogaeth yn bresennol gyda phâr ifanc ar achlysur mor hapus yn eu hanes. Cyfeirir at yr hanes hwn yn y rhan fwyaf o wasanaethau priodas Cristnogol wrth gofio i'r Iesu fod mewn priodas yng Nghana Galilea. Yr ymwybyddiaeth o'i bresenoldeb ef yn cysegru a sancteiddio'r uniad rhwng mab a merch sy'n gwneud priodas Gristnogol yn gwbl wahanol i briodas secwlar.

Mewn priodasau yn y Dwyrain yn nyddiau Iesu, roedd yn arferiad i gadw tŷ agored am wythnos gyfan, a byddai llawer o ffrindiau a chymdogion yn galw i gydlawenhau â'r teulu. Ar achlysur y briodas hon yng Nghana, galwodd mwy nag a ddisgwylid, ac o ganlyniad pallodd y cyflenwad gwin. Gan fod a wnelo Mair, ynghyd â gwragedd eraill bid siŵr, â threfniadau'r wledd, roedd yn naturiol iddi yn ei phenbleth droi at Iesu am gymorth. Ar yr wyneb, mae ymateb Iesu'n swnio'n swta a diamynedd: *'Wraig, beth sydd a fynni di â mi? Nid yw f'awr i wedi dod eto'* (adn. 4) Mae'r gwreiddiol yn fwy tyner ac yn golygu, 'Gad i mi fod, er mwyn imi ddelio â'r sefyllfa yn fy ffordd fy hun ' Mae 'awr Iesu' yn syniad amlwg iawn yn Efengyl Ioan, yn cyfeirio'n benodol at ei ogoneddiad trwy ei farwolaeth a'i atgyfodiad. Rhagflas yn unig o'r gogoneddiad sydd eto i ddod yw'r hyn sydd ar fin digwydd pan droir y dŵr yn win.

Wedi ei bodloni y bydd Iesu'n delio â'r sefyllfa, dywed ei fam wrth y gweision, *'Gwnewch beth bynnag a ddywed wrthych'* (adn. 5). Dywedodd wrthynt am lenwi'r chwe llestr carreg oedd yno â dŵr. Ychwanega Ioan fod y llestri'n dal ugain neu ddeg ar hugain o alwyni, a llanwyd hwy hyd yr ymylon. Ar orchymyn Iesu, tynnwyd peth allan o'r llestri ac aed ag ef i lywydd y wledd. O brofi mor rhagorol oedd y dŵr, a oedd bellach wedi'i droi yn win, meddai llywydd y wledd wrth y priodfab, *'Bydd pawb yn rhoi'r gwin da yn gyntaf, ac yna, pan fydd pobl wedi meddwi, y gwin salach; ond yr wyt ti wedi cadw'r gwin da hyd yn awr'* (adn. 10). Ceir awgrym o ddau beth yn ei eiriau. Yn gyntaf, fod gwahaniaeth yn digwydd o ganlyniad i gyffyrddiad Crist â'n bywyd; ac yn ail, fod mwy a gwell eto i ddod yn ei gwmni. Wrth i'n perthynas ag ef ddyfnhau, derbyniwn fwy a mwy o fendithion o'i law. Hwn oedd y cyntaf o'r 'arwyddion' a gyflawnodd yn ystod ei weinidogaeth. Ni wyddai llywydd y wledd o ble daeth y gwin newydd. I'w ddisgyblion yn unig yr amlygwyd ei ogoniant, ac effaith hynny oedd iddynt gredu ynddo.

Arwyddion Iesu

Ceir allwedd i arwyddocâd y digwyddiad hwn yn adn. 11: *'Gwnaeth Iesu hyn, y cyntaf o'i arwyddion, yng Nghana Galilea.'* I Ioan, 'arwyddion' yw gweithredoedd gwyrthiol Iesu, a cheir saith ohonynt yng nghorff yr efengyl hon: troi'r dŵr yn win, iacháu mab y swyddog (4: 46–54), iacháu claf wrth lyn Bethesda (5: 2–9), porthi'r pum mil (6: 4–13), cerdded ar y dŵr (6: 16–21), iacháu dyn dall o'i enedigaeth (9: 1–7), ac atgyfodi Lasarus (11: 1–44). Mae arwydd yn cyfeirio y tu hwnt iddo'i hun at realiti mwy a phwysicach. Ym mhob un o 'arwyddion' Iesu yn Efengyl Ioan, nid ar y wyrth fel y cyfryw y rhoddir y pwyslais, ond ar yr hyn y saif y wyrth drosto. Ym mhob achos, mae'r gwirionedd a gyfleir yn fynegiant o ogoniant Iesu Grist, a hynny i'r diben o ddeffro ffydd ynddo. Oherwydd hynny, nid oes unrhyw ddiben trafod yr hanesyn hwn am droi'r dŵr yn win yn llythrennol ac anwybyddu'r neges hanfodol sydd y tu ôl i'w gofnodi. O ystyried yr hanesyn fel gwyrth, mae nifer o anawsterau'n codi o'i gymharu â'r gwyrthiau a groniclir yn yr efengylau eraill. Ar wahân i'r ffaith nad oes yr un o'r tair efengyl arall yn cyfeirio ati, mae'r cymhelliad i gyflawni'r wyrth hon yn ymddangos yn ddibwys, sef achub llywodraethwr gwledd o'r embaras o fod heb gyflenwad o win! Y mae bron y cyfan o weithredoedd gwyrthiol Iesu'n fynegiant o ddosturi ac yn gyfryngau iachâd a chysur. Dadl rhai esbonwyr yw na fyddai Iesu'n debygol o droi dŵr yn win am resymau mor annigonol, ac yntau wedi gwrthod troi cerrig yn fara.

Bu cryn amheuaeth ymhlith ysgolheigion ynglŷn â dilysrwydd hanesyddol Efengyl Ioan, ond erbyn hyn mae'r rhod wedi troi, a dangoswyd fod yr efengyl hon yn fwy dibynadwy o safbwynt hanesyddol nag a dybiwyd. Nid oes rheswm dros amau i'r hanesyn hwn ddigwydd. Mae'r cynildeb a geir wrth adrodd y stori a'r manylion byw sydd ynddi yn awgrymu bod yr hanes wedi'i seilio ar atgofion rhywrai oedd yn llygad-dystion. Ond digwyddiad hanesyddol neu beidio, rhaid cofio mai un amcan penodol sydd gan Ioan mewn golwg, sef amlygu gogoniant Crist.

Symbolaeth Efengyl Ioan

Arwydd yw'r weithred o droi'r dŵr yn win o'r gwirionedd fod gwin yr Efengyl Gristnogol bellach yn disodli dŵr y grefydd Iddewig. Ceir cyfeiriadau mynych yn yr efengylau eraill at win fel symbol o'r efengyl newydd, ysbrydol, na ellid ei dywallt i hen grwyn, *'os gwna, fe rwyga'r gwin y crwyn ac fe gollir y gwin a'r crwyn hefyd'* (Marc 2: 22). Gwin yw'r symbol a ddefnyddir gan Iesu ei hun yn y Swper Olaf i ddangos arwyddocâd tywalltiad ei waed; a diweddir disgrifiad Marc o sefydlu sacrament Swper yr Arglwydd â'r geiriau, *'Yn wir, rwy'n dweud wrthych nad yfaf byth mwy o ffrwyth y winwydden hyd y dydd hwnnw pan yfaf ef yn newydd yn nheyrnas Dduw'* (Marc 14: 25).

Er mai dangos rhagoriaeth Cristnogaeth ar Iddewiaeth yw prif amcan y weithred o droi dŵr yn win, mae'n arferiad gan Ioan i blethu elfennau symbolaidd eraill i mewn i'r stori. Ceir ystyr dwbl i'r cyfeiriad at *'y trydydd dydd'* (Ioan 2: 1). Cafwyd tridiau o ddathlu cyn i Iesu a'i ddisgyblion gyrraedd y briodas; ond y mae'n gyfle hefyd i'r awdur bwysleisio mai yn nhermau trydydd dydd yr atgyfodiad y dylid meddwl am holl gwrs gweinidogaeth Iesu Grist. Hwnnw yw'r trydydd dydd gogoneddus sydd fel petai'n taflu ei oleuni yn ôl i oleuo holl weinidogaeth Iesu. Gyda'i hoffter o fanylion, dywed Ioan fod yno *'chwech o lestri carreg i ddal dŵr, wedi eu gosod ar gyfer defod glanhad yr Iddewon'* (adn. 6). Defnyddid y llestri gan yr Iddewon er mwyn i'r gwesteion olchi eu dwylo o flaen ac ar ôl pryd. Y mae Ioan am ddangos fod Crist yn trawsnewid y ddefod Iddewig a oedd yn puro'n allanol yn unig, ac yn cynnig yn ei lle lanhad ysbrydol, mewnol. Ar yr un pryd, er mwyn cyflawni'r arwydd o droi'r dŵr yn win, mae angen dŵr y grefydd Iddewig. Ni ellir gwahanu Cristionogaeth oddi wrth ei seiliau mewn Iddewiaeth. Rhaid cofio mai Iddew oedd Iesu, ond gwrthododd yr Iddewon ei gydnabod yn Feseia ac yn Fab Duw; ni fynnai'r dŵr gymryd ei droi'n win. Rhoddir sylw hefyd i orchymyn Iesu i lenwi'r llestri *'hyd yr ymyl'* (adn. 7), i ddangos haelioni a graslonrwydd maith yr Efengyl Gristnogol. Ond nid y llestri na'r costrelau sy'n bwysig, ond y gwin. Gorau oll os yw'r llestri'n addas i dderbyn y gwin. Ni ellir cadw gwin newydd mewn hen gostrelau. Perygl parhaus crefydd gyfundrefnol yw tybio bod y cyfryngau a'r allanolion yn bwysicach na'r ffydd. Rhaid i bob cyfrwng allanol wrando ar air y Crist byw er mwyn rhoi cyfle iddo droi dŵr ein crefydda marwaidd yn win bywiol, byrlymus.

Y gwahaniaeth y mae Iesu'n ei wneud

Beth felly a ddywed Ioan wrth ei ddarllenwyr cyntaf, ac wrthym ninnau heddiw, trwy'r arwydd hwn? Dweud a wna bod Iesu'n gwneud gwahaniaeth i fywyd. Fel y mae'n troi dŵr y grefydd Iddewig yn win yr Efengyl, y mae'n newid bywyd gwag a digyfeiriad gan roi iddo gynnwys a phwrpas newydd.

Yn gyntaf, *y mae'n troi gofid yn llawenydd*. Tra oedd y gwin yn para, roedd y wledd briodas yn fwrlwm o lawenydd. Ond pan ballodd y gwin, trodd y llawenydd yn ofid, yn enwedig i lywydd y wledd a'r priodfab a mam Iesu. 'Heb win nid oes llawenydd,' meddai'r hen rabiniaid. Yr oedd gwin yn elfen hanfodol ym mhob gwledd Iddewig. Er nad oedd lle i feddwdod, yr oedd darparu cyflenwad digonol o win yn ddyletswydd ar bob gwestai. Gallwn ddychmygu mai achos gofid a chywilydd oedd i'r gwin ddarfod. Dyna a barodd i Mair droi at Iesu am gymorth yn yr argyfwng. Ond pan balla'r adnoddau dynol gorau, mae Iesu'n barod i gyfarfod â ni ac i oresgyn yr argyfwng. Dyna wyrth yr Efengyl o hyd, bod Iesu'n dod i'r adwy pa bryd bynnag y gelwir arno. Gwyddom oll am adegau pan yw bywyd yn felys a'r wledd yn mynd rhagddi'n llawen, ac yna daw colledion a gofidiau i fwrw eu cysgodion dros y cyfan. Ond profiad Cristnogion yr oesau yw bod Iesu'n gymorth mewn cyfyngder.

Pan sycho ffynhonnau cysuron y llawr
Ei heddwch fel afon a lifa bob awr.

Y mae Iesu'n dymuno dod i mewn i ganol llawenydd bywyd, a phan ddaw y mae'n cyfoethogi'r llawenydd hwnnw. Byrhoedlog yw pob llawenydd hebddo ef. Cawn ein hatgoffa trwy'r hanesyn hwn fod Iesu wrth ei fodd mewn gwledd briodas, yn rhannu yn y dathlu a'r llawenhau. Ceir math o grefydd sy'n gwgu ar bob pleser ac yn lladd pob llawenydd. C.H. Spurgeon a ddywedodd wrth ei fyfyrwyr diwinyddol flynyddoedd yn ôl y dylai dyn digalon, prudd ei wedd, fynd yn ymgymerwr a chladdu'r meirw, gan nad oedd gobaith iddo ennill y byw! Y mae Ioan yn gweld gogoniant Iesu yn ei allu i newid sefyllfa drist. Gwin yr Efengyl sy'n troi pob gofid yn gysur a phob tristwch yn llawenydd.

Yn ail, *y mae'n cysegru'r cyffredin*. Nid yn y deml na'r un adeilad cyhoeddus pwysig arall y lleolir y digwyddiad hwn, ond mewn cartref cyffredin. Mae nifer o hanesion yn yr efengylau am Iesu'n ymweld â chartrefi cyfeillion a chydnabod. Meddai un esboniwr amdano, 'He was a great frequenter of cottages'! Mewn cartref yng Nghana Galilea, mae'n dewis amlygu ei ogoniant, a thrwy hynny yn cysegru'r cartref â'i bresenoldeb a'i allu dwyfol. Nid oes neb islaw ei sylw, mwy na'r plant bychain y ceisiodd ei ddisgyblion warafun iddynt ddod at Iesu. Y mae'n gartrefol ym mhob man ac ym mysg pob math o bobl. Rhoddir yr argraff gan rai Cristnogion mai mewn eglwys, neu gapel, neu adeilad cysegredig yn unig y gellir cyfarfod ag ef. Ond yn yr hanesyn hwn, gwelwn Iesu ar ddechrau ei weinidogaeth yn dangos yn eglur ei fod wrth ei fodd mewn cartref cyffrodin ac ymysg yr isel-radd. Dyna'r wyrth sy'n digwydd o hyd – presenoldeb Crist yn troi'r cyffredin yn gysegredig, troi cartref yn deml a chynulliad yn gymdeithas. Nid oes dim yn fwy cyffredin na dŵr, ac fe all dŵr fod yn ddigon diflas, ond troi'r dŵr yn win a wna Iesu Grist.

Yn drydydd, *y mae'n cadarnhau crod ei ddisgyblion.* Daw'r hanesyn i ben gyda'r geiriau, *'amlygodd felly ei ogoniant, a chredodd ei ddisgyblion ynddo'* (adn. 11). Nid tynnu sylw ato'i hun yw prif amcan yr arwydd, ond rhoi i'w ddisgyblion gipolwg ar ei allu a'i ogoniant er mwyn cryfhau eu cred. Nid cred yn yr ystyr o dderbyn athrawiaeth benodol amdano, na derbyn ei ddysgeidiaeth, ond ymddiriedaeth bersonol ynddo – credu *ynddo,* nid credu pethau *amdano.* Yn ddiweddarach, wedi misoedd lawer o'i ddilyn, o fyfyrio ar arwyddocâd ei berson a'i waith, ac o dyfu mewn dealltwriaeth ac ufudd-dod yr aeth ei ddilynwyr ati i i lunio athrawiaethau amdano. Tra bo'r eglwys yn llunio ac amddiffyn datganiadau athrawiaethol a chredoau haniaethol, ymddiriedaeth bersonol yn deillio o brofiad o Iesu'n ymwneud ag ef, yn troi dŵr el fywyd cyffredin yn win y bywyd newydd, yw hanfod ffydd y Cristion.

Yn yr hanesyn hwn, fel ym mhob hanesyn arall yn ei efengyl, mae Ioan nid yn unig yn sôn am yr hyn a wnaeth Iesu yn ystod ei weinidogaeth ar y ddaear, ond am yr hyn y mae'n ei wneud o hyd ym mywyd a phrofiad ei bobl. Nid un waith, ganrifoedd lawer yn ôl yn unig, y trodd Iesu lond llestri o ddŵr yn win: mae'n dod heddiw ac yn dwyn bywyd newydd yn ei sgil. 'Gwahoddwch ef i'ch calon,' meddai Ioan, 'ac fe brofwch newid yn eich bywyd, tebyg i ddŵr yn troi yn win.'

Cwestiynau i'w trafod:
1. Sut ddylem ni adlewyrchu llawenydd yr Efengyl yn ein bywyd fel eglwysi ac fel Cristnogion unigol heddiw?

2. Pa wahaniaeth a wna Iesu i'n bywyd?

3. Yn wyneb y tyndra sy'n bod rhwng crefyddau'r byd heddiw, a yw'n briodol hawlio bod Cristnogaeth yn rhagori ar Iddewiaeth, neu unrhyw grefydd arall?

Dehongli'r Gwyrthiau

Iacháu wrth y Pwll

'Ar ôl hyn aeth Iesu i fyny i Jerwsalem i ddathlu un o wyliau'r Iddewon. Y mae yn Jerwsalem, wrth Borth y Defaid, bwll a elwir Bethesda yn iaith yr Iddewon, a phum cyntedd colofnog yn arwain iddo. Yn y cynteddau hyn byddai tyrfa o gleifion yn gorwedd, yn ddeillion a chloffion a phobl wedi eu parlysu. Yn eu plith yr oedd dyn a fu'n wael ers deunaw mlynedd ar hugain. Pan welodd Iesu ef yn gorwedd yno, a deall ei fod fel hyn ers amser maith, gofynnodd iddo, "A wyt ti'n dymuno cael dy wella?" Atebodd y claf ef, "Syr, nid oes gennyf neb i'm gosod yn y pwll pan ddaw cynnwrf i'r dŵr, a thra byddaf fi ar fy ffordd bydd rhywun arall yn mynd i mewn o'm blaen i." Meddai Iesu wrtho, "Cod, cymer dy fatras a cherdda." Ac ar unwaith yr oedd y dyn wedi gwella, a chymerodd ei fatras a dechrau cerdded. Yr oedd yn Saboth y dydd hwnnw. Dywedodd yr Iddewon felly wrth y dyn oedd wedi ei iacháu, "Y Saboth yw hi; nid yw'n gyfreithlon iti gario dy fatras." Atebodd yntau hwy, "Y dyn hwnnw a'm gwellodd a ddywedodd wrthyf, 'Cymer dy fatras a cherdda.'" Gofynasant iddo, "Pwy yw'r dyn a ddywedodd wrthyt, 'Cymer dy fatras a cherdda'?" Ond nid oedd y dyn a iachawyd yn gwybod pwy oedd ef, oherwydd yr oedd Iesu wedi troi oddi yno, am fod tyrfa yn y lle. Maes o law daeth Iesu o hyd i'r dyn yn y deml, ac meddai wrtho, "Dyma ti wedi gwella. Paid â phechu mwyach, rhag i rywbeth gwaeth ddigwydd iti." Aeth y dyn i ffwrdd a dywedodd wrth yr Iddewon mai Iesu oedd y dyn a'i gwellodd. A dyna pam y dechreuodd yr Iddewon erlid Iesu, am ei fod yn gwneud y pethau hyn ar y Saboth. Ond atebodd Iesu hwy, "Y mae fy Nhad yn dal i weithio hyd y foment hon, ac yr wyf finnau'n gweithio hetyd." Parodd hyn i'r Iddewon geisio'n fwy byth ei ladd ef, oherwydd nid yn unig yr oedd yn torri'r Saboth, ond yr oedd hefyd yn galw Duw yn dad iddo ef ei hun, ac yn ei wneud ei hun felly yn gydradd â Duw.'

Ioan 5: 1–18

Ar hyd yr oesoedd mae rhai wedi credu bod swyn mewn dyfroedd arbennig, a hyd heddiw ceir ffynhonnau ac afonydd sy'n gyrchfan i filoedd o bererinion, llawer ohonynt yn gleifion sy'n chwilio am iachâd. Un o'r mannau mwyaf poblogaidd yw Lourdes, yn ne-orllewin Ffrainc. Ceir hefyd lawer o ffynhonnau yng Nghymru y tybiai'r seintiau gynt fod rhinwedd yn eu dyfroedd, ac y mae ambell un, fel Ffynnon Gwenffrewi, yn Nhreffynnon, yn dal i ddenu ymwelwyr o bell ac agos. A chaniatáu fod dyfroedd ambell ffynnon yn fwy iachusol nag eraill, a bod ymolchi ynddynt yn gwneud lles i rai, mae'n fwy tebygol mai drwy ffydd, nid drwy rinwedd yn y dŵr, y bydd rhywrai'n cael budd os nad iachâd.

Bethesda, sef tŷ trugaredd, oedd enw'r llyn wrth Borth y Defaid, lle gorweddai nifer fawr o gleifion pan aeth Iesu i fyny i Jerwsalem ar gyfer un o wyliau'r Iddewon. Y mae'n amlwg eu bod hwythau'n credu bod rhin yn nyfroedd y llyn, yn enwedig pan fyddai cynnwrf yn y dŵr. Yn ôl rhai fersiynau, *Bethsatha* neu *Bethsaida* oedd enw'r pwll. Ond o ystyried y wyrth oedd ar fin digwydd yno, roedd yr enw *Bethesda*, oedd yn golygu 'tŷ trugaredd', yn gweddu i'r dim. Yn nhridegau'r ganrif ddiwethaf, daeth archeolegwyr o hyd i olion llyn i'r gogledd o'r deml, ac o'i gwmpas adeilad a phum cyntedd iddo yn cyfateb i ddisgrifiad Ioan o'r pum cyntedd oedd yn arwain at y pwll. Yno yr arferai cleifion eistedd a chysgodi. Mae rhai llawysgrifau'n cyfeirio at y goel boblogaidd bod *'angel yr Arglwydd o bryd i'w gilydd yn dod i lawr i'r pwll ac yn cynhyrfu'r dŵr'* (adn. 4) a thrwy hynny'n rhoi iddo alluoedd iachâd. Ond yr esboniad mwyaf tebygol yw bod ffynnon yn llifo i mewn i'r llyn a bod honno, ar brydiau, yn byrlymu ac yn aflonyddu'r dyfroedd. Rhoddwyd esboniad goruwchnaturiol i ddigwyddiad naturiol.

Iesu'n Rhagori ar y Gyfraith Iddewig

Dechreua'r hanes hwn gydag Iesu yn Jerwsalem yn ystod un o wyliau'r genedl. Yn ôl Ioan, hwn oedd yr eildro iddo ymweld â'r ddinas. Y tro cyntaf, pan lanhaodd y deml, yr oedd yn Ŵyl y Pasg (2: 13–22). Y tro hwn yr ŵyl fwyaf tebygol oedd y Pentecost. Cofiwn mai 'arwydd' oedd gair Ioan am wyrth. Y digwyddiad hwn o iacháu'r claf wrth lyn Bethesda yw'r trydydd arwydd yn Efengyl Ioan. Amcan yr arwydd yw dangos fod Iesu'n rhagori ar y gyfraith Iddewig. Mae rhai esbonwyr yn awgrymu bod y pum cyntedd yn cynrychioli'r Pum Llyfr, sef llyfrau Cyfraith Moses. Iddewiaeth, felly, gyda'i chyfreithiau a'i seremonïau, yw cefndir y digwyddiad. Fel na allai dyfroedd y pwll adfer iechyd y claf, ni all Iddewiaeth ei gynorthwyo. Y mae'n eithaf posibl fod ystyr cyfrin hefyd i'r cyfeiriad at y deunaw mlynedd ar hugain y bu'r dyn yn dioddef o'i barlys, gan mai dyna fu tymor yr hen genedl yn yr anialwch yn ôl Deut. 2: 14. Fel y bu'r genedl yn y diffeithwch am gyhyd, bu'r truan hwn yn niffeithwch ei afiechyd dros yr un cyfnod, heb gael iachâd. Nid oedd neb o'r Iddewon yn barod i'w godi i'r dŵr, ond gall Iesu ei iacháu ag un frawddeg, *'Cod, cymer dy fatras a cherdda'* (Ioan 5: 8).

Y mae'r geiriau hynny'n cyfateb i adroddiad Marc am Iesu'n iacháu'r claf o'r parlys (Marc 2: 1–12). Yn dilyn y wyrth honno cododd dadl rhwng Iesu a'r ysgrifenyddion ynghylch hawl Iesu i gyhoeddi maddeuant pechodau. Yn Ioan, yn dilyn iacháu'r gŵr wrth bwll Bethesda, cododd dadl rhwng Iesu a'r Iddewon ynglŷn â chadw'r Saboth. Gan fod Iesu wedi iacháu, yr oedd felly wedi gweithio ar y Saboth. Ar ben hynny, roedd y claf yntau wedi torri'r Saboth wrth gario'i fatras ar y dydd sanctaidd. Mae ef yn beio Iesu: *"Y dyn hwnnw a'm gwellodd a ddywedodd wrthyf, 'Cymer dy fatras a cherdda'"* (adn. 11). Roedd hynny'n ddigon i gynddeiriogi'r Iddewon. Pan yw Iesu'n cyfarfod â'r dyn am yr eildro yn y deml, mae'n ei rybuddio rhag pechu eto, *'rhag i rywbeth gwaeth ddigwydd iti'* (adn. 14) – sylw sy'n adlewyrchu syniad yr Iddewon bod cysylltiad rhwng pechod ac afiechyd, er bod Iesu mewn man arall yn ymwrthod â'r syniad fod afiechyd yn ganlyniad pechod (Ioan 9: 2–3).

Dyma'r ail gyfeiriad yn Efengyl Ioan at yr Iddewon yn gwrthwynebu Iesu a chwestiynu ei awdurdod (2:18). Fel Marc o'i flaen, mae Ioan yn dangos yn glir fod yr Iddewon yn benderfynol o ladd Iesu am ei fod yn diystyru deddfau'r Saboth, ac am ei fod yn cyfeirio at Dduw fel ei dad: *'Parodd hyn i'r Iddewon geisio'n fwy byth ei ladd ef, oherwydd nid yn unig yr oedd yn torri'r Saboth, ond yr oedd hefyd yn galw Duw yn dad iddo ef ei hun, ac yn ei wneud ei hun felly yn gydradd â Duw'* (adn. 18). Mae amddiffyniad Iesu'n nodweddiadol o bwyslais Efengyl Ioan ar berthynas Iesu a'i dad nefol. Yn groes i'r syniad Iddewig fod Duw yn gorffwys bob dydd Saboth, dywed Iesu, *'Y mae fy Nhad yn dal i weithio hyd y foment hon, ac yr wyf finnau'n gweithio hefyd'* (adn. 17). Gan fod y cread yn llwyr ddibynnol ar Dduw am ei fodolaeth a'i gynhaliaeth, y mae'n dilyn fod Duw'n parhau i weithio, ac yn gweithio ar y Saboth fel pob dydd arall. Felly, meddai Iesu, yr oedd yntau'n gweithio yn yr un modd. Gorffwysodd Duw ar y seithfed dydd wedi'r Creu, ond y mae'r gwaith o gynnal, o garu, o dosturio ac o achub yn mynd yn ei flaen hyd yn oed ar y Saboth. Wrth honni fod y weithred o iacháu yn rhan o'r gweithgarwch dwyfol, ac wrth gyfeirio at Dduw fel ei dad, y mae Iesu, yn ôl yr Iddewon hyn, yn cablu a rhaid oedd canfod ffordd i gael gwared ohono.

Arwydd clir o'i waith a'i allu dwyfol yw ei weithred yn iacháu'r dyn hwn wrth bwll Bethesda. Nid oedd Iddewiaeth na'r Iddewon wedi medru gwneud dim i adfer y dyn, ond mewn cyferbyniad i'w hanallu hwy gwelwn Iesu yn ei iacháu gydag un gorchymyn, *'Cod, cymer dy fatras a cherdda'* (adn. 8). Neges y weithred dosturiol hon a gyflawnir ar y dydd Saboth yw bod Iesu'n rhagori ym mhob ffordd ar Iddewiaeth a'r Gyfraith.

Cwestiwn Iesu i'r Claf
Daw neges ganolog yr arwydd yn gliriach o edrych ar fanylion y stori. Er enghraifft, y mae Iesu'n gofyn i'r claf, *'A wyt ti'n dymuno cael dy wella?'* (adn. 6) – cwestiwn sy'n ymddangos yn od ar yr wyneb. Ond mae'r cwestiwn yn dangos fod Iesu nid yn unig yn ymwybodol o gyflwr corfforol y claf, ond hefyd o'i gyflwr meddyliol. Bu'r gŵr hwn yn wael am 38 o flynyddoedd, ac erbyn iddo gyfarfod ag Iesu yr oedd wedi colli pob gobaith am wellhad ac yn ôl pob tebyg yn fodlon ar ei gyflwr. Byddai cael ei iacháu yn golygu wynebu cyfrifoldebau o'r newydd, ennill ei fywoliaeth a chyflawni dyletswyddau nad oedd rhaid iddo yn ei gyflwr presennol boeni dim yn eu cylch. I bob pwrpas yr oedd wedi colli'r ewyllys i wella. Ceir pobl debyg iddo heddiw fel ym mhob oes – pobl sy'n mwynhau'r sylw, y cydymdeimlad a'r cymwynasau a dderbyniant fel cleifion. Er i'r mwyafrif o gleifion ddymuno cael iachâd, ceir lleiafrif sy'n manteisio ar garedigrwydd pobl eraill, yn defnyddio'u hafiechyd i dynnu sylw atynt eu hunain ac i osgoi gofynion a chyfrifoldebau bywyd bob dydd. Nid oedd y claf hwn mewn gwirionedd yn dymuno cael ei iacháu. Ond rhaid cofio mai arwydd sydd yma o'r iachâd ysbrydol y mae Iesu'n ei gynnig. Y mae Ioan am i'w ddarllenwyr glywed Iesu'n gofyn ei gwestiwn iddynt hwy. A ydynt yn dymuno cael eu gwella o'u tlodi ysbrydol? A'r un yw'r cwestiwn i ninnau heddiw.

Wrth ofyn ei gwestiwn i'r truan hwn mae Iesu, er ei holl allu a'i barodrwydd i'w iacháu, yn gofyn rhywbeth gan y dyn hefyd. Y mae'n gofyn am arwydd o awydd a dyhead am iachâd. Y mae'n gofyn hefyd am ffydd. Nid yw Iesu'n gorfodi ei hun ar neb, nac ychwaith yn treisio ewyllys neb. Ac nid yw gwyrthiau ei drugaredd yn digwydd heb fod yna ffydd i'w derbyn. Tra oedd y claf hwn yn edrych i lawr at y dŵr yn hytrach nag edrych i fyny at Iesu, nid oedd adferiad yn bosibl iddo. Roedd rhaid iddo gyfeirio ei ddyhead, ei obaith a'i ffydd at yr unig un a allai ei wella. Yr un yw'r rheswm am y diymadferthedd a'r anallu sy'n nodweddu'n bywyd Cristnogol ninnau – diffyg ewyllys, diffyg ymroddiad, a diffyg ffydd yng Nghrist.

Gorchymyn Iesu

Fel esgus y dylid ystyried geiriau'r claf, *'Syr, nid oes gennyf neb i'm gosod yn y pwll pan ddaw cynnwrf i'r dŵr'* (adn. 7). Mae'n anodd credu na fuasai rhywun mewn dinas mor grefyddol â Jorwsalem wedi estyn llaw iddo. Ond nid yw Iesu'n ei geryddu, ond yn hytrach yn deffro ynddo'r awydd i gael ei iacháu trwy orchymyn iddo wneud yr hyn oedd yn ymddangos yn amhosibl i ddyn wedi ei barlysu: *'Meddai Iesu wrtho, "Cod, cymer dy fatras a cherdda"'* (adn. 8). Mae'r wyrth yn digwydd pan yw'r ewyllys dynol a'r gallu dwyfol yn cydweithredu i'w gwneud yn bosibl. Ar y naill law, y mae'n bwysig inni sylweddoli ein diymadferthedd a'n dibyniaeth lwyr ar Dduw. Ar y llaw arall, rhaid i ninnau hefyd wneud ein rhan. Nid yw gallu Duw yn gwneud ymdrech dyn yn ddianghenraid. Ar yr un pryd y mae i orchymyn Iesu ystyr ddyfnach. Mae Iesu'n rhoi nerth i ddyn roi ei ffydd ar waith ac i gyflawni'r hyn sy'n ymddangos yn amhosibl. Fel yr oedd blynyddoedd maith ei afiechyd yn brawf o'i fethiant a'i wendid, roedd y nerth a gafodd i ymateb i'r gorchymyn i godi a chymryd ei fatras a cherdded, yn brawf o allu Iesu ac o'i ffydd yntau. Y mae'n bosibl fod yma gyfeiriad at Iddewon oedd yn methu ymwrthod yn llwyr â'r hen grefydd a choleidio'r Efengyl. Er i Iddewiaeth golli ei rhin a'i grym, nid oedd yr ewyllys yn ddigon cryf ymhlith llawer o wrandawyr Iesu i fentro ymrwymo iddo. Ceir sefyllfa debyg ynglŷn â chrefydd heddiw – pobl yn ymddiddori mewn ysbrydoledd ac yng nghwestiynau mawr ffydd, ond yn osgoi cymryd y cam nesaf, sef derbyn y Ffydd Gristnogol. 'Cod, cymer dy fatras,' meddai Iesu. 'Rho dy ffydd ar waith; cymer y cam o ymddiried, o gredu ac o weithredu.' Dyna sy'n troi ffydd o fod yn bwnc ymenyddol i fod yn nerth, yn egni ac yn fywyd.

Galw Duw yn Dad

Y mae Ioan yn defnyddio hanes y gŵr claf wrth y pwll i baratoi'r ffordd ar gyfer y ddadl sydd i ddilyn rhwng Iesu a'r Iddewon ar fater cadw'r Saboth ac ar fater ei berthynas â Duw ei Dad nefol. Mae'r Iddewon yn anwybyddu'n llwyr y ffaith ryfeddol fod y dyn wedi cael iachâd. Yr hyn sydd o bwys iddynt yw ei fod wedi torri'r Saboth trwy godi a chario'i fatras. Gyda dirmyg y gofynnir iddo, "*Pwy yw'r dyn a ddywedodd wrthyt 'Cymer dy fatras a cherdda?'*" (adn. 12). Ond ni wyddai'r dyn pwy oedd yr un oedd wedi ei iacháu. Ceir llawer tebyg iddo yn ein dyddiau ni – rhai sy'n derbyn y bendithion a'r breintiau sy'n deillio o'r Efengyl, ond heb gydnabod y Rhoddwr dwyfol. Wedi i'r dyn gyfarfod ag Iesu am yr eildro yn y deml, aeth wedyn i hysbysu'r Iddewon mai Iesu oedd wedi ei iacháu. Daw Ioan â'r stori i'w therfyn trwy bwysleisio dau wirionedd hanfodol. Yn gyntaf, nid oes terfyn ar weithgarwch Duw, hyd yn oed ar y Saboth. Ni pheidiodd erioed â bod yn ysbryd creadigol a chynhaliol, a chan fod ei Dad yn dal i weithio yr oedd y Mab hefyd yn gweithio. Yn ail, y mae Iesu'n hawlio bod mewn perthynas arbennig â Duw: '*yr oedd hefyd yn galw Duw yn dad iddo ef ei hun, ac yn ei wneud ei hun felly yn gydradd â Duw*' (adn. 18). Wrth ochr yr honiad hwn, y mae'r cyhuddiad o dorri'r Saboth yn ymddangos yn ddibwys iawn.

Cwestiynau i'w trafod:

1. Yng ngoleuni'r hanesyn hwn, sut mae Efengyl Crist yn rhagori ar y grefydd Iddewig?

2. A ydych yn cytuno bod yr awydd am iachâd ysbrydol, a pharodrwydd i ymateb yn ymarferol i alwad Iesu, yn elfennau hanfodol o fewn ffydd?

3. Pa mor bwysig i'n syniad ni o Dduw yw'r honiad nad oes terfyn ar ei weithgaredd?

Dehongli'r Gwyrthiau

Porthi'r Pum Mil

'Ar ôl hyn aeth Iesu ymaith ar draws Môr Galilea (hynny yw, Môr Tiberias). Ac yr oedd tyrfa fawr yn ei ganlyn, oherwydd yr oeddent wedi gweld yr arwyddion yr oedd wedi eu gwneud ar y cleifion. Aeth Iesu i fyny'r mynydd ac eistedd yno gyda'i ddisgyblion. Yr oedd y Pasg, gŵyl yr Iddewon, yn ymyl. Yna cododd Iesu ei lygaid a gwelodd fod tyrfa fawr yn dod tuag ato, ac meddai wrth Philip, "Ble y gallwn brynu bara i'r rhain gael bwyta?" Dweud hyn yr oedd i roi prawf arno, oherwydd gwyddai ef ei hun beth yr oedd yn mynd i'w wneud. Atebodd Philip ef, "Ni byddai bara gwerth dau gant o ddarnau arian yn ddigon i roi tamaid bach i bob un ohonynt." A dyma un o'i ddisgyblion, Andreas, brawd Simon Pedr, yn dweud wrtho, "Y mae bachgen yma a phum torth haidd a dau bysgodyn ganddo, ond beth yw hynny rhwng cynifer?" Dywedodd Iesu, "Gwnewch i'r bobl eistedd i lawr." Yr oedd llawer o laswellt yn y lle, ac eisteddodd y dynion i lawr, rhyw bum mil ohonynt. Yna cymerodd Iesu y torthau, ac wedi diolch fe'u rhannodd i'r rhai oedd yn eistedd. Gwnaeth yr un peth hefyd â'r pysgod, gan roi i bob un faint a fynnai. A phan oeddent wedi cael digon, meddai wrth ei ddisgyblion, "Casglwch y tameidiau sy'n weddill, rhag i ddim fynd yn wastraff." Fe'u casglasant, felly, a llenwi deuddeg basged â'r tameidiau yr oedd y bwytawyr wedi eu gadael yn weddill o'r pum torth haidd. Pan welodd y bobl yr arwydd hwn yr oedd Iesu wedi ei wneud, dywedasant, "Hwn yn wir yw'r Proffwyd sy'n dod i'r byd." Yna synhwyrodd Iesu eu bod am ddod a'i gipio ymaith i'w wneud yn frenin, a chilodd i'r mynydd eto ar ei ben ei hun.'

Ioan 6: 1–15 (Math. 14: 13–21; Marc 6: 30–44; Luc 9: 10–17)

Yn niwedd chwedegau'r ugeinfed ganrif, pan oedd y *Beatles* ar frig eu poblogrwydd, gyda thyrfaoedd enfawr yn eu dilyn, cyhoeddodd un o aelodau'r grŵp eu bod hwy yn fwy poblogaidd na Iesu Grist! Achosodd ei ddatganiad gryn helynt ar y pryd. Ond yr hyn na ddeallai'r *Beatles* oedd bod yna gyfnodau pan nad oedd Iesu'n boblogaidd, ac nad oedd yn chwennych poblogrwydd chwaith. Ar yr un pryd, yn ystod ei weinidogaeth cafodd dymhorau o boblogrwydd pan heidiai'r tyrfaoedd ar ei ôl. Digwyddodd gwyrth porthi'r pum mil yn ystod un o'r cyfnodau hynny. Er iddo encilio i ochr bellaf Môr Galilea er mwyn cael ychydig o lonydd a thawelwch i orffwys a gweddïo, *'yr oedd tyrfa fawr yn ei ganlyn'* (adn. 2). Yr oedd poblogrwydd yn demtasiwn i Iesu Grist, fel i lawer un arall, ond pan demtiwyd ef yn yr anialwch ar ddechrau ei weinidogaeth llwyddodd i orchfygu'r holl demtasiynau. Ac eto, mae'n sicr y carai weld pobl yn dylifo ato, yn enwedig rhai oedd yn dioddef o afiechydon a rhai oedd yn awyddus i glywed y newyddion da am y deyrnas.

Gofal Iesu am y dyrfa

Mae Ioan yn cyfeirio at Fôr Galilea fel 'Mor Tiberias' gan mai wrth yr enw hwnnw yr adwaenid ef gan lawer erbyn cyfnod ysgrifennu'r efengyl hon. Nid yw'n fôr mawr – tair milltir ar ddeg o hyd ac wyth milltir o led ar y mwyaf, ond byddai cerdded o amgylch y llyn o un ochr i'r llall yn daith hir. Croesi mewn cwch a wnaeth Iesu a'i ddisgyblion; ac wedi glanio, dringo i'r mynydd i le anghyfannedd, i gael tawelwch a llonyddwch i gorff ac enaid. Ond roedd y dyrfa wedi deall ei fod wedi encilio i ochr arall y llyn a daethant ar ei ôl, rhai ar draed a rhai mewn cychod eraill. Gwelai Iesu hwy'n dod a gwyddai y byddai arnynt angen bwyd a hwythau wedi teithio mor bell. Yn ôl Marc, y disgyblion oedd y cyntaf i fynegi consýrn am y dyrfa; ond yma, yn nodweddiadol o Efengyl Ioan, Iesu sy'n cymryd y cam cyntaf. Y mae Ioan drwy hyn yn dangos yn glir fod Iesu'n tosturio wrth y bobl ac yn meddwl am eu hanghenion corfforol yn ogystal â'u hanghenion ysbrydol.

Meddai Marc, *'Pan laniodd Iesu gwelodd dyrfa fawr, a thosturiodd wrthynt am eu bod fel defaid heb fugail; a dechreuodd ddysgu llawer iddynt'* (Marc 6: 34). Daliodd Iesu i ddysgu nes iddi fynd yn hwyr. Sylweddolodd na allai'r dyrfa ddychwelyd adref heb fwyd. Gofynnodd i Philip, *"Ble y gallwn brynu bara i'r rhain gael bwyta?"* (Ioan 6: 5). Un o Fethsaida gyfagos oedd Philip, a gwyddai'n well na'r un o'r lleill am y lle tebycaf i brynu bwyd yn yr ardal honno. Ond o ystyried maint y dyrfa, meddai Philip, *'Ni byddai bara gwerth dau gant o ddarnau arian yn ddigon i roi tamaid bach i bob un ohonynt"* (adn. 7). Byddai angen gwario dau gan denarius i roi ond ychydig fara i bob un. Cofiwn mai un denarius oedd cyflog diwrnod i weithiwr cyffredin y dyddiau hynny. Cymerai felly fwy na chyflog gweithiwr am dros hanner blwyddyn i fwydo'r fath dyrfa. Roedd cais Iesu'n ymddangos yn amhosibl: ymateb nodweddiadol o lawer o Gristnogion heddiw wyneb yn wyneb â menter go fawr, megis y dasg o fwydo holl bobl newynog y byd.

Yr oedd Andreas gerllaw ac wedi clywed y cais. Tynnodd sylw Iesu at fachgen a chanddo bum torth haidd a dau bysgodyn, gan hanner ymddiheuro am awgrymu y gallai cyfraniad mor fach fod o unrhyw werth o dan yr amylchiadau: *'ond beth yw hynny rhwng cynifer?'* (adn. 9). Er mor ddlymadferth y teimlai Andreas, nid oedd yn barod i dderbyn fod y sefyllfa'n anobeithiol. Ioan yn unig sy'n cyfeirio at y bachgen hwn. Yn yr efengylau eraill y disgyblion sy'n rhoi'r torthau a'r pysgod i Iesu. Er bod rhai esbonwyr yn ystyried y manylyn hwn fel ychwanegiad at y stori, y mae'n dysgu gwers bwysig, sef bod Iesu'n barod i dderbyn rhoddion annigonol ei ddilynwyr a'u defnyddio i gyflawni ei ddibenion. Bara'r tlodion oedd bara haidd, a physgod bychain oedd y pysgod. Ond wedi cyflwyno'r rhoddion hyn i ddwylo Iesu ac iddo yntau ddiolch amdanynt, rhannodd hwy i'r dyrfa.

Mae adroddiad Ioan yn cyfateb o ran cynnwys i adroddiadau'r efengylau eraill, heblaw am un gwahaniaeth arwyddocaol: Iesu ei hun sy'n dosbarthu'r bwyd, ac nid y disgyblion. Mae'n bosibl fod Ioan yn bwriadu i hyn atgoffa'i ddarllenwyr am y Swper Olaf a'i fod yn cyfeirio'n gynnil at arwyddocâd ewcharistaidd y digwyddiad – pwnc a drafodir yn fanylach gan Ioan yn ei draethiad hir ar Iesu fel Bara'r Bywyd (Ioan 6: 22–40). Dim ond Ioan hefyd sy'n cyfeirio at y gorchymyn i gasglu'r tameidiau a oedd yn weddill – arwydd o barch yr Iddewon at fwyd, ond hefyd awgrym fod y bara hwn yn ysgrefdig ac na ddylid gwastraffu dim ohono. Yr hyn sy'n digwydd yn y fan hon yw fod Ioan yn rhoi dehongliad cwbl arbennig i'r wyrth. Iddo ef, yr oedd yn gyfystyr â gwledd sacramentaidd, ac y mae'r geiriau *cymerodd, diolch, rhannodd* (adn. 11) yn adleisio trefn y gwasanaeth Cymun. Ond mae Ioan yn awgrymu is-thema arall hefyd, sef y tebygrwydd rhwng Iesu a Moses.

Â Iesu i'r mynydd (adn. 3) fel yr aeth Moses i ben mynydd Sinai. Ac fel yr oedd Moses wedi bwydo'r bobl â manna a soflieir o'r môr (gw. Num 11: 31), mae'r Moses newydd yn eu bwydo â bara o'r nef a bwyd o'r môr, sef y ddau bysgodyn. Yn Ioan yn unig y cyfeirir at ymateb y dorf. O ganlyniad i'r wyrth, credodd y bobl mai Iesu oedd y Meseia. Roedd yn draddodiad yn Israel y byddai'r Meseia, pan ddeuai, yn bwydo'i bobl. Synhwyra Iesu fod y dyrfa am ei goroni'n frenin, ond gan nad oedd ei frenhiniaeth ef o'r byd hwn, enciliodd o'u gafael i lonyddwch y mynydd.

Beth a ddigwyddodd?
Stori Porthi'r Pum Mil yw'r unig wyrth a groniclir gan y pedwar efengylydd. Ym Mathew a Marc, ceir hanes tebyg ddwywaith (Math. 14: 13–21 a 15: 32–39; Marc 6: 30–44 a 8: 1–10). Tuedd rhai esbonwyr yw dal mai dau adroddiad gwahanol o'r un digwyddiad yw porthi'r pum mil a phorthi'r pedair mil, ond mae eraill yn ochelgar iawn rhag bod yn rhy bendant ar hyn. Ond teg yw gofyn pam fod Mathew a Marc yn cynnwys ail adroddiad, sy'n ailadrodd fwy neu lai fyrdwn yr adroddiad cyntaf. Yr un traddodiad sydd y tu ôl i'r chwe fersiwn, ac y mae'r ffaith fod cynifer o fersiynau ohono yn dangos y gwerth a osodwyd arno yn yr Eglwys Fore. Nid yw hynny ynddo'i hun yn sail dros ddweud fod y wyrth hon yn fwy credadwy na'r gwyrthiau eraill. Ond y mae'n brawf o'r argraff ddofn a adawodd y digwyddiad hwn ar feddwl y disgyblion. Y cwestiwn sy'n aros yw, beth yn union a ddigwyddodd?

Fel y gellid disgwyl, ceir amrywiaeth barn ymhlith yr esbonwyr. Yn gyntaf, mae llawer yn barod i dderbyn bod y torthau a'r pysgod wedi amlhau o dan fendith Iesu a bod y dyrfa'n llythrennol wedi ymborthi arnynt a chael ei digoni. Dyna oedd barn y diweddar William Temple. Meddai ef, 'Y mae'n amlwg fod pob un o'r efengylwyr yn tybio i'r Arglwydd gyflawni act greadigol, ac o'm rhan fy hun nid oes gennyf amheuaeth nad dyna a ddigwyddodd. Duw mewn cnawd oedd Iesu; o gofio hynny, y mae'r weithred greadigol hon yn gwbl gredadwy.' Yn ail, mae rhai'n dadlau nad pryd o fwyd a gafwyd ond sacrament. Rhannwyd y tameidiau lleiaf o fara, ond o gyfranogi ohonynt yn deilwng ac yn yr ysbryd iawn byddai'r miloedd wedi eu nerthu a'u digoni'n ysbrydol. Yn drydydd, mae rhai'n tueddu i resymoli'r digwyddiad yn llwyr. Yn eu barn hwy, roedd llawer o'r bobl wedi dod â'u bwyd eu hunain, gan dybio y byddent oddi cartref am y dydd. Fel y bachgen a ganfu Andreas, roedd gan amryw becynnau o fwyd; ond roedd eraill, wrth gwrs, heb ddim. Wrth weld mor barod oedd y bachgen i gyflwyno a rhannu'r hyn oedd ganddo ef, cyffyrddwyd calon pawb arall nes iddynt rannu â phobl o'u cwmpas, nes bod pawb wedi cael eu digoni. Y wyrth, felly, oedd gwneud pobl sydd wrth natur yn hunanol, o dan ddylanwad Iesu, yn gymwynasgar. Cyfeirir yn wawdlyd gan rai at y ddamcaniaeth hon fel 'damcaniaeth y picnic'! Wedi dweud hyn oll, nid oes amheuaeth nad oedd awduron y pedair efengyl yn credu fod yr hyn a ddigwyddodd yn wyrth, gydag ychydig dorthau a dau bysgodyn yn porthi rhyw bum mil o bobl. Camddeall arwyddocâd yr hanes y mae'r rheini sy'n cynnig esboniadau rhesymegol ohono. Prif neges y stori yw fod gallu Iesu'n rhagori ar eiddo Moses, mai Iesu yw 'Bara'r Bywyd', sef yr un sy'n porthi ei bobl yn ysbrydol, ac mai'r mynegiant o hynny ym mywyd yr Eglwys yw'r ewcharist.

Bara'r Bywyd
Yn nisgrifiad Ioan o'r wyrth hon o borthi'r pum mil, gwelwn wahanol agweddau ar Iesu, Bara'r Bywyd. Yn gyntaf, *y mae'n awyddus i bawb gael bara*. Ei gwestiwn cyntaf wrth weld y dyrfa fawr yn cyrraedd yw, *'Ble y gallwn brynu bara i'r rhain gael bwyta?'* (Ioan 6: 5). Nid gwaredwr ysbrydol yn unig yw Iesu. Mae Iesu mor awyddus ag y bu Karl Marx a'i ddilynwyr erioed i bobl gael bara. Yr oedd newyn a syched pobl, nid yn unig am gyfiawnder ac am borthiant ysbrydol, ond am fwyd a diod yn fater o'r pwys mwyaf iddo. Gwaetha'r modd, bu'r eglwys ar adegau'n euog o gau ei llygaid ar newyn a thlodi pobl, ac yn rhy fynych cyflwynwyd Cristnogaeth i'r byd fel pe bai ei gofal hi'n unig am achub eneidiau. Erbyn heddiw, mae gwaith Cymorth Cristnogol, Cafod, Tear Fund a mudiadau Cristnogol dyngarol eraill yn ein hatgoffa'n barhaus o'n cyfrifoldeb at y newynog a'r anghenus, yn enwedig yng ngwledydd tlawd y byd. Rhag i Gristnogion anghofio esiampl Iesu yn y stori hon, rhaid iddynt ddal i gyhoeddi bod cyrff pobl yn werthfawr a bod eu diwallu a'u hymgeleddu'n rhan o'u dyletswydd. Meddai William Barclay, 'Y mae'r sawl sy'n iacháu cyrff pobl, yn gofalu am y gwan, y llesg a phlant bach, i gyd yn gwneud gwaith Duw. Y mae'r sawl sy'n dysgu ffermwyr tlawd sut orau i drin y tir er mwyn eu helpu i dyfu mwy o fwyd yn gwneud gwaith Duw. Y mae'r sawl sy'n gwneud dillad ac esgidiau i gadw pobl yn gynnes ac yn iach yn gwneud gwaith Duw. Gofalodd Iesu Grist am anghenion corfforol pobl, ac y mae'r sawl sydd heddiw'n

dangos yr un gofal yn parhau i wneud ei waith' (*And He had Compassion on Them*, t. 165). Er hynny, gwyddai Ioan rhan yn unig o ogoniant Crist oedd ei gonsýrn i fwydo'r dyrfa; aeth ymlaen i ddangos mai ef oedd Bara'r Bywyd.

Yn ail, *y mae Iesu'n porthi ei bobl yn ysbrydol*. Gwyddom fod Ioan yn cyfeirio at wyrthiau Iesu fel *arwyddion*. Meddai am y wyrth hon, *'Pan welodd y bobl yr arwydd hwn yr oedd Iesu wedi ei wneud, dywedasant, "Hwn yn wir yw'r Proffwyd sy'n dod i'r byd"'* (adn. 14). Rhaid troi at adnodau 22 hyd 59 y bennod hon, sef traethiad Iesu ar Fara'r Bywyd, i ddeall dehongliad Ioan o arwyddocâd yr arwydd. Meddai Iesu, *'Myfi yw bara'r bywyd. Ni bydd eisiau bwyd byth ar y sawl sy'n dod ataf fi, ac ni bydd syched byth ar y sawl sy'n credu ynof fi'* (adn. 35). Wrth gyplysu'r ddau ymadrodd – *'Myfi yw'*, sef term sy'n gyfystyr â hawlio statws dwyfol, â *'bara'r bywyd'* – mae Iesu'n hawlio mai ef ei hun yw'r gwir fara o'r nef, sef yr un sy'n rhoi ystyr a boddhad ysbrydol, parhaol, i bobl. Ynddo ef y mae popeth yr ydym ei angen: arweiniad, cysur, cwmni, maddeuant, tangnefedd a nerth yn ôl y dydd. A'r modd i ddarganfod yr ymborth ysbrydol hwn yw trwy *'ddod ato'* a *'chredu ynddo'*. Mae Iesu'n mynegi ei siom oherwydd anghrediniaeth y bobl. Er eu bod yn dystion i'r arwydd o borthi'r tyrfaoedd oedd yn cyfeirio ato fel Bara'r Bywyd, maent yn amharod i gredu. Ewyllys y Tad yw bod pob un sy'n gweld y Mab ac yn credu ynddo yn cael bywyd tragwyddol, ac yna'n cael eu *'hatgyfodi yn y dydd olaf'* (adn. 39). Yn Efengyl Ioan, y mae bywyd tragwyddol yn brofiad i'w feddiannu yn y presennol, a hefyd yn obaith gwynfydedig am y dyfodol. Ac y mae meddiannu'r naill fel y llall yn ddibynnol ar ddod at Iesu, credu ynddo ac ymborthi arno, sef derbyn ei fywyd ef i'n bywyd ni.

Cwestiynau i'w trafod:

1. Beth sydd gan y wyrth hon i'w ddysgu i ni am gyfrifoldeb yr eglwys i ymateb i dlodi a newyn yn y byd?

2. A yw ystyr a chenadwri'r wyrth hon yn dibynnu ar ei derbyn fel hanes llythrennol?

3. Beth a olygir wrth ymborthi ar Grist, Bara'r Bywyd?

Cerdded ar y Dŵr

'Yna'n ddi-oed gwnaeth i'r disgyblion fynd i'r cwch a hwylio o'i flaen i'r ochr draw, tra byddai ef yn gollwng y tyrfaoedd. Wedi eu gollwng aeth i fyny'r mynydd o'r neilltu i weddïo, a phan aeth hi'n hwyr yr oedd yno ar ei ben ei hun. Yr oedd y cwch eisoes gryn bellter oddi wrth y tir, ac mewn helbul gan y tonnau, oherwydd yr oedd y gwynt yn ei erbyn. Rhwng tri a chwech o'r gloch y bore daeth ef atynt dan gerdded ar y môr. Pan welodd y disgyblion ef yn cerdded ar y môr, dychrynwyd hwy nes dweud, "Drychiolaeth yw", a gweiddi gan ofn. Ond ar unwaith siaradodd Iesu â hwy. "Codwch eich calon," meddai, "myfi yw; peidiwch ag ofni." Atebodd Pedr ef, "Arglwydd, os tydi yw, gorchymyn i mi ddod atat ar y tonnau." Meddai Iesu, "Tyrd." Disgynnodd Pedr o'r cwch a cherddodd ar y tonnau, a daeth at Iesu. Ond pan welodd rym y gwynt brawychodd, ac wrth ddechrau suddo gwaeddodd, "Arglwydd, achub fi." Estynnodd Iesu ei law ar unwaith a gafael ynddo gan ddweud, "Ti o ychydig ffydd, pam y petrusaist?" Ac wedi iddynt ddringo i'r cwch, gostegodd y gwynt. Yna addolodd y rhai oedd yn y cwch ef, gan ddweud, "Yn wir, Mab Duw wyt ti."'
Mathew 14: 22–33 (Marc 6: 45–52; Ioan 6: 15–21)

Yn ôl Mathew a Marc, gorchmynnodd Iesu ei ddisgyblion i fynd i'r llong yn ddi-oed. Nid yw'r un o'r ddau yn rhoi rheswm am y gorchymyn na'i frys. Yn ôl fersiwn Ioan o'r stori, yr oedd y bobl ar fin dod i gipio Iesu i'w wneud yn frenin (Ioan 6: 15). Ffallai mai dyna'r eglurhad gorau. Gwyddai Iesu am y perygl oedd i bobl gamddeall ei weinidogaeth a dymuno iddo fod yn arweinydd gwleidyddol. Bu'n rhaid iddo wynebu'r fath bosibilrwydd yn ei demtiad yn yr anialwch, a gwyddai'n iawn nad ar y llwybr hwnnw yr oedd ei ddyfodol. Ond nid oedd ei ddisgyblion wedi deall digon eto i wrthsefyll y demtasiwn a ddeuai trwy frwdfrydedd y dyrfa. Yr oedd yn eu mysg rai cenedlaetholwyr pybyr, a fyddai'n awyddus i weld eu Meistr yn dod yn frenin ar Israel. Oherwydd hynny y mae'n gwneud i'r disgyblion fynd i'r cwch a hwylio o'i flaen i'r 'ochr draw' (Math. 14: 22). Nid ochr arall y llyn a olygir, gan eu bod wedi croesi o'r lan orllewinol yn gynharach y diwrnod hwnnw. Y mae'n fwy tebygol iddynt hwylio ar draws y bae i gyffiniau Bethsaida gan dybio y byddai Iesu'n ymuno â hwy trwy gerdded o amgylch y lan. Wedi iddynt hwy gychwyn, cafodd Iesu gyfle i ddechrau anfon y dyrfa adref. Ar ben hynny, roedd gwaith y dydd a'r ymdrech i atal rhywfaint ar frwdfrydedd y dorf yn dechrau dweud arno. O wrthod y pwysau i'w wneud yn frenin, y mae Iesu wedyn yn troi ei wyneb yn fwy pendant i gyfeiriad y groes. Nid yw'n hawdd troi cefn ar orsedd er mwyn wynebu dioddefaint, dirmyg ac angau. Yn ei wewyr a'i flinder y mae'n teimlo'r angen am gymdeithas â'i Dad nefol – yr unig un a fedrai adnewyddu ei nerth.

O'r mynydd i'r môr

Y mae Iesu'n dringo i dawelwch un o'r bryniau oedd o amgylch y llyn, lle câi lonyddwch i geisio cymdeithas â Duw. Yma, ac wrth sôn am Ardd Gethsemane, yn unig y cyfeiria Mathew at Iesu'n gweddïo. Gwnâi hynny'n awr er mwyn gweld pwrpas Duw yn gliriach ac er mwyn gallu arwain ei ddisgyblion yn gywir. Yn nhawelwch ac unigedd y mynydd teimlai ei Dad yn agos ato. Cysylltir y mynydd â gweddi ac â'r profiad o agosrwydd Duw. Dychwelodd Moses o'r mynydd â'i wyneb yn disgleirio am iddo fod ym mhresenoldeb y Sanctaidd. I'r Salmydd, yr oedd cadernid y mynydd yn atgof o gadernid Duw ei hun: *'Codaf fy llygaid tua'r mynyddoedd; o ble y daw cymorth i mi?'* (Salm 121: 1). Yr oedd hefyd yn *hwyr* – y tywyllwch yn dod â rhuthr a phrysurdeb y byd i ben ac yn arwydd o flinder ac o'r angen am orffwystra i'r enaid yn ogystal â'r corff. *'A phan aeth hi'n hwyr yr oedd yno ar ei ben ei hun'* (Math. 14: 23). Yr oedd arno angen yr unigedd er mwyn ymdawelu a chanoli ei holl sylw ar Dduw. Disgwyl wrth Dduw, gwrando arno, ymorffwys yn ei gariad, rhoi llais i'w bryderon ei hun a'i angen am nerth a chyfarwyddyd – dyna oedd amcan cadw oed â'i Dad ar y mynydd. Ac yno y bu hyd dri o'r gloch y bore (adn. 25). Wedi ei lenwi â goleuni a grym y presenoldeb dwyfol gallai dawelu'r storm, calonogi ei ddilynwyr, a throi ei wyneb yn fwy pendant i gyfeiriad Jerwsalem a'r groes.

Yn y cyfamser mae cwch y disgyblion *'gryn bellter oddi wrth y tir, ac mewn helbul gan y tonnau, oherwydd yr oedd y gwynt yn ei erbyn'* (adn. 24). Yr hyn a olygir yma yw fod y cwch wedi ei yrru ymhell allan o'i gwrs i ganol y llyn. Yr oedd Môr Galilea yn ddiarhebol am ei stormydd sydyn a garw, a rhaid bod hon yn storm enbyd gan fod Marc yn dweud bod y disgyblion mewn helbul wrth rwyfo (Marc 6: 48). Rhwng tri a chwech o'r gloch y bore, tua thoriad gwawr, daw Iesu atynt *'dan gerdded ar y môr'* (Math. 14: 25) – yn llythrennol, 'yn y bedwaredd wylfa o'r nos'. Rhannai'r Iddewon y nos yn dair gwylfa. Ond byddai'r Rhufeiniaid yn cadw pedair gwylfa, a fabwysiadwyd gyntaf gan filwyr Herod, ac yn ddiweddarach gan y bobl yn gyffredinol. Y mae cyffyrddiad symbolaidd amlwg yn y ffaith fod dyfodiad Iesu'n cyd-fynd â thoriad gwawr. Dwyn goleuni i ganol tywyllwch a wna Iesu: llewyrchu ei dangnefedd a'i gariad ar bobl yng nghanol eu gofidiau.

Myfi yw; peidiwch ag ofni

Ymateb cyntaf y disgyblion o weld Iesu'n cerdded atynt ar y môr oedd dychryn: *'dychrynwyd hwy nes dweud, "Drychiolaeth yw"*, a gweiddi gan ofn' (adn. 26). Ymysg yr Iddewon caed ofergoel bod drychiolaethau i'w gweld ar y môr, a cheir cyfeiriadau mewn llenyddiaeth Iddewig at bobl yn gweld ysbrydion oddi ar longau. Nid yw'n syndod i'r disgyblion ddychryn ac ofni, a hwythau'n bysgotwyr. Yn ôl Nantlais, mae 'gwedd ei ymddangosiad yn brawychu'r gwan eu ffydd'. Ond y mae Iesu'n eu cyfarch ar unwaith, a'i eiriau, a gofnodwyd gan Mathew, Marc ac Ioan, yn falm i dawelu eu hofnau: *"Codwch eich calon,"* meddai, *"myfi yw; peidiwch ag ofni'* (adn. 27).

Y mae arwyddocâd arbennig i'r ymadrodd *'myfi yw'* ar enau Iesu, yn enwedig yn Ffengyl Ioan. Ceir ynddi sawl enghraifft ohono'n dofnyddio'r geiriau. Er enghraifft, *'Yn wir, yn wir, rwy'n dweud wrthych, cyn geni Abraham, yr wyf fi'* (Ioan 8: 58); *'"Pwy yr ydych yn ei geisio?" "Iesu o Nasareth,"* meddent hwythau. *Atebodd Iesu, "Dywedais wrthych mai myfi yw"'* (Ioan 18: 7–8). Mae'r ymadrodd yn atseinio geiriau Duw, *'Ydwyf yr hyn ydwyf'* (Ex. 3: 14), a *'Myfi yw Ef'* (Deut. 32: 39). Ni ellir bod yn sicr a fwriadai Iesu i'w eiriau gyfleu'r ystyr honno i'r disgyblion. Ond os oedd, y mae fel pe bai'n dweud, 'Cymerwch gysur, nid drychiolaeth sydd yma ond y dwyfol.'

Mae Mathew a Marc yn cyfeirio at y gwynt yn gostegu: *'Dringodd i'r cwch atynt, a gostegodd y gwynt'* (Marc 6: 51; cymh. Math. 14: 32).

I ddeall pwynt y stori, rhaid derbyn bod cysylltiad uniongyrchol rhyngddi a'r hanes blaenorol am borthi'r pum mil. Gwna Marc y cysylltiad yn glir wrth ddisgrifio ymateb y disgyblion: *'Yr oedd eu syndod yn fawr dros ben, oblegid nid oeddent wedi deall ynglŷn â'r torthau; yr oedd eu meddwl wedi caledu'* (Marc 6: 52). Hynny yw, gwêl Marc gysylltiad rhwng y wyrth a hanes porthi'r Israeliaid â'r *manna* ar eu taith trwy'r anialwch. Yr un modd, gwêl gysylltiad rhwng grym ac awdurdod Iesu dros y môr a gallu ac awdurdod Duw a holltodd y Môr Coch. Felly, neges y stori yw bod Iesu'n hawlio enw Duw iddo'i hun trwy ddweud, *'Myfi yw'*, a hefyd yn dangos bod ganddo'r gallu dwyfol i reoli'r gwyntoedd a'r moroedd.

Fel gyda'r gwyrthiau natur eraill, bu llawer o ddadlau a dyfalu ynghylch y wyrth hon. Bu rhai esbonwyr yn amharod i dderbyn bod Iesu'n llythrennol wedi cerdded ar y dŵr. Ceisiodd rhai ddod dros yr anhawster trwy nodi y gellir cyfieithu 'cerdded ar y môr' yn 'cerdded ger y môr' neu 'gerdded ar lan y môr'. Gallai hynny olygu fod Iesu'n cerdded trwy'r dŵr bas yn agos i'r lan. Ar y llaw arall, o gofio bod y gwynt wedi gwthio'r cwch i ganol y llyn, mae'n bur amlwg fod Mathew, fel Marc ac Ioan, yn dehongli'r digwyddiad fel gwyrth.

Beth bynnag ein hymateb i'r cwestiwn hanesyddol, 'Beth yn union a ddigwyddodd?' yr un yw'r gwirionedd ysbrydol a gyfleir gan yr hanes. A dyna brif ddiddordeb Mathew. Daw'r gwirionedd hwnnw i'r amlwg yng ngeiriau Iesu, *'Codwch eich calon ... myfi yw; peidiwch ag ofni'* (Math. 14: 27). Dyma frawddeg bwysicaf y stori i'r Eglwys Fore ac i ninnau hefyd. Cofnodir y frawddeg gan y tri efengylydd. Bu cofio'r stori hon yn gysur ac yn gymorth i'r credinwyr cynnar wrth iddynt wynebu gwrthwynebiad ac erledigaeth. Yr oedd ganddynt sicrwydd bod Crist ei hun yn bresennol gyda hwy a bod y gallu a'r awdurdod i dawelu pob storm ganddo ef.

Mordaith bywyd

Yr un yw neges y stori i ninnau. Gellir crynhoi'r neges honno fel a ganlyn. Yn gyntaf, *y mae Iesu'n dod at ei bobl yng nghanol anawsterau a threialon bywyd*. Y mae'n bresennol ble bynnag y mae pobl mewn gwir angen amdano, a'u hamgylchiadau hwy yn ei dynnu tuag atynt. Darlunnir bywyd yn aml fel mordaith am fod y môr yn symbol addas o fywyd a'i beryglon. A phrofiad credinwyr yr oesau yw fod Crist yn dod atynt yng nghanol treialon y byd. Cofiwn emyn Nantlais:

> Pwy yw hwn sy'n rhodio'r tonnau
> Drwy'r ystorom ar ei hynt?
> Dyma Lywydd y dyfnderau,
> Dyma Arglwydd mawr y gwynt.

Yn ail, *y mae presenoldeb Iesu yn bwrw ymaith bob ofn*. Gan fod Iesu'n arglwydd ar y gwyntoedd a'r môr y mae ei bresenoldeb yn tawelu'r storm oddi allan, a hefyd yn tawelu storm eu hofnau oddi mewn. Mae'r cyfiawn a'r anghyfiawn fol ei gilydd yn wynebu stormydd. Nid yw ffydd yn rhoi i ni warant o fywyd heb stormydd, ond y mae Iesu'n ein cadw rhag i ofn ein llethu.

Yn drydydd, *y mae Iesu'n dwyn ei bobl yn ddiogel i ben eu taith*. Mae'r digwyddiad hwn yn fwy na stori am yr hyn a wnaeth Iesu un tro mewn storm ym Mhalesteina. Mae hefyd yn arwydd o'r hyn a wna bob amser i'w bobl yng nghanol stormydd bywyd, sef eu tywys yn ddiogel i ben y daith. Gall diwedd y daith fod y tu draw i'r byd a'r bywyd hwn. Dadleuodd rhai mai stori am Iesu'n ymddangos wedi'r atgyfodiad yw hon, ond iddi gael ei throsglwyddo i amser cynharach. Os yw hynny'n wir, mae'r digwyddiad yn atgof bod Crist wedi goresgyn angau ac yn arwain ei ffyddloniaid, ar ddiwedd eu taith, i lawenydd a diogelwch y nefoedd.

Gwroldcb a gwendid

Yn ôl yr efengylau eraill, aeth Iesu i mewn i'r cwch a thawelodd y gwynt. Ond y mae Mathew yn cynnwys ychwanegiad trawiadol o'i ffynhonnell ei hun am Pedr. Cyn i Iesu gyrraedd y cwch, mae Pedr yn gofyn iddo'i alw ato: *'Arglwydd, os tydi yw, gorchymyn i mi ddod atat ar y tonnau'* (adn. 28). Cychwynnodd Pedr gerdded ato, ond pan deimlodd rym y storm ofnodd, a dechreuodd suddo, a bu raid i Iesu estyn ei law i afael ynddo.

Er na cheir yr hanesyn ychwanegol hwn gan yr efengylwyr eraill, mae'n anodd credu mai ffrwyth dychymyg ydyw, fel yr awgryma rhai esbonwyr. Yr un Pedr a welwn yma ag a ddarlunnir mewn rhannau eraill o'r efengylau a Llyfr yr Actau: mae'n frwdfrydig, byrbwyll a hunanhyderus; mae ganddo awydd angerddol i ddilyn ei Feistr i bobman; ond mae'n dueddol o fod yn ddi-hid yn wyneb peryglon. Dangosir ei awydd i gyflawni pethau mawr gyda Iesu, ond ar yr un pryd gwelir ei ofn – ofn a godai o fychander ei ffydd. Yr oedd yn barod i wneud mwy nag a ganiatâi ei ffydd ar y pryd. Awgrymir nad oedd Pedr, na'r un arall o'r disgyblion o ran hynny, yn abl i ddilyn Iesu bob cam o'r ffordd. Nid oeddynt heb ffydd, ond nid oedd eu ffydd eto'n ddigon mawr i gyflawni pethau mawr.

Awgrymir hefyd mai camgymeriad Pedr oedd ei fod wedi tynnu ei sylw oddi ar Iesu ac edrych yn hytrach ar rym y tonnau. Y mae'n ddiogel pan yw'n edrych ar Iesu, a gall gerdded yn hyderus ar y tonnau. Yr hyn sy'n cryfhau ffydd yw edrych yn gyson ar Iesu.

Mewn pregeth dan y pennawd 'Edrych ar Iesu', meddai Dafydd Jones, Treborth, 'Wrth edrych ar Iesu ceir goleuni ar yr yrfa ... Enaid annwyl, os ydwyt yn teimlo dy wendid yn fawr iawn, edrych ar Iesu. Os yw dy wasanaeth yn amherffaith iawn, edrych ar Iesu. Diflanna'r rhwystrau mawr sydd ar ffordd bywyd wrth edrych ar Iesu. Ymysgwyd i edrych arno. Dyma dy fywyd.' Pan yw ffydd Pedr yn gwanhau ac yntau'n petruso, gall sefyll drachefn trwy edrych ar Iesu a gafael yn ei law.

Wedi i Iesu ddringo i'r cwch, gostegodd y gwynt. Ymgrymodd y rhai oedd yn y cwch o'i flaen gan ddatgan, *'Yn wir, Mab Duw wyt ti'* (adn. 33). Nid cyffes o ffydd fel y cyfryw yw'r geiriau hyn ond mynegiant o ryfeddod o sylweddoli, yn wyneb y digwyddiad rhyfedd, fod cysylltiad amlwg rhwng Iesu a Duw.

Cwestiynau i'w trafod:

1. Pam nad oedd Iesu'n fodlon cael ei wneud yn frenin? Oni allai fod wedi defnyddio awdurdod gwleidyddol i hyrwyddo'r deyrnas?

2. Beth yw arwyddocâd ysbrydol gweithred Iesu'n cerdded ar y dŵr at ei ddisgyblion?

3. Nid yw Duw yn ewyllysio i ni stormydd bywyd, ond gall eu defnyddio er ein lles. A ydych yn cytuno?

Iacháu Dyn Dall o'i Enedigaeth

'Wrth fynd ar ei daith, gwelodd Iesu ddyn dall o'i enedigaeth. Gofynnodd ei ddisgyblion iddo, "Rabbi, pwy a bechodd, ai hwn ynteu ei rieni, i beri iddo gael ei eni'n ddall?" Atebodd Iesu, "Ni phechodd hwn na'i rieni chwaith, ond fe amlygir gweithredoedd Duw ynddo ef. Y mae'n rhaid i ni gyflawni gweithredoedd yr hwn a'm hanfonodd i tra mae hi'n ddydd. Y mae'r nos yn dod, pan na all neb weithio. Tra byddaf yn y byd, goleuni'r byd ydwyf." Wedi dweud hyn poerodd ar y llawr a gwneud clai o'r poeryn; yna iroudd lygaid y dyn â'r clai, ac meddai wrtho, "Dos i ymolchi ym mhwll Siloam" (enw a gyfieithir Anfonedig). Aeth y dyn yno ac ymolchi, a phan ddaeth yn ôl yr oedd yn gweld. Dyma'i gymdogion, felly, a'r bobl oedd wedi arfer o'r blaen ei weld fel cardotyn, yn dweud, "Onid hwn yw'r dyn fyddai'n eistedd i gardota?" Meddai rhai, "Hwn yw ef." "Na," meddai eraill, "ond y mae'n debyg iddo." Ac meddai'r dyn ei hun, "Myfi yw ef." Gofynasant iddo felly, "Sut yr agorwyd dy lygaid di?" Atebodd yntau, "Y dyn a elwir Iesu a wnaeth glai ac iro fy llygaid a dweud wrthyf, 'Dos i Siloam i ymolchi.' Ac wedi imi fynd yno ac ymolchi, cefais fy ngolwg." Gofynasant iddo, "Ble mae ef?" "Ni wn i," meddai yntau.'
Ioan 9: 1–12

Y mae rhai pethau y dylid eu cadw mewn cof wrth droi at yr hanesyn hwn am Iesu'n iacháu dyn dall o'i enedigaeth. Yn gyntaf, mae agor llygaid y deillion yn un o arwyddion yr oes feseianaidd yn yr Hen Destament. Yn ôl Eseia, arwyddion clir o ddyfodiad yr oes honno fyddai agor *'llygaid y deillion a chlustiau'r byddariaid'* (Es 35: 5). Yn ail, ceir yn y pedair efengyl enghreifftiau o Iesu'n agor llygaid y deillion. Mae Mathew yn adrodd hanes Iesu'n adfer golwg dau o ddeillion yr un pryd (Math. 9: 27–31). Marc sy'n rhoi hanes adfer golwg y dyn dall o Fethsaida (Marc 8: 22–26). Mae Mathew, Marc a Luc yn cronicló'r hanes am Bartimeus, y cardotyn dall yn Jericho, yn cael ei olwg yn ôl (Math. 20: 30–34; Marc 10: 46–52; Luc 18: 35–43). Ioan yn unig sy'n sôn am y wyrth o roi ei olwg i ddyn dall o'i enedigaeth. Ni wyddom ai adroddiadau gwahanol o'r un digwyddiad yw rhai o'r hanesion hyn. Ond nid yw hynny o bwys mawr, oherwydd y trydydd peth i'w gofio yw mai neges y gwyrthiau hyn yw bod Iesu'n oleuni'r byd a bod y gallu ganddo i iacháu dallineb ysbrydol a moesol yn ogystal â dallineb naturiol.

Dŵr y Llyn a Dŵr Bywiol Iesu

Dyma'r chweched 'arwydd' y mae Ioan yn ei gofnodi yn ei efengyl. Cafwyd pump arwydd ar y thema o *'fywyd'*, sef y bywyd newydd yng Nghrist: troi'r dŵr yn win (2: 1–11), iacháu mab y swyddog (4: 43–54), iacháu'r claf wrth bwll Bethesda (5: 1–18), porthi'r pum mil (6: 1–15) a cherdded ar y môr (6: 16–21). Ond fel y dywed Prolog yr efengyl hon, y mae Iesu hefyd yn 'oleuni dynion' (Ioan 1: 4). Cyhoeddodd Iesu mai ef yw *'goleuni'r byd'* (8:12). A thrwy iacháu'r gŵr hwn a aned yn ddall, mae Iesu'n dangos hynny mewn modd ymarferol a gweladwy i bawb. Mae rhoi golwg i ddyn dall yn fwy na gwyrth iacháu: y mae'n arwydd mai Iesu yw'r gwir oleuni, a bod ganddo'r gallu i agor llygaid ffydd ac i arwain pobl o dywyllwch anghrediniaeth i oleuni cred.

Cafodd y claf wrth bwll Bethesda a'r dyn hwn wrth bwll Siloam eu hiacháu ar y Saboth, ac arweiniodd hynny at ddadl rhwng Iesu a'r awdurdodau Iddewig. Y mae rhai esbonwyr o'r farn fod y gwyrthiau hyn ger y ddau bwll yn arwydd o'r ffaith fod y rhai sy'n cael eu bedyddio yn derbyn goleuni'r bywyd newydd. Yn yr Eglwys Fore yr oedd y penderfyniad i ddod yn Gristion a derbyn bedydd crediniol yn cael ei ddarlunio yn nhermau dod i'r goleuni – cam a fyddai'n arwain yn anorfod at esgymundod o'r synagog Iddewig. Gorchymyn Iesu i'r dyn dall oedd, *'Dos i ymolchi ym mhwll Siloam'* (Ioan 9: 7). Yn y weithred o ymolchi yr agorwyd ei lygaid. Gwyddom am hoffter Ioan o ddŵr fel symbol a'i ddisgrifiad o'r Efengyl fel *'dŵr bywiol'* (Ioan 4: 11). O ganlyniad, mae bedydd yn arwydd gweladwy ym mywyd ac addoliad yr Eglwys o dderbyn pobl i mewn i fywyd newydd y deyrnas.

Er mwyn ei ddarllenwyr Groegaidd y mae Ioan yn egluro ystyr yr enw *Siloam*, sef *'anfonedig'*. Roedd dŵr y llyn yn cael ei anfon o ffynnon oddi allan i'r ddinas ar hyd twnnel tanddaearol a adeiladwyd yn ystod teyrnasiad y brenin Heseceia i sicrhau na fyddai'r ddinas yn brin o ddŵr pe digwyddai i elyn ei gosod dan warchae. Oherwydd ei hoffter o iaith symbolaidd gwelai Ioan gysylltiad rhwng y dŵr a anfonwyd i'r llyn a Iesu a anfonwyd oddi wrth y Tad i ddwyn dŵr bywiol i iacháu ac adfer y ddynoliaeth, a hefyd rhwng y dŵr a defod bedydd oedd eto'n gyfrwng i ddwyn bywyd newydd i bob un a roddai ei ffydd yn Iesu Grist.

Pwy a Bechodd?

Yn Efengyl Ioan yn unig y sonnir am roi golwg i un oedd yn ddall o'i *enedigaeth*. Pwynt diwinyddol sydd gan Ioan wrth ddweud bod y dyn wedi ei *eni*'n ddall. Yn marn yr awdur y mae'r ddynoliaeth gyfan, oherwydd effeithiau pechod arni, yn cael ei geni mewn cyflwr o ddallineb ysbrydol, a Iesu Grist yn unig a all el goleuo. O ganlyniad i effeithiau truenus ein genedigaeth gyntaf, rhaid cin *'geni drachefn'*. Dyna oedd neges Iesu i Nicodemus (Ioan 3:7). Ystyr iachawdwriaeth I Ioan yw symud o 'weld' mewn ystyr materol, bydol i 'weld oddi uchod', sef gweld y byd ac ystyr a chyfeiriad bywyd o bersbectif Duw ei hun. Y mae'r sawl nad yw'n gweld 'oddi uchod' yn byw mewn dallineb ysbrydol oni bai bod Iesu'n agor llygaid ei enaid. Wrth gyfeirio at y dyn hwn a aned yn ddall, mae'n debyg ei fod hefyd yn fwriad gan Ioan i argraffu ar ei ddarllenwyr o'r cychwyn mor anobeithiol oedd cyflwr y dyn, a pha mor rymus oedd gallu Iesu i'w iacháu.

Daw dallineb y dyn yn destun dadl ar unwaith. *'Rabbi, pwy a bechodd, ai hwn yntcu ei rieni, i beri iddo gael ei eni'n ddall?'* (Ioan 9: 2). Y disgyblion sy'n codi'r cwestiwn hwn sy'n adlewyrchu'r gred Iddewig fod pob afiechyd a phob nam corfforol yn ganlyniad pechod. Yn ôl y gred honno, gan iddo gael ei *eni*'n ddall mae'n rhaid fod ei rieni wedi pechu, a'u bod felly wedi trosglwyddo effeithiau eu drwgweithredu i'w plentyn. Sonnir yn yr Hen Destament am Dduw yn *'cosbi'r plant am ddrygioni'r rhieni hyd y drydedd a'r bedwaredd genhedlaeth'* (Ex. 20: 5). Yr oedd rhai Iddewon yn mynd ymhellach ac yn credu y gallai plentyn bechu yn y groth cyn ei eni. Yr oedd felly'n euog o bechod cynesgorol (*antenatal*). Er enghraifft, pe bai gwraig feichiog yn addoli mewn teml baganaidd, byddai'r plentyn yn ei chroth yn cael ei ystyried yr un mor euog â'r wraig o gyflawni eilun-addoliaeth.

Roedd rhai o'r proffwydi'n protestio yn erbyn y fath syniad. Meddai Jeremeia wrth edrych ymlaen at yr oes feseianaidd, "*Yn y dyddiau hynny, ni ddywedir mwyach, 'Y rhieni fu'n bwyta grawnwin surion, ond ar ddannedd y plant y mae dincod.' Oherwydd bydd pob un yn marw am ei gamwedd ei hun; y sawl fydd yn bwyta grawnwin surion, ar ei ddannedd ef y bydd dincod'"* (Jer. 31: 29–30). Clywir yr un brotest o enau Eseciel: *'a'r sawl sy'n pechu fydd farw'* (Esec. 18: 4). Dysgodd y proffwydi mai cyfrifoldeb pob person unigol yw ei bechodau. Ond yr oedd yr hen goel, bod afiechyd a dioddefaint yn ganlyniad pechod, yn parhau yn y meddwl poblogaidd.

Gallwn gydymdeimlo â'r syniad i raddau, oherwydd byddwn ninnau ar adegau'n gofyn cwestiynau digon tebyg wrth geisio gwneud synnwyr o'n profiadau anodd. 'Pam y mae hyn wedi digwydd i mi?' 'Be ydw i wedi'i wneud i haeddu hyn?' 'Onid yw'n anodd iawn deall y drefn?' Y tu ôl i'r fath gwestiynau mae olion y syniad cyntefig fod afiechyd yn ganlyniad pechod. Wrth gwrs, gwyddom fod cysylltiad rhwng iechyd person ac ansawdd ei fywyd. Y mae'r sawl sy'n gorfwyta, goryfed, ysmygu ac ymhél â chyffuriau o ganlyniad yn fwy tebygol o ddioddef rhai afiechydon. Yn hynny o beth, y mae afiechyd yn ganlyniad i ddiffyg bwyd maethlon a chymedroldeb a chadw'n iach. Ond peth gwahanol yw ystyried pob afiechyd fel cosb am bechodau moesol, yn enwedig pechodau rhieni a chyn-deidiau.

Y mae Iesu'n gwrthod yn bendant y ddau esboniad a awgrymir yng nghwestiwn y disgyblion: *'Atebodd Iesu, "Ni phechodd hwn na'i rieni chwaith"'* (Ioan 9: 3). Nid canlyniad pechod arbennig ar ei ran ef na'i rieni oedd ei ddallineb. Ond gan iddo gael ei eni'n ddall, defnyddir ei gyflwr yn awr i amlygu *'gweithredoedd Duw'* (adn. 3). Beth a olyga Iesu wrth ddweud yr *'amlygir gweithredoedd Duw ynddo ef'*? Yn sicr, nid yw'n golygu bod Duw'n fwriadol yn achosi dioddefaint er mwyn creu cyfle i arddangos ei allu a'i awdurdod ei hunan. Byddai syniad o'r fath yn gwbl groes i gymeriad Duw. Nid cynnig esboniad am ddallineb y dyn a wna Iesu, ond gweld cyfle i'w iacháu ac i amlygu trwy hynny ogoniant Duw. Dywed William Temple, 'Nid esbonio dioddefaint a thrychinebau'r byd yw gwaith yr eglwys, ond eu newid.' Dengys yr hanes hwn fod pob sefyllfa ddynol, pa mor drist a difrifol bynnag y bo, yn gyfle creadigol i Dduw. Mae Iesu, felly, yn gwneud dau beth. Yn gyntaf, mae'n herio'r syniad poblogaidd fod pob afiechyd ac anabledd yn gosb ddwyfol. Yn ail, mae'n manteisio ar gyfle i droi colled yn ennill, ac i ddangos bod tosturi Duw ar waith ynddo ef. Ond rhaid oedd cyflawni'r wyrth yn ddi-oed, *'tra mae hi'n ddydd'* (adn. 4), sef yng nghyfnod bywyd a chenhadaeth Iesu ar y ddaear. Tra bo Iesu ar y ddaear y mae yn *'oleuni'r byd'* (adn. 5) ond fe ddaw'r nos yn fuan *'pan na all neb weithio'* (adn. 4). Daw amser pan gaiff Iesu ei draddodi i ddwylo ei elynion, a bydd yn amhosibl iddo barhau ei waith. Mae'r groes yn nesáu ac nid oes amser i'w golli. Ond rhaid gochel rhag esbonio'r adnod drwy awgrymu bod Iesu'n peidio â bod yn oleuni'r byd wedi i'w yrfa ddaearol ddod i ben. Nid yw byth yn nos yn hanes y sawl sy'n ymddiried ei hun i'w ofal.

Ymolchi ym Mhwll Siloam

Iesu sy'n cymryd y cam cyntaf ac nid yw'n holi o gwbl ynghylch ffydd y dyn dall. Canlyniad gwaith Iesu o'i iacháu yw ffydd y dyn, ac nid amod cyflawni'r gwaith hwnnw. Heb oedi, poerodd Iesu ar y ddaear a chymysgu'r poer a'r llwch o'r tywod i wneud clai, a'i iro ar lygaid y claf. Yr oedd yn gred gyffredin yn nyddiau Iesu fod rhyw rin arbennig i boer, ac nid peth anghyffredin oedd iro llygaid fel hyn. Nid oedd Iesu uwchlaw mabwysiadu dulliau poblogaidd ei ddydd. Mae'n werth sylwi fod Marc yn nodi dau achlysur arall pan yw Iesu'n defnyddio poer i gyflawni gwyrth, wrth iddo iacháu dyn mud a byddar (7:33) ac iacháu'r dyn dall ym Methsaida (8: 23). Ond ni cheir unrhyw gyfeiriad at hyn yn efengylau Mathew a Luc, am eu bod hwy efallai'n awyddus i wrthod y goel gyffredin bod i boer rinweddau iachusol. Trwy Iesu ei hunan y ceir iachâd; cyfryngau yn unig yw'r clai a'r poer.

Dywed Iesu wrth y dyn dall am fynd i ymolchi ym mhwll Siloam. Os nad yw'n holi am ffydd y dyn, y mae yn gofyn am ei ufudd-dod. Er mwyn i'r dyn gael iachâd llwyr, mae'n rhaid iddo gydweithredu â Iesu a bod yn barod i ufuddhau iddo. Ymateb yr ewyllys yw ufudd-dod, ac y mae'n elfen bwysig mewn gwir ffydd. Pan ddychwelodd y claf, yr oedd yn gweld. Ni ddylai'r wyrth hon achosi problemau i neb. Erbyn heddiw y mae triniaethau ym myd meddygaeth y llygaid yn cyflawni pethau llawn mor wyrthiol. P'le bynnag a sut bynnag y caiff pobl eu golwg yn ôl mae'r gwyrthiau'n amlhau a gwaith pob meddyg llygaid yn gyfrwng gallu iachusol Duw ei hun.

Ond nid er mwyn ein dysgu mai Iesu yw'r meddyg llygaid mwyaf gwyrthiol a welodd y byd erioed y croniclwyd yr hanes hwn. Bwriad

Ioan yw ein bod yn gweld mai Iesu yw Goleuni'r Byd. Dyna a welodd y dyn dall: *'Y dyn a elwir Iesu a wnaeth glai ac a irodd fy llygaid'* (Ioan 9: 11). Ond o gael ei holi'n fwy manwl, ni wyddai i ble'r aeth Iesu. Ac nid pawb o'r llygad-dystion oedd wedi eu hargyhoeddi. Yng ngweddill y bennod hon, mae Ioan yn ymhelaethu'n ddiddorol a dramatig ar adwaith gwahanol grwpiau i'r wyrth. Adwaith cymdogion y dyn oedd *chwilfrydedd*: *'Onid hwn yw'r dyn fyddai'n eistedd i gardota?'* (adn. 8). Adwaith y Phariseaid oedd *anghrediniaeth*: *'Gwrthododd yr Iddewon gredu amdano iddo fod yn ddall a derbyn ei olwg'* (adn. 18). Adwaith y rhieni oedd *ofn:* ofnent ddwyn tystiolaeth i'r wyrth a gyflawnwyd ar eu mab oherwydd anoddefgarwch y Phariseaid a'r perygl y caent eu diarddel o'r synagog. Adwaith y dyn ei hun oedd *cyffesu ei ffydd yn Iesu*. Nid oedd ganddo gywilydd tystio i allu Iesu yng ngŵydd ei rieni, ei gymdogion a'i wrthwynebwyr. Er ei benbleth, ac er pob ymgais gan yr Iddewon i'w faglu, glynodd wrth un peth – ei brofiad personol o Iesu Grist: *'Un peth a wn i: roeddwn i'n ddall, ac yn awr rwyf yn gweld'* (adn. 25). Un nos Sul, wedi i'r Parchedig W. Rhys Nicholas bregethu ar hanes y dyn dall hwn, ac wrth iddo fyfyrio ar y llawenydd a'r wefr a ddaeth i ran y truan, daeth geiriau emyn newydd iddo:

Lle'r oedd cysgodion nos mae llif y wawr,
Lle'r oeddwn gynt yn ddall 'rwy'n gweld yn awr.

Gall pob un a brofodd allu Duw ar waith yn ei fywyd ei hun ddweud yr un peth.

Cwestiynau i'w trafod:
1. Beth yw ystyr dweud fod Iesu yn 'Oleuni'r Byd'?

2. Beth yw arwyddocâd dŵr fel symbol crefyddol?

3. A oes unrhyw gysylltiad o gwbl rhwng dioddefaint a phechod?

Dehongli'r Gwyrthiau

Atgyfodi Lasarus

'Dan deimlad dwys drachefn, daeth Iesu at y bedd. Ogof ydoedd, a maen yn gorwedd ar ei thraws. "Symudwch y maen," meddai Iesu. A dyma Martha, chwaer y dyn oedd wedi marw, yn dweud wrtho, "Erbyn hyn, syr, y mae'n drewi; y mae yma ers pedwar diwrnod." "Oni ddywedais wrthyt," meddai Iesu wrthi, "y cait weld gogoniant Duw, dim ond iti gredu?" Felly symudasant y maen. A chododd Iesu ei lygaid i fyny a dweud, "O Dad, rwy'n diolch i ti am wrando arnaf. Roeddwn i'n gwybod dy fod bob amser yn gwrando arnat, ond dywedais hyn o achos y dyrfa sy'n sefyll o gwmpas, ei mwyn iddynt gredu mai tydi a'm hanfonodd." Ac wedi dweud hyn, gwaeddodd â llais uchel, "Lasarus, tyrd allan." Daeth y dyn a fu farw allan, a'i draed a'i ddwylo wedi eu rhwymo â llieiniau, a chadach am ei wyneb. Dywedodd Iesu wrthynt, "Datodwch ei rwymau, a gadewch iddo fynd."'

Ioan 11: 38–44

Stori atgyfodi Lasarus yw uchafbwynt Efengyl Ioan. Dyma'r olaf o'r saith 'arwydd' a gofnodir gan Ioan, a'i neges yw bod Iesu'n rhoi bywyd i bawb sy'n credu ynddo. Ac mae'n arwain at stori'r dioddefaint a chynllwyn yr awdurdodau Iddewig i ladd Iesu. Mae Ioan fel pe bai'n ategu gosodiad Paul mai'r *'gelyn olaf a ddileir yw angau'* (1 Cor. 15: 26), gan ddangos bod Iesu'n trechu'r pennaf a'r mwyaf brawychus o elynion dyn.

Ceir dwy enghraifft yn yr efengylau cyfolwg o Iesu'n atgyfodi'r meirw, sef mab y wraig weddw o Nain (Luc 7: 11–17) a merch Jairus (Marc 5: 21–43). Pan anfonodd Ioan Fedyddiwr neges o'r carchar i ofyn ai Iesu oedd y Meseia, atebodd Iesu ef trwy restru'r arwyddion meseianaidd a gyflawnwyd ganddo, yn cynnwys *'y meirw yn codi'* (Math. 11: 4–5). Ond mae rhai wedi awgrymu mai'r hyn a geir yn Ioan 11 yw stori a luniwyd gan Ioan ei hun ar sail dameg y dyn cyfoethog a Lasarus (Luc 16: 19–31), sy'n diweddu â'r geiriau, *'yna ni chânt eu hargyhoeddi hyd yn oed os atgyfoda rhywun o blith y meirw.'* Awgrymir felly bod Ioan yn adrodd am rywun yn dychwelyd o blith y meirw, ond nad yw'r Iddewon eto'n barod i gredu ynddo. Awgrymir hefyd ei bod yn arwyddocaol mai Lasarus yw enw'r person yn y ddameg fel yn adroddiad Ioan, a'i bod yn destun syndod mai Ioan yn unig sy'n sôn am atgyfodi Lasarus ac nad oes gyfeiriad o gwbl yn y tair efengyl arall at ddigwyddiad mor syfrdanol.

Y digwyddiad a'r gwirionedd

Yn wyneb hyn oll, barn llawer o esbonwyr yw fod Ioan yn y fan hon yn mynegi yn ei ffordd symbolaidd, ddramatig ei hun y traddodiad am Iesu'n atgyfodi'r meirw, ac yn gwneud hynny, nid mewn traethiad diwinyddol maith, ond mewn stori. Ond mae esbonwyr eraill yn credu'n sicr fod hanes atgyfodi Lasarus yn llythrennol gywir. Meddai'r esboniwr Bruce Milne, 'On the premise of the living Creator God there can be no objection in principle to the authenticity of this account. Lazarus was raised.'

Wedi dweud hynny, y mae'r gwirionedd a gyflwynir trwy gyfrwng y stori yn llawer mwy nag unrhyw ddehongliad llythrennol o'r digwyddiad. Mae Lasarus yn cynrychioli'r credadun sy'n derbyn y rhodd o fywyd tragwyddol wrth iddo gael ei 'eni o'r newydd' trwy'r Ysbryd Glân. Y mae Lasarus yn derbyn y rhodd o fywyd helaethach trwy ufuddhau i orchymyn Arglwydd bywyd a marwolaeth: *'Lasarus, tyrd allan'* (Ioan 11: 43). Yn ogystal â hyn, mae'r hanes yn cyfeirio ymlaen at atgyfodiad Iesu ei hun ac yn dangos yn eglur mai ef yw *'yr atgyfodiad a'r bywyd'* (adn. 25). I Ioan, dyma ddiweddglo gweinidogaeth gyhoeddus Iesu, sy'n dod i uchafbwynt nid mewn dadl chwerw gyda'r Iddewon, na chwaith ym marwolaeth Lasarus fel pe bai hynny'n ddiwedd ar y cyfan, ond trwy ddangos yn glir allu Iesu i drechu angau a'r bedd.

Trown yn awr at y stori fel y'i ceir gan Ioan. Daw'r newydd o Fethania am waeledd Lasarus. Gwyddom o'r efengylau eraill mai ym Methania y lletyai Iesu yn ystod ei ymweliad olaf â Jerwsalem. Mae Luc yn sôn am y ddwy chwaer, Mair a Martha, ac am y gwahaniaeth oedd rhwng y ddwy o ran cymeriad, ond nid yw'n cyfeirio at Lasarus nac yn enwi Bethania (Luc 10: 38–42). Ond nid oes amheuaeth nad at yr un teulu y cyfeiria Luc a Ioan. Y ffurf Roeg ar yr enw Iddewig Eleasar yw Lasarus, a'i ystyr yw 'y mae Duw yn cynorthwyo'.

═══════════ **Dehongli'r Gwyrthiau** ═══════════

Pan ddaw'r newydd oddi wrth y chwiorydd fod Lasarus yn ddifrifol wael, dywed Iesu wrth ei ddisgyblion nad *'yw'r gwaeledd hwn i fod yn angau i Lasarus'*, ond y byddai'r cyfan yn troi yn ogoniant i Dduw ac *'yn gyfrwng i Fab Duw gael ei ogoneddu drwyddo'* (Ioan 11: 4). Ystyr hynny yw y bydd Duw ei hun ar waith yn atgyfodiad Lasarus, wrth iddo amlygu ei allu i ddwyn bywyd o farwolaeth. Yn lle brysio at ochr gwely ei gyfaill mae Iesu'n fwriadol yn oedi am ddau ddiwrnod. Er mwyn pwysleisio nad diffyg consýrn a chydymdeimlad â'i ffrindiau oedd achos yr oedi, mae Ioan yn ychwanegu, *'Yn awr yr oedd Iesu'n caru Martha a'i chwaer a Lasarus'* (adn. 5). Gwyddai Iesu fod Lasarus yn mynd i farw, a gadawodd iddo farw er mwyn paratoi'r llwyfan ar gyfer y mwyaf o'i arwyddion – arwydd a fyddai'n datguddio gogoniant Duw a'i ogoniant ef ei hun.

Y mae'n arwyddocaol fod Iesu'n gohirio mynd i Fethania am ddau ddiwrnod er mwyn i'r wyrth ddigwydd 'ar y trydydd dydd', fel petai atgyfodiad Lasarus i fod yn fath o baratoad ar gyfer ei atgyfodiad ef ei hun. Fel y defnyddiodd Ioan stori porthi'r pum mil i drafod arwyddocâd Iesu fel Bara'r Bywyd, ac i egluro ystyr sacrament yr ewcharist, y mae'n defnyddio'r hanes am atgyfodi Lasarus i drafod atgyfodiad Iesu ac ystyr ei ddatganiad, *'Myfi yw'r atgyfodiad a'r bywyd'* (adn. 25).

Yr atgyfodiad a'r bywyd

Roedd mynd i Fethania'n golygu dychwelyd i Jwdea, ac y mae'r disgyblion yn cyfeirio at y perygl o wneud hynny am fod yr Iddewon wedi ceisio ymosod arno yno o'r blaen. Ond dywed Iesu y gall dyn gerdded yn ddiogel yng ngolau dydd a baglu yn y tywyllwch. Yn yr un modd, tra bo Iesu'r goleuni dwyfol yn bresennol yn y byd, y mae'n ddydd, ac nid oes perygl i neb faglu na syrthio. Mae Ioan am ddangos mai Iesu yw Goleuni'r Byd ac na all unrhyw niwed ddod i'r sawl sy'n credu ynddo ac yn rhodio yn ei gwmni.

Mae Iesu'n mynd ymlaen i ddweud bod Lasarus yn huno ond y byddai'n deffro. Mae'n defnyddio galr a allai olygu naill ai cwsg neu farwolaeth. Credai'r disgyblion ei fod yn cyfeirio at gwsg naturiol ac y byddai hynny o fudd i'r claf: *'Arglwydd, os yw'n huno fe gaiff ei wella'* (adn. 12). Yna, mae Iesu'n defnyddio gair gwahanol, nad oes amwysedd yn ei gylch o gwbl, er mwyn iddynt ddeall fod Lasarus wedi marw. Os yw i brofi bywyd unwaith eto bydd yn rhaid ei adfywhau. Dywed ei fod yn *'falch'* nad oedd ym Methania pan ddigwyddodd hynny; buasai hynny wedi ei amddifadu o'r cyfle i gyflawni'r arwydd mawr o'i atgyfodi, ac wedi amddifadu'r disgyblion hefyd o fod yn dystion i ddigwyddiad a fyddai'n cryfhau eu ffydd. Er bod Thomas o'r farn mai dioddefaint a marwolaeth a fyddai'n disgwyl Iesu o fentro i Fethania, ef yw'r un sy'n galw ar y disgyblion eraill i fynd gyda Iesu: *'Gadewch i ninnau fynd hefyd, i farw gydag ef'* (adn. 16). Er i Thomas gael yr enw o fod yn amheuwr ac anghredadun, fe'i gwelwn yma'n ganlynwr ffyddlon a gwrol. Ond nid yw Thomas, mwy na'r lleill, yn deall natur y farwolaeth oedd yn aros Iesu.

Wedi i Iesu gyrraedd Bethania dywedir wrtho bod Lasarus yn ei fedd ers pedwar diwrnod. Y mae'r cartref yn llawn o alarwyr a ddaeth i gydymdeimlo â'r chwiorydd trallodus. Caiff y rhain gyfle i fod yn dystion o'r arwydd ac i ymateb i'r digwyddiad, naill ai trwy gredu neu wrthod credu.

Unwaith y clywodd Martha fod Iesu ar ei ffordd, aeth allan i gyfarfod ag ef, tra bod Mair, yn gwbl nodweddiadol ohoni, yn eistedd yn y tŷ yn myfyrio. Efallai bod awgrym o gerydd ysgafn yng nghyfarchiad Martha i Iesu am nad oedd wedi ymateb ynghynt i'w neges: *'Pe buasit ti yma, syr, ni buasai fy mrawd wedi marw'* (adn. 21). Ond mae'n dangos bod ganddi hefyd ffydd anghyffredin yn Iesu, a daliai'n obeithiol y gallai Duw drugarhau wrth ei brawd. Meddai Iesu, *'Fe atgyfoda dy frawd'* (adn. 23). Credai Martha ei fod yn cyfeirio at yr atgyfodiad ar y dydd olaf – cred oedd yn nodweddiadol o Iddewiaeth Phariseaidd. Ond ychydig o gysur oedd i Martha yn y syniad o atgyfodiad yn y dyfodol pell.

Yn dilyn, y mae'r pumed o'r dywediadau 'Myfi yw' a geir yn Efengyl Ioan, a'r mwyaf ohonynt i gyd. Meddai Iesu wrth Martha, *'Myfi yw yr atgyfodiad a'r bywyd. Pwy bynnag sy'n credu ynof fi, er iddo farw, fe fydd byw; a phob un sy'n byw ac yn credu ynof fi, ni bydd marw byth'* (adn. 25–26). Dywed bod atgyfodiad y credadun i fywyd tragwyddol ynghlwm wrth ei berson ef ei hun. Yr oedd y dydd olaf wedi gwawrio ynddo ef. Nid athrawiaeth haniaethol mo'r atgyfodiad bellach, ond perthynas â Iesu ei hunan. Yr unig ffordd i ganfod atgyfodiad a bywyd yw trwy ddod i berthynas bersonol â Iesu Grist. Ni ellir derbyn y rhodd ryfeddol hon heb dderbyn y rhoddwr, a'r ffordd i'w dderbyn ef yw trwy gredu ynddo. Ni chaiff y credadun osgoi marwolaeth, ond fe'i sicrheir o atgyfodiad i fywyd tragwyddol. Ar yr un pryd, ceir yma addewid o fywyd tragwyddol yn y byd hwn yn ogystal ag yn y byd a ddaw: *'a phob un sy'n byw ac yn credu ynof fi, ni bydd marw byth'* (adn. 26).

Atgyfodiad mewn tri dimensiwn

Y mae datganiad Iesu yn ein hatgoffa o'r tair agwedd sydd i athrawiaeth yr atgyfodiad. Yn gyntaf, *atgyfodiad fel digwyddiad yn y gorffennol.* Y mae'r gred mewn atgyfodiad wedi ei gwreiddio yn atgyfodiad yr Arglwydd Iesu ar y Pasg cyntaf. Sut bynnag y mae deall tystiolaeth yr efengylau a phrofiadau'r gwragedd a'r disgyblion, ni ellir osgoi'r ffaith i rywbeth aruthrol fawr ddigwydd ar y trydydd dydd – digwyddiad a newidiodd griw o ddisgyblion ofnus a'u gwneud yn apostolion dewr dros yr Efengyl; digwyddiad a roddodd fod i'r Eglwys Gristnogol ac a ddaeth yn ganolog i'w chyffes a'i chenhadaeth.

Yn ail, *atgyfodiad fel gobaith i'r dyfodol.* Dyna'r syniad a ddaeth i feddwl Martha: *'Mi wn ... y bydd yn atgyfodi yn yr atgyfodiad ar y dydd olaf'* (adn. 24). Addewid clir y Testament Newydd yw y bydd pawb sy'n credu yn Iesu yn rhannu yn ei atgyfodiad ef ac yn etifeddu bywyd tragwyddol. Nid gan angau a'r bedd y mae'r gair olaf. Y mae gan y credinwyr sail i'w gobaith y cânt rannu yn atgyfodiad eu Harglwydd. *'Am fod yr Iesu'n fyw, byw hefyd fydd ei saint',* meddai Thomas Jones, Dinbych.

Yn drydydd, *yr atgyfodiad yn brofiad yn y presennol.* Y mae'r Cristion eisoes wedi symud o farwolaeth i fywyd, ac y mae bywyd tragwyddol eisoes yn eiddo iddo yng Nghrist. Y mae credu yng Nghrist yn golygu meddu, yn y presennol sydd ohoni, ei fywyd atgyfodedig ef, sy'n ein codi o afael popeth sy'n ein darostwng, ein llethu a'n llorio. Wrth ymateb i ddatganiad Iesu mae Martha'n cyffesu ei ffydd ynddo, gan roi iddo dri theitl, sef *Meseia, Mab Duw* a'r *Un sy'n dod i'r byd,* sef y termau a ddefnyddid gan yr Iddewon am yr un y disgwylient amdano. Y mae cyffes Martha yn rhagfynegi cred yr Eglwys Fore.

Wedi iddo ddod i'r pentref a gweld Mair a'r galarwyr yn wylo, *'cynhyrfwyd ysbryd Iesu gan deimlad dwys'* (adn. 33). Mae'r ferf a ddefnyddir yn cyfleu'r syniad o ddicter yn ogystal â thristwch: efallai am fod yr Iddewon yn gwrthod credu ynddo; efallai am ei fod wedi ei gynhyrfu wrth feddwl am y pwerau dinistriol sy'n gyfrifol am bechod a marwolaeth ac am ddwyn y fath dristwch i'r ddynoliaeth; ac efallai am iddo rannu yn nhristwch a galar Mair a Martha. Wrth weld Mair yn wylo torrodd yntau i wylo. Yma, yn fwy nag unman arall yn yr efengylau, y gwelir yr emosiynau tyner a oedd yn rhan hanfodol o ddynoliaeth lawn Iesu. 'Mae'n ddyn i gydymdeimlo â'th holl wendidau i gyd,' meddai Ann Griffiths. Er gwaethaf ymresymiad rhai athronwyr na all Duw ddioddef a theimlo, y mae'n gwbl eglur fod darlun Iesu o Dduw fel Tad yn cynnwys y syniad fod Duw yn teimlo dros ei blant yn eu gofidiau a'u dioddefiadau, ac nad yw'n gallu eu cynorthwyo heb rannu'n ddwfn yn eu profiadau. Yn ôl arfer yr Iddewon claddwyd Lasarus mewn ogof, a gosodwyd maen dros y gladdfa i'w selio rhag i ladron neu anifeiliaid gwylltion ymyrryd â hi. Hyd yn oed yn awr, nid yw Martha'n barod am y wyrth sydd ar fin digwydd. Mae'n poeni ynghylch cyflwr y corff, am ei fod yn gorwedd yn y bedd ers pedwar diwrnod. Y gred Iddewig oedd fod enaid yn ymadael â'r corff ar ôl y trydydd dydd yn dilyn y farwolaeth. Yr oedd Lasarus felly'n ddigamsyniol farw, a chyflwr ei gorff yn debygol o fod wedi dirywio. Er hynny, mae Iesu'n gorchymyn i'r maen gael ei symud. Mae'n codi ei lygaid i fyny yn null gweddi, ac yn cydnabod ei ddibyniaeth lwyr ar ei Dad nefol gan ddiolch iddo am wrando arno. Yn dilyn y weddi daw'r gorchymyn, mewn llais uchel, *'Lasarus, tyrd allan'* (adn. 43). Yn gynharach, wrth ymdrin â'i awdurdod, roedd Iesu wedi datgan, *'Yn wir, yn wir, rwy'n dweud wrthych fod amser yn dod, yn wir y mae yma eisoes, pan fydd y meirw yn clywed llais Mab Duw, a'r rhai sy'n clywed yn cael bywyd'* (Ioan 5: 25). Daeth Lasarus allan o'r bedd a gorchmynnodd Iesu iddo gael ei ryddhau o'i rwymau. Rhaid oedd ei ollwng yn rhydd o bopeth oedd yn arwyddo marwolaeth ac yn sawru o'r bedd. Ac felly daeth Lasarus yn fyw drachefn.

Ym mha ffordd bynnag yr eglurwn atgyfodiad Lasarus, dyma ffordd Ioan o bortreadu mewn modd dramatig a realistig y ffaith fod Iesu'n rhoi bywyd i'r meirw. Mae'r cyfan yn ddarlun o'r hyn a wna Iesu, nid i Lasarus yn unig, ond i bawb sy'n credu ynddo.

Cwestiynau i'w trafod:
1. Ym mha ffordd y mae hanes atgyfodi Lasarus yn rhoi gobaith i ni am fywyd tragwyddol ar ôl marw?

2. Beth yw natur bywyd tragwyddol fel profiad yn y presennol?

3. 'Er mwyn deall neges y wyrth hon, rhaid derbyn atgyfodiad Lasarus fel hanes llythrennol.' A ydych yn cytuno?

Llyfryddiaeth

Barclay, William, *And He had Compassion on Them,* 1975
Evans, Trebor Lloyd, *Gwyrthiau Galilea,* 1960
A. Flew & A. MacIntyre, gol. *New Essays in Philosophical Theology,* 1955
Flynn, Leslie B., *The Miracles of Jesus,* 1990
Fuller, R.H., *Interpreting the Miracles,* 1963
Keller, Ernst & Marie-Luise, *Miracles in Dispute,* 1969
Kistermaker, Simon, *The Miracles,* 2006
Lewis, C.S., *'Miracles,* 1947
Montefiore, Hugh, *The Miracles of Jesus,* 2005
Moule, C.F.D., gol., *Miracles,* 1965
Richardson, Alan, *The Miracle-Stories of the Gospels,* 1941
Temple, William, *Nature, Man and God,* 1965
Wenham, David & Blomberg, Craig, *The Miracles of Jesus,* 1986
Vermes, G., *Jesus the Jew,* 1974

Dehongli'r Gwyrthiau

Dehongli'r Gwyrthiau